爱国合唱先驱

李抱忱年谱

王南 著

中央音乐学院出版社
CENTRAL CONSERVATORY OF MUSIC PRESS
·北京·

图书在版编目(CIP)数据

爱国合唱先驱：李抱忱年谱/王南著. —北京：中央音乐学院出版社，2012.12 (2025.3 重印)

ISBN 978 - 7 - 81096 - 499 - 9

Ⅰ.①爱…　Ⅱ.①王…　Ⅲ.①李抱忱(1907~1979)—年谱
Ⅳ.①K825.76

中国版本图书馆 CIP 数据核字 (2012) 第 270432 号

爱国合唱先驱——李抱忱年谱　　　　　　　　　　　　　　　　王　南著

出版发行：中央音乐学院出版社

经　　销：新华书店

开　　本：787×1092 毫米　16 开　　印张：14

印　　刷：三河市金兆印刷装订有限公司

版　　次：2012 年 12 月第 1 版　　印次：2025 年 3 月第 2 次印刷

书　　号：ISBN 978 - 7 - 81096 - 499 - 9

定　　价：138.00 元

中央音乐学院出版社　　北京市西城区鲍家街 43 号　　邮编：100031
发行部：(010) 66418248　　66415711 (传真)

李抱忱

育英中学时期的李抱忱带领学生用自制的乐器演奏

育英中学唱歌队，后排左起第六人为导师李抱忱

1935年北平十四大中学在故宫太和殿前举行的大合唱。李抱忱任总策划兼指挥

1941年，在日机轰炸的残迹前李抱忱指挥教育部主办的千人大合唱

1942年3月重庆五大学访蓉联合合唱团，前排左起第六人为李抱忱，第七人为陈立夫

1945年李抱忱在美国结识赵元任，并成为终身好友

1948年李抱忱在哥伦比亚大学获音乐教育
学博士

　　1959年元月，李抱忱、赵元任同访台湾国立艺专音乐科。前排左起台湾
女歌唱家申学庸、杨步伟、赵元任、李抱忱；后排左起台湾音乐家康讴、计
大伟、萧而化、邓昌国、张锦鸿、王沛纶

1959年元月，李抱忱在高雄指挥多所中学联合合唱演出

1968年7月李抱忱做客张大千在巴西的居所八德园

李抱忱和夫人崔瑰珍

1970年元月在台北中山堂举办"李抱忱博士作品音乐会"

美国欧柏林大学音乐学院教授康立德和
李抱忱夫妇

李抱忱在美国国防语言学院中文系办公室办公

李抱忱指挥的美国国防语言学院中文系合唱团，擅长演唱《满江红》等中国歌曲

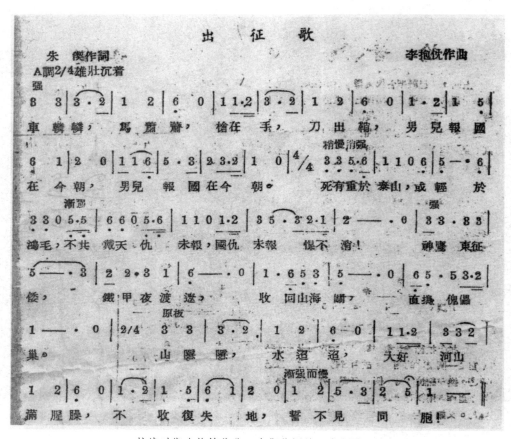

抗战时期李抱忱作曲、朱偰作词的《出征歌》

抗战时期李抱忱翻译的《义勇军进行曲》

· 13 ·

董作宾用甲骨文为李抱忱题写的"山木斋"室名

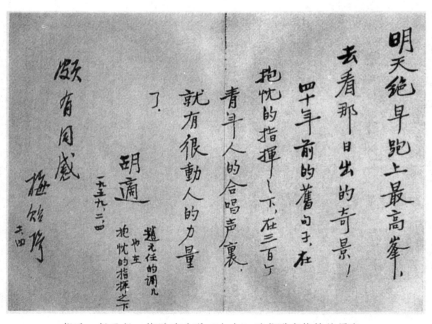

胡适、赵元任、梅贻琦聆听《上山》后书赠李抱忱的墨宝

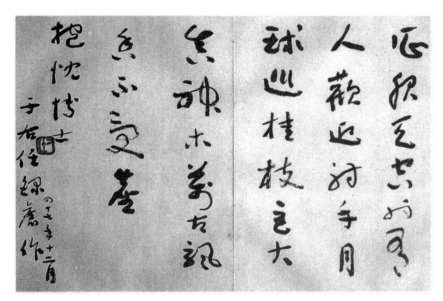

于右任书赠李抱忱的自作诗

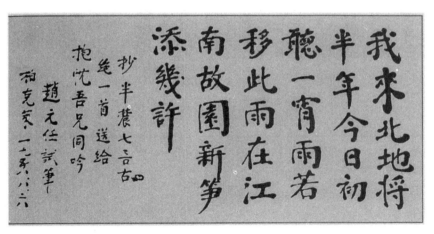

赵元任书赠李抱忱的唯一墨宝，刘半农的七言绝句

张大千致李抱忱函

代　　序

　　现在提起李抱忱，大陆音乐界 60 岁上下的，恐怕都极少有知道他是何许人。但是在三四十年代，他却是活跃在中国乐坛的一位颇具知名度的指挥家、作曲家、理论家和音乐教育家。他原籍河北通县（编者注：今北京通州区），1907 年生。早年就读于北平燕京大学音乐教育系。1930 年毕业后任教于北平育英中学时，就致力于组织和推进北平大中学校的合唱活动。他领导的育英中学合唱团，除在市内活动外，每年（编者注：应为 1934 年）暑假沿京沪线南下，到天津、南京、上海、杭州演出（编者注：应还有济南），颇具影响。特别是 1935 年组织北平 14 所大中学校学生在故宫太和殿前举行的千人（编者注：应为 540 人）露天合唱音乐会，更是盛况空前。作为中国男性合唱指挥家和开展北方合唱活动的第一人，他对起步阶段的中国合唱艺术作出了开拓性的贡献；并与同一时期周淑安（中国第一位女性声乐教育家、合唱指挥家和作曲家，音专声乐组主任）在上海组织和推进大中学校的合唱活动，一北一南，遥相呼应。1935 年至 1937 年，他一度去美国，在欧柏林学院继续攻读音乐教育，并获学士学位。回国后，先任教育部音乐教育委员会驻会委员兼教育组主任；1940 年重庆青木关国立音乐院成立后，调该院任教授，并一度任教务主任。在此期间，除继续从事合唱指挥活动，还为郭沫若领导的军委政治部第三厅写过《怎样指挥歌咏》的三万字长文，并在《新音乐》和《乐风》等刊物上发表过《歌咏指挥讲话》以及《歌咏指挥的应用》等连载文章，以适应战时开展群众歌咏活动的需要。1944 年，他再度赴美攻读音乐教育，相继获欧柏林学院硕士及哥伦比亚大学博士学位，并历任耶鲁、衣阿华等大学教授、系主任。在耶鲁期间，曾组织学生成立中文合唱团，通过演唱，既让学生学会了汉语发音，又向美国听众介绍了中国合唱作品，一举两得，堪称别开生面之举。1972 年，他因病退休，去台湾定居。1979 年以疾终。

　　李氏一生除致力于合唱指挥和音乐教育外，所作也颇丰。论著有为英文版的《大美百科全书》写的长条——《中国音乐》以及《中国音乐的几种特点》、《合唱指挥法》等，并结集出版了《李抱忱音乐论文集》。作品有《旅人的心》、《汨罗江上》、《游子吟》、《丑奴儿》等艺术歌曲，并结集出版了两集《李抱忱歌曲集》。收入《中国抗战歌曲集》的《出征歌》即是他的合唱代表作。为同一歌词谱曲的有好几位作曲家（包括贺禄汀这样的名家），但以他这首写得最好、也最受欢迎。1941年我在离湖南湘乡县城还有百里之遥的偏僻山冲读初一时，教师就在音乐课上教过这首歌，可见其流传之广、影响之大。

此外，他还是最早将外国声乐名作介绍到中国来的音乐家之一。30年代初，北平中华乐社就出版过他编译的《普天同唱集》、《混声合唱曲集》第一、第二集（1932、1933）以及《独唱曲选》第一本（1933）、《男声合唱曲选》（1934）；其他散见于抗战期间一些出版物中的，还有以"饱尘"的笔名译词或填配的《当我老母亲》（即《母亲教我的歌》、德沃夏克曲）、《摇篮曲》（勃拉姆斯曲）、《两个挺进兵》（即《两个禁卫兵》或《二武士》，舒曼曲）等独唱，《船夫曲》（即《伏尔加船夫曲》，俄罗斯民歌）、《念故乡》（根据德沃夏克《新世界交响曲》第二乐章英国管独奏段落改编）、《我所爱的大中华》（多尼采第原曲）等合唱。

他填配的外国歌曲颇具特色，其长处为时人所不及。除文笔流畅，明白如话外，因为他自己就是以写声乐作品见长，深谙音律，所以词曲结合丝丝入扣，唱来朗朗上口。如三十年代名噪一时的词家韦瀚章也曾用《念故乡》的旋律填配过一首叫《老大徒伤悲》的歌，由于词曲结合生硬，且文字古板（如"瘦影已婆娑"、"暂且蹉跎"之类），情绪消沉，因此尽管其作问世早于《念故乡》，且收入商务印书馆再版过十余次的《复兴初级中学音乐教科书》第一册，但流传度却远不及后者广泛。尤为难能可贵的，是他填的词有着鲜明的时代特色。如抗战期间为《念故乡》和《我所爱的大中华》填的词，就有意识地注入了爱国主义的内容，从而收到了"洋为中用"之效。

《念故乡》原来只有一段词，写的是常见的乡情乡思。抗战爆发后，他针对大片国土沦于敌手，众多百姓流离失所的现实，又加写了"叹故乡已沦陷，处处成焦土；众同胞被涂炭，遍地皆尸骨。我不能徒悲切，空忆从前乐；应献上血和肉，恢复旧山河"的段落。不仅感情转换自然，而且带有典型的时代特征。由于它唱出了国破家亡的痛苦和收复失地的决心，激起了普遍的共鸣，因此备受大后方热血青年的喜爱，并被广泛选为学校音乐教材；我就是读高小时在音乐课上学唱这首歌的。事隔半个多世纪，这首感人至深的歌，就像壮怀激烈的《出征歌》一样，我至今还能完整地背诵。

《我所爱的大中华》更是一首至情之作。它以礼赞的方式，通过反复咏唱"我所爱的大中华，我愿永远为你尽忠；你的久远的历史与文化，使我常觉得骄傲光荣。

你的江河湖泊美丽如画，我一生一世永远怀想；你的平原山野何其伟大，我一生一世永远不忘。当你受侵略，我心如刀割。我永远爱你，祝我中华亿万年"的句子，在虔诚的倾吐和由衷的抒发中，点燃了人们挚爱祖国的感情圣火，同样也起到了激励人们为它赴汤蹈火、万死不辞的作用。因此，抗战胜利前后，它不仅在一些中学和业余的合唱团体中广为流唱，还被重庆的中央训练团音干班、国立音乐院以及上海国立音专等用作合唱教材。

当然，李氏一生的音乐活动中最值得大书特书一笔的，还是他编的《中国抗战歌曲集》。这本集子虽是"官书"，却无"党气"和霸气。作为编者，他不仅在曲目筛选、找人译词配伴奏等方面几经斟酌，煞费苦心，而且在作品取舍上不存党派偏见，不搞"因人废言"，确实坚持了"流行"与"优良"兼顾、"包罗的作家愈多愈好"的标准，真正起到了如实反映当时"广大的民众都在唱些什么歌"的"国际宣传"作用。这是很不容易的。仅此两点，也足以说明：对他这位在中国现代音乐史上有过特殊贡献的前辈，后人是不应该淡忘的。

戴鹏海

编者注：这篇《代序》摘自上海音乐学院教授戴鹏海先生的《"重写音乐史"：一个敏感而又不得不说的话题——从第一本国人编、海外版的抗战歌曲集及其编者说起》，见上海音乐学院学报《音乐艺术》，2001年第1期。这篇《代序》因故未能取得戴鹏海先生的同意而斗胆使用，但我想戴老作为大陆重新认识李抱忱的第一人，他应该是不会反对的。

序

李抱忱，一个今天大多数的国人颇感陌生的名字，早在80年前就享誉当时的北平乃至全国音乐界，而他最初从事音乐活动的重要场所正是今天的北京市第二十五中学，也就是当年北平的育英中学。这所早年由教会创办的、迄今已有148年历史的著名文化老校，自1930年李抱忱任音乐教员及音乐主任起，该校的音乐生活有了长足的进步，使原本相对落后的音乐环境得到了很大的改观，特别是合唱的水平有了很大的提升，在当时北平的合唱比赛中从常常名落孙山的角色一跃成为连年拔得头筹的佼佼者。

不仅如此，他在校时还选作了新的育英中学校歌，这首校歌一直传唱到上世纪五十年代。1934年，他率领本校歌咏队南下天津、杭州、上海、南京、济南进行中国音乐史上第一次爱国巡回演唱活动，在当时的抗日救亡热潮中，扩大和推动了群众性歌咏活动的规模及发展。1935年，他又发起筹办了故宫太和殿前的露天爱国大合唱，这次合唱活动有北平十四所大中学校的合唱团参加，总参加人数达540人，创下了当时我国有史以来最大规模的合唱记录。这些事迹都是值得称道的，并都已载入了我国的音乐史册。

李抱忱先生在我校以及北平地区的音乐活动，影响了几代人。现如今中外知名的育英·贝满老校友专家合唱团所取得的成绩，与当年李抱忱的播种、耕耘有着密不可分的关系。往事并不如烟，李抱忱是我校的骄傲，也是北京的骄傲，同样是我国音乐界的骄傲。

李抱忱先生创立的人民群众广泛参与的音乐形式，几十年来一直为我校所发扬光大，大合唱始终是我校音乐教育的主要内容之一，各班都有小合唱队，在历届校艺术节中都有合唱比赛，在此基础上建立的我校初、高中合唱团在历次市、区比赛中，均取得优异成绩并曾多次赴国外参赛、演出；初中合唱团还曾经代表我国中学生合唱团参加在奥地利维也纳金色大厅举行的新春音乐会。多年来，学校坚持每年以各种形式支持育英·贝满老校友专家合唱团的各种活动，其演唱水平享誉海内外。

我相信，李抱忱先生开创的音乐教育形式，饱满的爱国主义精神，定将在母校一直传承下去。

北京市第二十五中学校友会会长
2012年9月27日

迟到的历史掌声

在台湾春暖花开的季节，接到一通让我的心境也如春风拂过的电话；这电话来自朴月，"中国合唱之父"李抱忱先生的义女。她告诉我，大陆即将出版一本《李抱忱年谱》。这本年谱，弥补了大陆音乐史上的一页空白，也给予一辈子献身乐教，为推动"合唱"不惜付出生命为代价的音乐家——李抱忱先生迟到的历史定位与掌声。

长久以来，由于两岸政治的隔阂与疏离，不可讳言，许多旅居海外中国音乐家的名字，在过去的中国大陆，成为一种音乐界的"禁忌"；不是没有人知道他们的名字与贡献，但为了怕触犯当时政治上的禁忌，谁也不敢提。于是这些本该成为"中国音乐史"上荣耀的名字，在过去的"政治"忌讳下被湮没了。

直到大陆政治改革开放，音乐界发出了"为中国音乐史补白"的呼吁。"李抱忱"的名字，才从那些经历过八年对日抗战，唱过由他作词、作曲，曾经鼓舞了民心士气，也曾经唤起大汉国魂歌曲的前辈口中、笔下"出土"，重新为人、为世所知。

第一次听说这件事是1996年。朴月从美国探亲返台，高兴地告诉我：有大陆音乐界的人士，几经辗转找到了她。告诉她：大陆音乐界的学者们正到处寻找"李抱忱"的数据，以便为音乐史"补白"。她已把她手边的数据无条件的提供给了对方；希望这些资料，能对她义父李抱忱先生在"中国音乐史"上的历史定位有所帮助。

对从事音乐工作，在抗战时期曾经唱过他的歌，来台后，又曾经与他有过相当频密的往还，并受益于他身教、言教的我而言，除了乐观其成，也有着相当的感慨与期待。

抗战时期，我曾在"重庆师范"修习声乐，对李抱忱先生的名字是熟悉且仰慕的。但除了曾唱过他作曲的歌，如《旅人的心》、《汨罗江上》、《誓约之歌》，唱过他填词的歌，如《念故乡》、《我所爱的大中华》、《唱啊，同胞》、《同唱中华》等之外，并没有真正接触这个"人"的机缘。

直到我在台湾"艺术专科学校"担任音乐科主任，他几度到台湾推动合唱的时候，我因请他到"艺专"为学生演讲的机缘而相识，并有了密切的往还。1959年也曾应邀在由他策划的音乐会中，在他指挥之下，担任《上山》与《海韵》中的独唱。在那一场音乐会中，《上山》的作词者胡适博士、《海韵》的作曲者赵元任博士都亲自上台致辞，为所有在场的人们，留下了最温馨美好的回忆。

他每次来到台湾，就马不停蹄的投入推广合唱的工作。他环岛为全台湾各地的音乐教师讲习，亲自指挥示范，并号召在地的合唱团作"联合演唱"。以他的学养，和热诚、幽默、深入浅出的导引，造成各地的合唱团几乎立刻"脱胎换骨"的惊人效果！因为有他，引发了各地合唱的风气；因为有他，各地的合唱团如雨后春笋般的成立。台湾的"合唱"虽非由他"开创"，无疑是因为他而蓬勃成长的。他成为各地合唱团员心目中的"偶像"，他自称"老马"，称他们为"小马"，承诺：在他被送到"绿草原"之前，一定会陪伴着他们在合唱的原野奔驰同行。他甚至怕他们不"敢"找他，而公开呼吁：不要担心经费！他可以自备路费、自带干粮的去与他们共享合唱之乐！

许多人都以"温良恭俭让"形容李抱忱博士为人处世的谦和敦厚风范。但在推动"合唱"这件他视为终身志业的工作上，他却是以"拼命三郎"的热诚与活力投入的。他的身体并不太好，有相当严重的心脏病。但直到他累得病倒，被送入医院急救，我们才惊觉：一再到各地奔波推动合唱的他，其实是冒着生命的危险拼搏的！但大家都在欢欣鼓舞中忽略了：这些"立竿见影"的成果，是他付出健康为代价得来的！

我永远难忘的一场演出，是在1970年初，他已经因劳累过度，心脏病发而住院五周了。在医护人员陪同戒护之下，他抱病出席"中国广播公司"主办，由六个合唱团联合演出的《李抱忱作品演唱会》。最后，这位"中国合唱之父"亲自上台指挥全体合唱团员演唱他作曲的《离别歌》。他病弱的身体，带喘的话语，竟使许多的合唱团员与台下听众动容之余，为之泣不成声。那一场演唱会后，他坐着轮椅，由亲友们直接从医院"押送"上飞机返美就医。临别，他还安慰送行的亲友，他病好后就会"回来"。

这并不是他唯一坐着轮椅上飞机回美国就医的纪录；但这一再重演的"危机"，并没有吓阻他的热诚。因病提早退休的他，并没有留在美国，由家人照顾"颐养天年"。他不顾家人的劝阻，单枪匹马的返台定居，以达成他把余生奉献台湾乐教的决心。其间，也曾因病发，短暂的被接回美国医疗静养。但身体好一点，他就迫不及待的返回台湾，继续为这块土地的合唱乐教"卖命"。

他从抗战时代就认为：合唱是最直接、最经济、最有力表达民心士气的方式。在1979年，台湾风雨飘摇之际，他除了日常已相当繁忙的教学、评审工作之外，不顾一切的作曲，并策划了一场"文武青年爱国歌曲演唱会"。各大专院校的合唱团，在他多年的耕耘之下已有了相当的水平。而军校除了"政工干校"有音乐系，其它的军校对这方面并没有太重视，合唱水平也相对的偏低。为了提升军校的合唱水平，他每周三个晚上到三个军校去指导他们合唱。最近的学校，来回车程一个半小时。远的，来回路上就要三小时，还加上指导的两小时！这对一个身体健康的壮年人，都是相当劳累的事了。何况，他当时已七十三岁，有着严重的心脏痼疾，说话气喘，走路常需要人在侧搀扶，还不时需要靠氧气帮助呼吸。白天又要上课、评审、作曲的病弱老人！

他身边的人都非常担心他病弱的身体，他却说：

"我不能窝窝囊囊的死在病榻缠绵里；要死，也得轰轰烈烈的死在指挥台上！"

他怕他身边的人担心，还安慰她们：

"你们不要担心！等这一场音乐会演出后，我一定好好的休息！"

然而，那一场"文武青年"的联合演唱会，烧尽了他最后的一点光与热；在四月五日晚上演出后，他于四月七日晚上因心脏病发送进医院，在四月八日凌晨的风雨声中与世长辞了！虽然，他不是在指挥台上倒下的。但，他的确是在指挥台上耗尽了他最后的心力，又何异于"死在指挥台上"？

他的追思礼拜在台北的基督教"怀恩堂"举行，当天，"怀恩堂"挤得水泄不通。除了亲朋好友、音乐界同仁，还有从各地赶来的"小马们"。在追思会上，合唱团哽咽地唱着他的《闻笛》，而笛声已渺；唱着《人生如蜜》，而他的慈颜笑语已成追忆。在最后唱《离别歌》的时候，他们曲不成调，歌不成声；因为他们知道：这一次的"离别"，不像过去，还有"再见"的时候，而真的是永别了。瞻仰遗容的时候，他的小马们彼此扶持着，泣不成声，乃至哭倒在地。礼拜结束，全场几乎没有一双眼睛是干的。一双双泪眼，目送他的棺木抬上灵车，目送灵车缓缓远去……三十多年了！这一幕始终存留在我的脑海里。

虽然他作了那么多脍炙人口的歌曲，他作曲的《人生如蜜》，还曾入选为"二十世纪华人经典作品"。但他一生从未以"作曲家"自许，他只自认是"音乐教育家"。在中国"合唱"的领域里，他是先行者。也以生命见证他对"合唱"——他自称"第一爱好中的第一爱好"的执着，至死不逾，无愧于他被推崇为"中国合唱之父"的荣衔！

感谢为他写出这一本《李抱忱年谱》的王南先生！这本书不但为他在大陆留下了一生行谊，也为他留下了历史的见证！

[台湾] 申学庸

谨将此年谱献给勇于追求真史的人们

写 在 前 面

从搜集材料到编写，再到成书，《李抱忱年谱》终于在历经十多寒暑和诸多曲折后就要面世了。笔者不是专门从事音乐工作的，也没有很高的音乐天赋，但长期以来总觉得心中涌动着一股音乐之流，总想为音乐做点事情。编写这本薄书，基本上是在繁忙的工作及各种杂事之余进行的，总算初步完成了一个心愿。

自从 2001 年上海音乐学院教授戴鹏海先生发表了令乐界振聋发聩的《"重写音乐史"：一个敏感而又不得不说的话题——从第一本国人编、海外版的抗战歌曲集及其编者说起》的长文后，李抱忱的名字在大陆音乐领域已不陌生。但是大多数国人仍不了解其人甚至不知其名，这是和他应有的地位不相符的，希望这本年谱能有益于国人更多地了解李抱忱乃至他那个时代的真实音乐状况。

李抱忱在中国近代音乐史上曾创下多个第一，仅就最早在我国北方尤其是北京地区开展救亡歌咏活动并推广到其它地方，并因编辑迄今为止唯一一本大陆编中英文对照的海外版《中国抗战歌曲集》、从而成为第一个正式将《义勇军进行曲》歌词翻译成英文的中国人这两点就足以彪炳乐史。他是一个多才多艺的人，指挥、填词、作曲、编辑、自制乐器、编配、多种乐器演奏（尤擅钢琴）、教学、写作、翻译、作诗，同时还是网球高手，并留下了多篇指挥理论方面的佳作。李抱忱早在抗日战争时期就已是声名远播了，后来久居海外从事中文教学及继续开展合唱活动，也仍是闻名遐迩的，因而，今天大陆人重新认识李抱忱必然是有益的。

这本年谱的出版，使在大学时曾被同学戏称"大器晚成"的笔者有了一点成绩，不过，这充其量只能说是小"器"晚成，至于未来是否能真正的"大器晚成"

并不重要，重要的是能否在有生之年继续以真性情去记录真历史，归纳真历史，守望真历史，传承真历史。史学工作者以求真为第一准则，真学者都认同此点。修信史也是我国传统文化的重要内容，一个小学者能继承、发扬其中的点滴精神平生之愿足矣。

之所以急于在今年出版这本年谱，基于下面几个理由：1. 今年是李抱忱诞辰105周年；2. 今年也是李抱忱开展抗日救亡歌咏活动80周年；3. 今年又是李抱忱和笔者共同的母校——北京大学正式定名100周年，作为该校学子的笔者应该有所贡献；4. 今年凑巧是笔者参加工作30周年，年谱的出版也可聊作纪念。

由于李抱忱的足迹遍及海内外多地，自己又不是专业的音乐工作者，既没过多的时间也没有经费四处搜集资料，因而在年谱的编辑过程中，遇到不少困难，幸而有多位好心人、热心人的鼎力帮助，使我能较顺利地完成这项工作。谨在此重点向上海音乐学院教授戴鹏海先生、李抱忱的义女、台湾著名女作家、台湾"历史文学学会"前秘书长刘明仪（朴月）女士、山东师范大学教授刘再生先生及李抱忱的族人、原北京第二十五中学教师李天赏先生（已故）表示诚挚的谢意！同时也深深地感谢支持我出版年谱的中央音乐学院的黄旭东先生及该校出版社总编俞人豪先生、邢媛媛女士、台湾著名女歌唱家申学庸先生、人民音乐出版社的严镝女士！此外还要感谢北京市第二十五中学（原北平育英中学）校长邓少军先生、校友会会长许孔让先生、执行会长钱佩珍女士、该校校友会，以及李抱忱的学生、90多岁高龄的蔡公期老先生。

尽管搜集的资料有限，此年谱远不是一个完善本，然而作为未来研究的一个基础本还是有其相应价值和意义的。

2012 年 3 月 16 日

王南于北京

1907 年（清光绪丁未三十三年）

7 月 18 日（阴历六月初九），生于保定西关外的长老福音园一基督教家庭。原名宝珍、后改保真（出自屈原《卜居篇》"宁超然独举兮以保其真。"）。

据家谱记载：李家"始祖国泰，明末避乱，携三子迎春、遇春、探春，自山西洪洞县迁至河北通县"（今北京通州区）。因祖父庆丰（鹤桥）[①] 为清末举人，协助基督教会翻译《圣经》，后入教，被李氏家族视为大逆不道，驱逐出本族，其本家乃迁至北平（今北京）城内。伯父本 O（O 之），叔父本源（引之）。

父亲李本根（宗之）是牧师，被长老会派至保定任职。母亲薛氏。宝珍排行老七，上有五兄，大哥迎寿（颖柔、勖刚、正公），二哥迎惠，三哥连珍，五哥崇惠，六哥香娃，一姐袭慧（排行第四），一妹贵珍（君实）。自幼受喜好京剧的父亲熏陶，得到许多常识。[②]

天生惯用左手，日后成长为少见的左手指挥家。[③]

1914 年（民国三年　7 岁）

因母亲认为男校的学生太野并怕他学坏，于是入协志女塾插班读二年级，其妹读一年级。

入学前已能读《圣经》故事和商务印书馆出版的童话。

约在此时和胞妹一起随苏教士开始学钢琴，兄妹第一次演出是演奏四手联弹《波涛之上》（Over the Waves）。[④]

---

①　赵琴：《福音园里琴声扬》，赵琴撰文：《李抱忧——余音嘹亮尚飘空》，台北，时报文化出版企业股份公司出版，2003 年 12 月 20 日初版，第 18 页。

②　以上内容见李抱忧：《童年的回忆（1907～1926）》，李抱忧著：《山木斋话当年》，台北，传记文学出版社出版，1979 年 6 月 1 日再版，第 1～5 页。

③　李抱忧：《哥伦比亚大学两年的回忆（1944～1946）》，李抱忧著：《山木斋话当年》，台北，传记文学出版社出版，1979 年 6 月 1 日再版，第 122 页。

④　同②，第 5～12 页。

1916 年（民国五年　9 岁）

转入男校烈士田小学，该校是为纪念义和团运动中殉难的教徒而设立的。①

1919 年（民国八年　12 岁）

其父调回北平工作，举家回迁，住北平王府井东边的大鹁鸽胡同。

插班入位于北平大三条胡同（今北京东城区交道口北三条）的长老会学校崇实中学（今北京市第 21 中学）高小三年级。

因钢琴已有一定功底，被校长来牧师约请为教会和学校的琴师，弹了六年琴，免了六年学费。并随教会里的詹太太继续深造钢琴。六年里，学习刻苦用功，成绩总位居第一、二名。

在校期间，第一次指挥了崇实、崇慈（今北京市第 165 中学）两校的合唱音乐会。②

1925 年（民国十四年　18 岁）

在崇实读高二，历"五卅惨案"。秋，升入高三，任学生会会长。多次参加北平各校沪案后援会会议，和带领全校同学参加反军阀的游行。③

1926 年（民国十五年　19 岁）

历"三一八惨案"，继续带领全校同学参加反军阀的游行。④ 中学毕业，被保送到燕京大学，学号第 709 号（见李抱忱燕京大学学籍档案 XJ01596）。本年燕京大学

---

① 李抱忱：《童年的回忆（1907～1926）》，李抱忱著：《山木斋话当年》，台北，传记文学出版社出版，1979 年 6 月 1 日再版，第 12 页。

② 以上内容见李抱忱：《童年的回忆（1907～1926）》，李抱忱著：《山木斋话当年》，台北，传记文学出版社出版，1979 年 6 月 1 日再版，第 12～17 页。

③ 同上，第 17～18 页。

④ 同上。

海淀新校址落成，成为最先享受新校园的学生之一，任班上的交际股长。

因受中学化学老师科学救国思想的影响，大一时主修化学，又因中小学时代的音乐兴趣而选修了钢琴和音乐史两门功课，并决定副修音乐。钢琴受教于范天祥（Bliss Wiant）、苏路得（Ruth Stahl）和魏德邻（Adeline Veghte），声乐受教于化学系卫尔逊教授的夫人（Mrs. E. O. Wilson），打下扎实的音乐基础。大学四年经常参加各种声乐活动。①

由于任班上的交际股长，又正在学音乐，因而受班会委托，创作班歌《和谐的一九三零》，为作曲的开端，自认为是一个坏的开端，因为不是为作曲而作曲，而是为需要而作曲，几乎奠定了一生作曲的途径。②

1927 年（民国十六年　20 岁）

5 月，在跨百米高栏时不慎摔断左大腿骨，住协和医院，休学五个月，其间，任崇慈女中教务主任的母亲在协和医院病逝。③

出院后以顽强的毅力坚持站立式上课，因无法做化学实验和当时的音乐只是副修学系而改主修教育。又因父亲退休费太少，靠给教授子女补课和为团契抄写圣经挣一些生活费，虽有奖学金，但此后仍过了几年节衣缩食的有钱吃饭，没钱不吃饭的穷学生日子。④

参加燕大合唱团，燕大团契圣歌团，唱低音部，在燕大管弦乐团里担任钢琴部分的演奏。⑤

---

① 以上内容见李抱忱：《童年的回忆（1907～1926）》，《燕京大学四年的回忆（1926～1930）》，李抱忱著：《山木斋话当年》，台北，传记文学出版社出版，1979 年 6 月 1 日再版，第 21、23、24、28、29、31 页。

② 李抱忱：《燕京大学四年的回忆（1926～1930）》，李抱忱著：《山木斋话当年》，台北，传记文学出版社出版，1979 年 6 月 1 日再版，第 23 页。

李抱忱：《作曲回忆》，李抱忱著：《炉边闲话》第一部《正文》，台北，东大图书有限公司出版，1975 年 7 月初版，第 114 页。

③ 李抱忱：《燕京大学四年的回忆（1926～1930）》，李抱忱著：《山木斋话当年》，台北，传记文学出版社出版，1979 年 6 月 1 日再版，第 24～27 页。

④ 同上，第 28、36～38 页。

⑤ 赵琴：《李抱忱年表》，赵琴撰文：《李抱忱——余音嘹亮尚飘空》，台北，时报文化出版企业股份公司出版，2003 年 12 月 20 日初版，第 168 页。

1928 年（民国十七年 21 岁）

骨折痊愈后，参加校网球队选拔赛，取得第三名的成绩，位于高惠民、金惠生之后。①

组织燕大男声四重唱，发动四重唱、八重唱的比赛，主唱低音部。②

1929 年（民国十八年 22 岁）

参加在沈阳举行的华北地区运动会期间，与高惠民陪张学良打过一场网球，并和队友一起与张学良共进晚餐。③

大四，写毕业论文《中学音乐欣赏教材》，内容包括中国音乐简史、国剧、民间音乐、乐器及分类、西洋音乐简史、歌剧、曲体、声乐分类、器乐分类。④

开始在北平育英中学（今北京市第 25 中学）实习兼教音乐课，为期一年，并自编音乐教材。每周五上午从位于海淀的燕京大学骑车到位于东城灯市口的育英中学，下午上三小时的课，周六上午再上三小时的课，午饭后再赶回燕大预备下周的功课和写论文。⑤

为范天祥纪念其父在燕园建造的融汇中西特点的居所取名"忆椿庐"。⑥

---

① 李抱忱：《燕京大学四年的回忆（1926～1930）》，李抱忱著：《山木斋话当年》，台北，传记文学出版社出版，1979 年 6 月 1 日再版，第 34～35 页。

② 赵琴：《李抱忱年表》，赵琴撰文：《李抱忱——余音嘹亮尚飘空》，台北，时报文化出版企业股份公司出版，2003 年 12 月 20 日初版，第 168 页。

李抱忱：《燕京大学四年的回忆》，李抱忱著《山木斋话当年》，台北，传记文学出版社，1979 年 6 月，第 22～42 页。

③ 同①，第 35 页。

④ 同①，第 30 页。

⑤ 李抱忱：《北平教音乐六年的回忆（1929～1935）》，李抱忱著：《山木斋话当年》，台北，传记文学出版社出版，1979 年 6 月 1 日再版，第 43、44 页。

⑥ 李抱忱：《北平教音乐六年的回忆（1929～1935）》，李抱忱著：《山木斋话当年》，台湾传记文学出版社出版，1979 年 6 月 1 日再版，第 65 页。

韩国鐄：《合唱运动先驱，中西音乐桥梁——范天祥其人其事》，韩国鐄著：《韩国鐄音乐文集》（一），台湾乐韵出版社，1990 年 1 月第 1 版。原引自 Bliss Wiant："The Wiant Memorial Residence." Yenching University Alumni Bulletin.（Palo Alto，Ca.），March 1973：15～18。

1930 年（民国十九年　23 岁）

1月，在刘天华主持的国乐改进社编的《音乐杂志》第一卷第9期以"尘"和"饱尘"为笔名分别发表《两个心不在焉的音乐家》、《介绍寿盘（Chopin）》（编者注：寿盘即波兰著名音乐家肖邦）和《管弦乐队里的弦乐族》。《两个心不在焉的音乐家》介绍了贝多芬和舒曼的三件因专注音乐而健忘的趣事。《介绍寿盘》简要介绍了肖邦短暂而且坎坷的音乐创作生涯及不幸的婚恋，并扼要介绍了钢琴诗人最主要的成就——钢琴作品。《管弦乐队里的弦乐族》生动地把管弦乐队里的四个乐器族群比喻为"四家村"里的赵、钱、孙、李四个家族，即弦乐族为赵家，作用最重要，木管族、铜管族为钱、孙两家，作用副之，打乐族为李家，作用最小，但也不可或缺。并陆续介绍了小提琴的构造和特性，音域及音质，演奏法，历史演变和极品名琴。也对中提琴、大提琴和低音提琴做了简明扼要的介绍。①

父病故。自改名李抱忱，取"忱者诚也"的意思。②

大学四年的时间共选习了四年钢琴，两年声乐，一年音乐史，一年和声学，一年音乐教学法及教学实习（视唱练耳免修，因考试超过标准），共副修了三十学分的音乐科目（副修最高学分），主修了三十二学分的教育科目（主修最少学分）。

秋，大学毕业后满怀着致力于"与众乐"的乐教，移风易俗的乐教，武城"弦歌之声"的乐教之抱负，带着准备不足的恐惧心态，"如临深渊，如履薄冰"的进入社会。在育英中学受到校长李鹤朝（如松）的重用，任音乐教员及音乐主任，并自制乐器和自编教材。兼育英中学歌咏队导师和贝满（今北京市第166中学）、育英两校联合合唱团指挥，每年举办贝满、育英联合音乐会。并和李任公（泽虞）、

---

① 饱尘：《介绍寿盘》和《管弦乐队里的弦乐族》，刘天华主持的国乐改进社编的《音乐杂志》第一卷第9号，北平，1930年1月。寿盘（Chopin），即波兰著名音乐家肖邦。饱尘是李抱忱的笔名。

② 李抱忱：《燕京大学四年的回忆（1926～1930）》，李抱忱著：《山木斋话当年》，台北，传记文学出版社出版，1979年6月1日再版，第38页。

李抱忱：《童年的回忆（1907～1926）》，李抱忱著：《山木斋话当年》，台北，传记文学出版社出版，1979年6月1日再版，第4页。

张信诚、常得仁组成男声四重唱经常在音乐会中演唱。①

1931 年（民国二十年　24 岁）

6 月 25 日，和崔瑰珍结婚，因范天祥在北戴河避暑，所以就在范的"忆椿庐"里度蜜月。②

"九一八"后，根据外国歌曲曲调填词与编辑《凯旋》（古诺曲）、《为国奋战》（佚名曲）、《我所爱的大中华》（董尼采第曲）等歌曲。③

指导育英中学乐队、歌咏队及钢琴班，并带领学生自制乐器。④

和杨荫浏、周淑安、范天祥等人一起参与编辑中华基督教会等六公会组织编订的统一圣歌集——《普天颂赞》。⑤

1932 年（民国二十一年　25 岁）

以"饱尘"的笔名用一首美国《大地进行曲》乐曲填词作育英新《校歌》。⑥

---

① 李抱忱：《北平教音乐六年的回忆（1929～1935）》，李抱忱著：《山木斋话当年》，台北，传记文学出版社出版，1979 年 6 月 1 日再版，第 45、46 页。

1930 年《育英年刊》，刘志毅主编：《育英史鉴》，北京市第二十五中学校史编委会编辑，北京，2004 年初版，第 42 页。

② 李抱忱：《燕京大学四年的回忆（1926～1930）》，李抱忱著：《山木斋话当年》，台北，传记文学出版社出版，1979 年 6 月 1 日再版，第 42 页。

李抱忱：《北平教音乐六年的回忆（1929～1935）》，李抱忱著：《山木斋话当年》，台湾传记文学出版社出版，1979 年 6 月 1 日再版，第 65 页。

③ 李抱忱：《北平教音乐六年的回忆（1929～1935）》，李抱忱著：《山木斋话当年》，台北，传记文学出版社出版，1979 年 6 月 1 日再版，第 52 页。

李抱忱：《五首爱国歌词》，李抱忱著：《炉边闲话》，台北，东大图书有限公司出版，1975 年 7 月初版，第 388～396 页。

④ 1931 年《育英年刊》，刘志毅主编：《育英史鉴》，北京市第二十五中学校史编委会编辑，北京，2004 年初版，第 50、51 页。

⑤ 网络来源：陈丰盛博客"丰盛书房"：《中国教会历史巨著——〈普天颂赞〉》，（http：//blog. sina. com. cn/s/blog_ 4e7519ed0100b6jh. html）。

⑥ 刘志毅主编：《育英史鉴》，北京市第二十五中学校史编委会编辑，北京，2004 年初版，第 55 页。

据中国民歌改编《锄头歌》（后改名《田家早》）为四部合唱。①

1月29日，组织和指挥育英歌咏队举行爱国音乐会，会上演唱了《保国》、《赴战》、《老母谁依》、《三武士》、《蓬莱阁》、《凯旋》等歌曲，唱出了"何时奉命提锐旅，一战恢复旧山河"的保家卫国誓言，音乐会上群情激昂。为其开展救亡歌咏活动之始。②

3月12日，组织和指挥了育英中学以爱国音乐为内容的家长恳亲会暨援助抗日前线将士募捐音乐会，以公演的形式演唱了与前一场音乐会同样的曲目，将所得票款290余元全部捐献给在前线浴血抗战的19路军。③

在育英任教期间，同时指导育英中学唱歌队、弹琴乐队及口琴乐队。④

6月26日，为所编《普天同唱集》第一集作序。序中写道："在欧美的学校制度未介绍到吾国之先，吾国的家馆私塾里的课程，并无音乐这一门；所能找出来的一点音乐，就是在背文章吟诗词时的一种难以记录下来的声调而已。自从采用欧美的学校制度以后，吾国学校也有了音乐课程了，不知道是因为明了音乐在教育上的价值，还是因为人家学校里有音乐，所以我们也要有。数十年来，每个学校都有音乐，但是成绩在哪里？编者以为比指摘他人更高一着的方法是埋着头工作，然后将工作出来的成绩无论好坏，大胆的公布出来令他人来指摘自己。本着这个原则，编者从自己三年来授课时所选择的唱歌里选出二十七个唱歌来印成此集，呈献于诸音乐同志前。若蒙采用，编者当然是又高兴又惭愧；但若能得到些指摘与批评，编者更要欣喜莫名——旷野里的呼声得到了回应，是多么高兴的一件事情！'抛砖引玉'虽然是大家公认的一句客套话，但编者这回却要很诚恳的引用他。

本集因复印仓促，连一个本国的唱歌都未收编在内，一面要抱歉，一面要叹息吾国唱歌之不振。选一个歌都没处选。郑重的说：这样下去是不行的。

编者本来没有付印此集的意思，也没有那样的勇气；都是因为刘天华教授，编

---

① 李抱忱：《"锄头歌"音乐狱》、《"锄头歌"（"田家早"）、"紫竹调"》，李抱忱著：《炉边闲话》，台北，东大图书有限公司出版，1975年7月初版，第179～191页，第384页。

② 章铭陶：《育英中学、贝满女中及两校合唱团歌咏活动的历史回顾》，《情谊如歌——育英·贝满老校友合唱团建团十周年纪念刊》，2005年，第37页。

③ 刘志毅主编：《育英史鉴》，北京市第二十五中学校史编委会编辑，北京，2004年初版，第58、59页。）

章铭陶：《育英中学、贝满女中及两校合唱团歌咏活动的历史回顾》，《情谊如歌——育英·贝满老校友合唱团建团十周年纪念刊》，北京，2005年，第37页。

④ 刘志毅主编：《育英史鉴》，北京市第二十五中学校史编委会编辑，北京，2004年初版，第58、59页。

者的朋友和老师的鼓励与援助，方有出版的实现。刘教授竟未能亲见此书之出而骤然病故，令编者不能不表示极深切的悲悼！

此次付印，蒙老友萍因（编者注：萍因即著名诗词家、词译家郑骞）牺牲了许多宝贵的光阴为编者译了《乐生》与《晚钟》二歌，并将编者的拙笔加以修润；又有赵义正君在暑热的天气里很出力的帮助编者预备歌谱的付印，都要在此深深的致谢！"①

7月，乐友社出版所编《普天同唱集》第一集，辑录27首歌：《赴战》、《老母谁衣》、《双十节歌》、《多年老友》、《乐生》、《五月光阴》、《听啊听啊听》、《小姐先生》、《众位再见》、《夏夜繁星》、《气候》、《梦乡游客》、《可爱阳光》、《摇小船》、《唱歌游戏》、《来同聚众好友》、《我怎能舍得你》、《海外亲人》、《三条狗》、《还不起来》、《雪后寒村》、《三位博士》、《晚钟》、《故乡》、《音阶》、《保国》、《凯旋》。曲谱为五线谱。这本歌集是谱主献给领导他入音乐之园的母亲之作。②

22日，赠送给音乐家柯政和一本《普天同唱集》第一集。③

同月，中华乐社出版了所编《乐理教科书》第一册。④

8月，中华乐社出版了所编《混声合唱曲集》第一集。本歌集为外国歌曲选集，由郑萍因、全绍武和编者以"饱尘"的笔名译词，辑有10首歌曲：《闲游》、《潺潺溪水》、《五月光阴》、《常常在静夜里》、《行船乐》、《主所造何等奇妙》、《船夫歌》、《众生灵勿高声》、《一见敌人挥利剑》、《荣耀颂》，曲谱为五线谱。⑤

10月，中华乐社再版所编《乐理教科书》第一册。⑥

兼北平师范大学讲师。⑦

育英歌咏队在北平市第五次学生唱歌比赛中，演唱了谱主和中学同学郑萍因合作填词的《念故乡》（曲调是捷克作曲家德沃夏克《自新大陆》交响曲第二乐章主旋律），并获得第一名。⑧

---

① 李抱忱编：《普天同唱集》第一集，北平，乐友社，1932年。扉页。
② 同上。
③ 同上。封面李抱忱手迹。
④ 李抱忱编《乐理教科书》，北平，中华乐社，1934年9月第四版。
⑤ 李抱忱编《混声合唱曲集》第一集，北平，中华乐社出版，1932年8月。
⑥ 同④，1934年9月第四版。
⑦ 赵琴：《李抱忱年表》，赵琴撰文：《李抱忱——余音嘹亮尚飘空》，台北，时报文化出版企业股份公司出版，2003年12月20日初版，第168页。
⑧ 章铭陶：《育英中学、贝满女中及两校合唱团歌咏活动的历史回顾》，《情谊如歌——育英·贝满老校友合唱团建团十周年纪念刊》，北京，2005年，第39页。

1933 年（民国二十二年　26 岁）

被聘为南京戏曲研究院北平分院研究所研究员，与程砚秋、曹心泉、萧长华研究改进京剧。[1]

3 月，中华乐社出版所编的《混声合唱曲集》第二集。本歌集为中外歌曲混合曲集，和郑萍因分别译词或制词，辑有《盖威吹手》、《荣耀无穷尽》、《锄头歌》（中国歌曲）、《唱歌的哲学》、《你在哪里》、《哈里路亚》6 首歌曲，曲谱为五线谱。[2]

5 月，中华乐社出版所编的《独唱曲选》第一集。本歌集为外国歌曲选集，全部由编者以"饱尘"的笔名译词、制词、编译，辑有《我的'伴奏'》、《都纳故乡》、《不屈》、《树》、《夜曲》、《祷颂》、《一侠客》、《故乡》、《当我老母亲》、《二武士》10 首歌曲，曲谱为五线谱。[3]

6 月，指挥北平育英、贝满、通州潞河、富育四校联合合唱团演出，纪念美国公理会华北传教 75 周年。[4]

9 月，中华乐社第三次出版所编《乐理教科书》第一册。[5]

10 月，作为北平网球队成员参加在南京举行的中华民国第五届全国运动会，进入网球团体半决赛。[6]

开始构思和筹划南下举办抗日爱国音乐会，得到校长李鹤朝的大力支持，并由学校预先垫付经费。[7]

中华乐社出版所编《普天同唱集》第二集。[8]

---

[1]　李抱忱：《北平教音乐六年的回忆（1929～1935）》，李抱忱著：《山木斋话当年》，台北，传记文学出版社出版，1979 年 6 月 1 日再版，第 58 页。

[2]　李抱忱编《混声合唱曲集》第二集，北平，中华乐社出版，1933 年 3 月。

[3]　李抱忱编《独唱曲选》第一集，北平，中华乐社出版，1933 年 5 月。

[4]　同[1]，第 51 页。

[5]　李抱忱编《乐理教科书》，北京，中华乐社，1934 年 9 月第四版。

[6]　李抱忱：《北平教音乐六年的回忆（1929～1935）》，李抱忱著：《山木斋话当年》，台北，传记文学出版社出版，1979 年 6 月 1 日再版，第 66 页。

网络来源：维基百科网——中华民国全国运动会，http://zh.wikipedia.org/wiki/%E4%B8%AD%E8%8F%AF%E6%B0%91%E5%9C%8B%E5%85%A8%E5%9C%8B%E9%81%8B%E5%8B%95%E6%9C%83。

[7]　同[1]，第 53 页。

[8]　李抱忱编《普天同唱集》第二集，北平，中华乐社出版，1933 年。

1934 年（民国二十三年 27 岁）

3 月 26 日，《北平晨报》第七版真光电影剧场广告栏刊登广告："本月二十八日在本院举行北平育英中学歌咏队音乐会。时间上午（编者注：此处有误，应为'下午'）七时，现在开始售票。"（1934 年 3 月 26 日《北平晨报》第七版）

3 月 27 日，《北平晨报》第七版真光电影剧场广告栏刊登广告："明日在本院举行北平育英中学歌咏队音乐会。时间下午七时，现已开始售票。"当日，在北平中华基督教会举办青年会征友结束会特约义务表演，指挥育英中学歌咏队举行爱国音乐演唱会，为南下正式表演前的末次彩排。（1934 年 3 月 27 日《北平晨报》第七版）

28 日，《北平晨报》第七版真光电影剧场广告栏刊登广告："北平育英中学歌咏队平津济沪京杭旅行表演音乐会今日下午七时在本院举行。音乐大家李抱忱领导。内容：三十人合唱十四名曲，口琴弦乐节奏乐合奏，钢琴独奏，二胡独奏，乐锯独奏，独唱等节目。票价前排一元，楼上一元，后排五角，包厢一元五。"本日同版，另有新闻报导："育英歌咏团今日下午在真光表演。"（因内容偏长，省略）晚上，在大哥李勖刚任经理的真光电影剧场（今北京中国儿童剧场）指挥育英中学歌咏队举行爱国音乐演唱会，为南下的首场演出。（1934 年 3 月 28 日《北平晨报》第七版）①

4 月 1 日，《北平晨报》第九版以"育英歌咏队今日南下赴京沪等处表演"为题刊登广告："育英中学歌咏队于上月二十七，二十八两日在青年会及真光电影院连举行两晚音乐会，知音之士，济济一堂，两处皆为满座。该队全体二十六人，皆身着藏青色中式长袍，极为严肃，所唱之'赴战''保国'、'向前奋战''风吼雷鸣'、'凯旋'等曲，歌雄词壮，声调激昂，博得不少听众热烈同情的掌声，最受欢迎者为该队口琴，弦乐、节奏乐，木琴等，全体合奏之'多年以前'铿锵之声，非常悦耳。该队定于今日下午一时，在灯市口该校校门出发，搭二时二十九分车赴津，并于出发前，由该校校长李鹤朝训话。预定二日晚在津，六日八日晚在沪，九日，十日晚在杭，十二，十三日晚在京（编者注：指南京，当时称南京为"京"，当时的

---

① 李抱忱：《北平教音乐六年的回忆（1929 ～ 1935）》，李抱忱著：《山木斋话当年》，台北，传记文学出版社出版，1979 年 6 月 1 日再版，第 55 页。

李抱忱：《歌咏队南下旅行表演报告书》，《育英年鉴》1934 年刊，刘志毅主编：《育英史鉴》，北京市第二十五中学校史编委会编辑，北京，2004 年初版，第 130 页。

网络来源：新浪网—新浪读书：陈明远撰《文化人的经济生活》之《20 世纪 30 年代北平文化人（8）》，（http：//vip. book. sina. com. cn/book/chapter_ 38384_ 21491. html。）

南京是首都），十五日晚在济举行音乐会云"。以团长和指挥的身份率育英中学歌咏队自北京东车站（编者注：即原前门火车站，全称曾为'京奉铁路正阳门东车站'）起程赴天津，抵津的当晚在东马路青年会为青年会演讲会特约义务演出音乐会。（1934年4月1日《北平晨报》第九版）

2日，白天率队参观南开大学，晚上在天津维斯理堂公开售票举办音乐会。会后乘夜车南下。

3日，和歌咏队队员整天在火车上。

4日，歌咏队到达南京，当即转乘到上海的火车，晚间抵沪。

5日，晨，歌咏队乘火车赴杭州，下午抵杭。

6日，上午带领歌咏队游西湖。晚上在杭州青年会大礼堂举办音乐会，本场为公开售票。

7日，上午，和队员游岳飞庙、灵隐寺、虎跑、玉泉、苏堤、雷峰故址、六和塔、之江大学等名胜，在灵隐寺巧遇电影明星蝴蝶。下午五时，在杭州广播无线电台义务广播了几首歌曲。晚上在杭州青年会举办第二次音乐会，本场为公开售票。

8日，率队乘火车赴上海，当日抵达，半夜到报馆送举办音乐会的宣传稿。

9日，下午五时到中西大药房广播无线电台义务播送歌曲。晚上在八仙桥青年会礼堂开音乐会，本场为公开售票。

10日，白天和队员到联华影片公司第一制片厂参观实地拍电影，遇著名电影童星小黎铿、名演员金焰、王人美及名导演费穆，歌咏队员们为他们演唱了几首歌曲，并合影留念。晚上在上海青年会举办音乐会，金焰、王人美夫妇出席，百代唱片公司、胜利制片公司、天一影片公司都有代表赴会，聂耳代表百代唱片公司为音乐会专门灌制了唱片（台湾育英中学存有一张）。本场为公开售票。

11日，上午到胜利制片公司灌唱片未完成，下午到天一影片公司拍有声短片（此片日后在电影院随正片播映），晚饭后又到胜利制片公司继续灌唱片（《锄头歌》、《道情》、《保国》、《破浪成行》等歌曲）。然后又到上海广播无线电台义务播音，并合影留念。随后乘夜车赴当时的首都南京。

12日，晨抵南京。由于阴雨天导致半数队员着凉，晚上的音乐会前用盐水漱口再演唱，取得意外的满意效果。本场为公开售票。

13日，上午歌咏队员们休息。中午到中央电台作义务广播。下午参观发电厂、中山陵、全运会场及游泳池。晚上在金陵大学开音乐会，本人因伤风过重免去独唱。本场为公开售票。

14日，因中央陆军军官学校（前身为黄埔军校）和公余联欢社（公职人员业余联欢社）的挽留，歌咏队推迟赴济南的日期。白天自由活动，晚上在中央陆军军官学校举办义务演唱会，三千军校学生自始至终站立欣赏。会后歌咏队全体成员各获赠一枚校长蒋中正的徽章。

15 日，下午在青年会开演唱会（售票）。晚上在公余联欢社为政府高级职员义务表演，郑颖孙介绍的新疆音乐同时演出，时任国民政府行政院秘书长的褚民谊捐赠了一百元钱。演唱会受到时任中央大学教育学院艺术系音乐科主任唐学咏的高度赞赏。后又到中央广播无线电台灌制纪念唱片，直至午夜。

16 日，早八点上火车，整日在去济南的火车上。

17 日，早九点到济南，随后休息。晚上在济南青年会开音乐会。本场为公开售票。

18 日，上午到齐鲁大学医学院、文学院各义务演出一场。在文学院受到院长舒舍予（老舍）的亲切招待和宴请。下午到千佛山、趵突泉游览。随后上火车返京。

19 日，歌咏队到达前门火车站，校长李鹤朝、数名教员和学生自治会代表前往迎接，并高擎校旗合影留念，随后返校。这次活动为我国第一次中学生全国性巡回演唱会，夫人崔瑰珍为钢琴伴奏。在演出现场都布置了振奋人心的对联："籍雄壮的音乐表现出中华民族的伟大，用慷慨的歌声咏唱出中华青年的奋发。"19 天共演出 22 场，师生都开阔了眼界，经受了锻炼。[①]

21 日《北平晨报》第八版《北晨画刊》栏目刊登一幅"育英中学歌咏队旅行返平"的照片。（1934 年 4 月 21 日《北平晨报》第八版）

29 日，歌咏队在清华大学为纪念该校建校 23 周年举行义务演唱会。

5 月 4 日，歌咏队在清华大学又举办一场演唱会，本场为公开售票。

10 日，歌咏队在燕京大学举办一场演唱会。

19 日，为还学校的垫款，歌咏队在中和戏院和程砚秋等人合办合唱、京剧《荒山泪》演唱会。[②]

---

① 以上内容参考李抱忱：《北平教音乐六年的回忆（1929～1935）》，李抱忱著：《山木斋话当年》，台北，传记文学出版社出版，1979 年 6 月 1 日再版，第 55、56 页。

李抱忱：《歌咏队南下旅行表演报告书》，《育英年鉴》1934 年刊；刘志毅主编：《育英史鉴》，北京市第二十五中学校史编委会编辑，北京，2004 年初版，第 128～135 页。

② 以上内容见李抱忱：《北平教音乐六年的回忆（1929～1935）》，李抱忱著：《山木斋话当年》，台北，传记文学出版社出版，1979 年 6 月 1 日再版，第 58～59 页。

刘志毅主编：《育英史鉴》，北京市第二十五中学校史编委会编辑，北京，2004 年初版，第 131 页。

6月4日，下午和晚上在真光电影院分别举行一场本校师生同乐演唱会，播放天一影片公司拍摄的有声短片和胜利制片公司灌制的唱片。

5日，下午和晚上仍在真光电影院分别举行一场恳亲演唱会，也播放天一影片公司拍摄的有声短片和胜利制片公司灌制的唱片。①

《育英年刊》上刊载所撰《歌咏队南下旅行表演报告书》，概括总结了育英歌咏队南下表演的筹备、活动过程，附有每日活动时间表，并在报告书中诚挚地这样写道："这次到了津、济、京、沪、杭，五个大城市所看到的一个相同的现象，就是合唱的普遍的不注意。这自然不只是全凭我个人的考察，各地的朋友也是这样说。我奇怪各地的音乐界为什么不利用这个团结民众，振奋精神最好的方法来做他们普及音乐教育的工具？我奇怪他们是那样的忽略轻视合唱的重要与价值？我们这次的旅行，若是能稍微的引起了各地的注意与提倡，那我们是要如何的高兴，如何欢呼说：'我们作了一点事情！'全中国呀，让我们高兴吧，让我们欢呼吧！"②

编辑《南下巡演纪念册》。③

为张逢源作词的《归家喜乐》谱曲。④

7月14日，刘半农逝世。后作《悼刘半农先生哀歌》，歌词是："苦雨悲风，秋色凄凉，皇天不吊，哲人其亡；先生学问，冠绝雅伦，先生著作，千古长存。"⑤

27日，在北平木山庐撰写《北平市的合唱团》。

9月，在江西推行音乐教育委员会编《音乐教育》第二卷第9期发表《北平市的合唱团》，介绍了北平合唱活动的开展情况：一、沿革，1924年5月，由燕京大学合唱团主办，北平举行了第一次唱歌比赛会，在此之前合唱活动仅存在于少数几个教会学校里。到1934年北平共举办了六次唱歌比赛会，虽然总体上教会学校的水平高于非教会学校，但后者的水平也有了较大的提高。二、一年来北平市合唱团的情形：北平主要有十二个学校有合唱团，其中六个合唱团举办过音乐会，它们是，燕京大学合唱团（导师为该校音乐系主任美国人范天祥）、汇文中学合唱团（导师

---

① 以上内容见李抱忱：《歌咏队南下旅行表演报告书》，《育英年鉴》1934年刊；刘志毅主编：《育英史鉴》，北京市第二十五中学校史编委会编辑，北京，2004年初版，第128～135页。

② 同上。

③ 赵琴：《李抱忱年表》，赵琴撰文：《李抱忱——余音嘹亮尚飘空》，台北，时报文化出版企业股份公司出版，2003年12月20日初版，第169页。

④ 网络来源：陈雅君博客：赞美诗史话（477）《归家喜乐》，http：//www.fuyinblog.com/User0/114/Show.asp/_articleid/8526.html。

⑤ 徐瑞岳著：《刘半农评传》，上海，上海文艺出版社出版，1990年10月，第315页。

为该校音乐主任杨荣东)、税务专科学校合唱团(导师为该校音乐导师李任公)、贝满女子中学合唱团(导师为该校音乐主任美国人蓝美瑞女士)、青年会合唱团(导师为该会学生干事李任公)和育英中学合唱团(导师为该校音乐主任李抱忱)。没举办过音乐会的学校合唱团是北平师范大学合唱团(导师为该校音乐讲师李抱忱)、清华大学合唱团(导师为该校生物教员容启东)、慕贞中学合唱团(导师为该校音乐主任张振方女士)、女子学院合唱团(导师为该院音乐教授唐赵丽莲女士)、崇慈中学合唱团(导师为该校总务主任李浩霖女士)、崇实中学合唱团(导师为该校小学部主任钟得禄)。育英中学合唱团还南下天津、济南、南京、上海、杭州举行巡回演唱音乐会。"总之,合唱团之在北平市教育界,是渐为人注意了,并且是在积极的活动着。"[1]

同月,中华乐社第四次出版了所编《乐理教科书》第一册。本书由《序》、《导言》及《总论》、《谱表》、《音符》(一)、《休止符》(一)、《小节;拍;时间记号》、《音符及休止符》(二)、《学而时习之》、《表情记号》、《其它记号》、《钢琴与五线谱》、《婴号;变号;本位号》、《音阶》、《婴号首音记号》、《温故而知新》等十四课组成,第一至第十三课都由"乐理"和"练习"组成,第十四课为总复习,全书并配有二十三幅图谱。[2]

10月14日,北京大学在景山东街二院大礼堂隆重举行刘半农追悼会,指挥育英中学歌咏队在追悼会上唱哀歌,颂哀词。[3]

编辑《合唱歌集》。[4]

在育英任职期间,除编写了多本音乐教材外,还改编了器乐曲《多年以前》。[5]

经朱自清介绍,应清华大学第十级学生(1934年招收的将于1938年毕业的学生称谓)之请,选美国民间通俗歌曲曲谱为《清华第十级级歌》的歌谱,并由

① 李抱忱:《北平市的合唱团》,江西推行音乐教育委员会编《音乐教育》第二卷第9期,1934年9月,第30～35页。

② 李抱忱编《乐理教科书》,北京,中华乐社,1934年9月第四版。

③ 记者:《刘半农先生追悼会概述》,《盘石》杂志第二卷第12期,辅仁大学公教青年会编,1934年12月,第20～24页。

网络来源:【南方周末】张耀杰:《为胡适辩护的刘半农》,本文网址:http://www.infzm.com/content/30175。

④ 赵琴:《李抱忱年表》,赵琴撰文:《李抱忱——余音嘹亮尚飘空》,台北,时报文化出版企业股份公司出版,2003年12月20日初版,第169页。

⑤ 李抱忱:《北平教音乐六年的回忆(1929～1935)》,李抱忱著:《山木斋话当年》,台北,传记文学出版社出版,1979年6月1日再版,第54、62页。

朱自清填词。①

1935 年（民国二十四年　28 岁）

2 月，女儿李朴虹出生，初为人父，作《安眠歌》歌词（司密兹曲）和《我爱爸爸》。②

根据意大利歌剧《阿依达》中的《凯旋大合唱》曲调作《同唱中华》歌词（威尔第曲）。③

3 月 28 日，在北平公理会大礼堂举行贝满育英两校联合歌咏团第四届公演会第一场演出，《北平晨报》和《世界日报》同时为此事出了整版的报导，其它报刊也都有生动的报导。④

3 月 30 日，在北平公理会大礼堂举行贝满育英两校联合歌咏团第四届公演会第二场演出。⑤

5 月 11 日，《北平晨报》第六版刊登广告："平市联合歌咏团露天音乐大会确实人数为五百四十人　昨据联合歌咏团总干事李抱忱君谈：露天音乐大会定于十二日下午五时在太和殿前举行。该团确实人数，计导师十四人，琴师六人，清华二十二人，师大二十二人，协医四十八人，财商二十四人，育英四十人，汇文三十人，慕贞三十五人，笃志三十三人，贝满六十四人，崇实十人，志成三十五人，崇慈四十三人，美专二十三人，燕大九十一人，共五百四十人。最先按照各校领谱人为七百十二人，嗣后因别有其它原因，最近又因平市春运关系，遂减至五百四十人云。又讯此次又因露天，预备座位，甚感困难，只限售一元票五百张，五角票一千张，二角票三千张。中华乐社，米市青年会，及古物陈列所各门，均行代售，欲购尚请从

---

① 　网络来源：李为扬：《记十级级委会片段》，节选自十级校友通讯第 23 期，转自《清华校友通讯》第 57 期，清华校友网：http：//www. tsinghua. org. cn/alumni/infoSingleArticle. do articleId = 10013060&columnId = 10007842

② 　李抱忱：《北平教音乐六年的回忆（1929 ～ 1935）》，李抱忱著：《山木斋话当年》，台北，传记文学出版社出版，1979 年 6 月 1 日再版，第 48 页。

③ 　李抱忱：《五首爱国歌词》，李抱忱著：《炉边闲话》，台北，东大图书有限公司出版，1975 年 7 月初版，第 392 ～ 394 页。

④ 　李抱忱：《两年来本校音乐概况》，《育英年刊》1935 年刊，刘志毅主编：《育英史鉴》，北京市第二十五中学校史编委会编辑，2004 年初版，第 139 页。

⑤ 　同上。

速，以免向隅。"①

12日，《北平晨报》第六版刊登广告："大中学联合露天歌咏，今日在太和殿前举行，如三时犹未住雨则延展一日。"同版另登："袁良（编者注：时任北平市长）制纪念章六百分赠团员［本报讯］太和殿前之六百人之大歌唱，定于今日下午五时举行，详细节目见今日本报第十三版'北平大中学联合歌咏团首次公演专刊'。兹悉该团以昨日风雨骤来，今日得转晴和否，殊有影响该团之露天歌咏，故特拟定办法，如下午三时前住雨，则歌咏仍于下午五时在太和殿前举行。如三时犹未停雨，则歌咏势将延展至明日。"［又讯］"该团名誉主席袁良，特制纪念章六百枚，分赠各歌咏队员以作纪念。"该报第十三、十四版两版刊登全部歌咏演唱会内容。以"疲兮"的笔名介绍了全部歌词刊登在第十四版上。何应钦为合唱会题词："八音克谐"，梅贻琦题词："啸清韵远"，李蒸（编者注：时任北平师范大学校长）题词："泱泱大风"。②

在发起和筹备的基础上以副总指挥和总干事的身份与总指挥范天祥、汇文中学指挥杨荣东等指挥了在故宫太和殿有十四所大中学校共540人的爱国大合唱，是当时国内规模最大的合唱音乐会。会上演唱了《中国国民党党歌》、《天下为公》、《五月光阴》、《春日景》、《在静夜里》、《同唱中华》、《中华先圣》、《夏天已经来到了》、《渔翁乐》、《回来吧，爱人》、《锄头歌》、《Down in a Flowry Vale》、《维我中华》等歌曲。

13日，《北平晨报》第六版以《大中学联合歌咏昨举行　太和殿前歌声遏云六百蓝衣歌者远望如浮云　三千男女听众掌声如雷鸣》为题报导了大合唱的消息。③

6月1、2日，在华北公理会成立七十五周年庆祝典礼上，举行了贝满、富育、潞河、育英四校联合歌咏团音乐大会。④

《育英年刊》上刊载所撰《两年来本校音乐概况》，对两年来举办的音乐会做了简单扼要的归纳和叙述。⑤

在育中期间，还兼任北平师范大学音乐讲师三年、京华美专音乐系主任一年、

———————————

①　1935年5月11日《北平晨报》第六版。

②　同上，第六、十三、十四版。

③　李抱忱：《北平教音乐六年的回忆（1929～1935）》，李抱忱著：《山木斋话当年》，台北，传记文学出版社出版，1979年6月1日再版，第60页。1935年5月12日《北平晨报》第十四版。

④　李抱忱：《两年来本校音乐概况》，《育英年刊》1935年刊，刘志毅主编：《育英史鉴》，北京市第二十五中学校史编委会编辑，2004年初版，第139页。

⑤　同上。

华光女中音乐教员一年，及为燕大钢琴、和声学老师苏路得代课一年。①

这几年中，经常和 1924 年曾获第三届全国运动会男子网球单打冠军的网球名将时昌黎到协和医院网球场打球。②

8 月 12 日，下午三时零五分，在五舅薛子谦大夫的资助下和妻叔崔峙如（育英中学体育教师）离开北平赴美国留学。

14 日，晨，抵上海。

19 日晚，乘杰克逊总统号轮船（S. S. Pres. Jackson）离沪。

22 日，抵日本的神户，后又经京都、奈良、东京。

24 日，到横滨，再上原船赴美国。

9 月 3 日，到达美国的西雅图，和同船的八九十位中国留学生受到当地扶轮社（Rotary Club）、中华社（China Club）的宴请，并参观全城和华盛顿大学。民国政府驻西雅图领事馆也开茶话会欢迎。

4 日晚，乘北太平洋铁路特备专车赴芝加哥。③

7 日，中午抵芝加哥，参观了天文、水族、动物三大博物馆。和崔峙如分手。

8 日，乘车到达俄亥俄州的欧柏林（Oberlin），这里有美国一流的音乐教育系和全美排名第二的大学生合唱团，因慕名而舍弃两个津贴入欧柏林大学音乐院，主修音乐教育。④ 经过几种插班考试后，得到钢琴八学分（一学年），声乐六学分（三学期），和声学六学分（一学年），视唱练耳四学分（两学年，此项必修两学年，等于完全免修），大学普通课程三十学分（此项只需三十学分）。经院长批准，每学期可多读三学分，后在连一次舞会都没参加的状态下，用两年零一个暑期学校的时间读完了音乐教育学士和音乐教育硕士的课程。第一学年第一学期读了十八学分，包括音乐术语二学分（研究音乐名词的来源及用法），视唱练耳及旋律习作二学分（注意教学法），中学音乐三学分（研究音乐课程及课外活动），高级和声学三学分（两门初级免修），合唱指挥二学分，钢琴四学分（每天排定两小时练习时间），铜

---

① 李抱忱：《北平教音乐六年的回忆（1929～1935）》，李抱忱著：《山木斋话当年》，台北，传记文学出版社出版，1979 年 6 月 1 日再版，第 64 页。

② 同上，第 66 页。

网络来源：网球教学——天津网球，http：//www2. tust. edu. cn/tiyu/wq/tianjinwangqiuqiyuan. htm。

③ 李抱忱：《欧柏林音乐院两年的回忆（1935～1937）》，李抱忱著：《山木斋话当年》，台北，传记文学出版社出版，1979 年 6 月 1 日再版，第 70～71 页。

④ 同上，第 72～74 页。

管乐一学分（为乐队指挥乐队作曲必修课），合唱团一学分。①

在留学期间，租住一私人住宅，周租 3.5 美元，饭费每周 4.5 美元，加上零花，每月约需开支 40 美元。

10 月 5 日，开始写第一次留美时在欧柏林音乐院给各位亲友的信，11 月 7 日写完。②

在入院后不久的一次音乐会上，所演奏的钢琴受到该院钢琴系名教授赖维特太太（Mrs. Victor Lytle）的青睐，欲收为弟子改主修钢琴，并保证两年毕业，这一意向被谱主婉言谢绝，同时向她表达了献身祖国大众乐教的志向。③

中华乐社再版所编《普天同唱集》第二集。④

据《孔庙大成乐》的第二章〈秩平之章〉创作《孔庙大成乐》四部合唱。⑤

为唐朝贺知章《回乡偶书》第一首谱曲。⑥

为宋朝辛弃疾《丑奴儿》谱曲。⑦

1936 年（民国二十五年　29 岁）

4 月，在江西推行音乐教育委员会编《音乐教育》第四卷第 4 期发表《美国通信［2］》，实际为《一九三五年第一次留美时在欧柏林音乐院写给各位亲友》的略写版，记叙了第一次留美学习初期的情况、感受及思念亲友和祖国的心情。⑧

分别随盖肯斯博士（Karl W. Gehrkens）学习指挥，康立德教授（John Conrad）

---

①　李抱忱：《欧柏林音乐院两年的回忆（1935～1937）》、李抱忱著：《山木斋话当年》，台北，台湾传记文学出版社出版，1979 年 6 月 1 日再版，第 75 页。

②　李抱忱：《一九三五年第一次留美时在欧柏林音乐院写给各位亲友》、李抱忱著：《山木斋话当年》附录（一），台北，台湾传记文学出版社出版，1979 年 6 月 1 日再版，第 181～192 页。

③　同①，第 76～77 页。

④　网络来源："白洋淀书斋"，hexiangtangzhu. shop. kongfz. com

⑤　李抱忱：《作歌度曲记往》，李抱忱著：《炉边闲话》，台北，东大图书有限公司出版，1975 年 7 月初版，第 334～335 页。

⑥　李抱忱：《作曲回忆》，李抱忱著：《炉边闲话》第一部《正文》，第 115 页；李抱忱：《回乡偶书》，李抱忱著：《炉边闲话》第四部《作歌度曲记往》，台北，东大图书有限公司出版，1975 年 7 月初版，第 347～349 页。

⑦　李抱忱：《作曲回忆》，李抱忱著：《炉边闲话》第一部《正文》，第 115 页；李抱忱：《丑奴儿》，李抱忱著：《炉边闲话》第四部《作歌度曲记往》，台北，东大图书有限公司出版，1975 年 7 月初版，354～355 页。

⑧　江西推行音乐教育委员会编《音乐教育》第四卷第 4 期，1936 年 4 月，第 81～90 页。

学习声乐。①

第一学年第二学期又选读了十八学分，包括乐队指挥二学分（除学习乐队指挥法外，并实地练习指挥音乐院管弦乐团），小学音乐二学分（研究音乐课程，教学认谱和课外活动），音乐哲学及心理三学分（研究真善美及音乐秉赋测验等问题），对位法三学分，钢琴四学分，声乐二学分（每天排定一小时练习时间），木管乐一学分（学习吹奏各种木管乐器），合唱团一学分。②

荣获欧柏林大学校网球单打冠军。③

7 月 4 日，和正在欧柏林休假的河北保定传教士胡本德牧师（Rcv. Hugh Hubbard）共同摘取义里瑞亚城（Elyria）网球速战速决比赛（Rapid – fire Tournament）的双打桂冠。④

参与编辑的圣歌集——《普天颂赞》由上海广学会出版。⑤

1937 年（民国二十六年　30 岁）

第二学年除继续学习声乐、钢琴外，还学了一年弦乐器（也是乐队和作曲的必修课）和一年高级指挥，理论部分选修了一学期的音乐史和一年作曲（包括卡农和赋格）。普通学术科目读了两门音乐院学士必修科目，第一学期修演讲，第二学期修诗文朗诵。两年中间的暑期学校专修钢琴、声乐和作曲。⑥

6 月，获音乐教育学士学位，修完硕士课程。⑦

7 月 8 日晨，在黄石公园读早报知芦沟桥事变爆发，当即决定急离欧柏林回国。⑧

在欧大期间，根据我国旧调《老八板》的主题创作木管四重奏变奏曲《老八板》，管弦乐组曲《在拉克伍德教授门下一年》，全曲第一段用和声音乐方式，第二段用复音音乐方式，第三段用无调性方式，第四段用中国和声方式写成，因"七

---

① 李抱忱：《欧柏林音乐院两年的回忆（1935～1937）》，李抱忱著：《山木斋话当年》，台北，传记文学出版社出版，1979 年 6 月 1 日再版，第 79～80 页。

② 同上，第 76 页。

③ 同上，第 83 页。

④ 同上。

⑤ 网络来源：陈丰盛博客"丰盛书房"：《中国教会历史巨著——〈普天颂赞〉》http：//blog. sina. com. cn/s/blog_ 4e7519ed0100b6jh. html

⑥ 同①，第 76 页。

⑦ 同①，第 82、90 页。

⑧ 同①，第 90 页。

"七"抗战返国未及携带全部遗失。其时，在作曲方面努力于中国本色音乐的追求，这一点，得到美国教授的肯定和鼓励。①

10 日，乘船离美。②

27 日，抵上海。随即乘火车北上到达沧州，火车无法继续前行，在沧州等了三天，被迫返回上海，在沪滞留四周。③

8 月 13 日，欧柏林音乐院学长黄自在上海大三元饭店请吃饭，前者向萧友梅推荐其继任上海音专教务主任未成，两人刚离开不久，该饭店就被日军飞机炸毁。④

31 日，冒险乘英国太古轮"顺天号"自沪驶津，途中船尾被日机炸一大洞，修理后继续前进。⑤

9 月初，幸运地躲过日本飞机的轰炸，经天津回北平。因不愿为日本人做事，就仍在育英中学教课，虽终止了贝满育英的联合合唱活动，但仍到燕京大学和汇文神学院兼课，同时教授私人学生以补贴家用。物质生活虽过的去，但无法实现胸中早已拟定的音乐计划，因而块垒难平。⑥

1938 年（民国二十七年　31 岁）

5 月，拒绝日本人约请为中日亲善进行音乐活动，并变卖部分家具攒路费，为赴大后方做准备。⑦

7 月，以暑期赴港旅行的燕大教授身份和古琴名家郑颖孙一起离北平赴天津，乘船抵达香港，在老同学费浩叔家住了十天，再转海防至昆明，在五舅薛子谦大夫家住了一个多月。⑧

---

① 李抱忱:《作曲回忆》，李抱忱著:《炉边闲话》第一部《正文》，台北，东大图书有限公司出版，1975 年 7 月初版，第 115 页。

② 李抱忱:《欧柏林音乐院两年的回忆（1935 ～ 1937)》、李抱忱著:《山木斋话当年》，台北，台湾传记文学出版社出版，1979 年 6 月 1 日再版，第 90 页。

③ 同上，第 90 ～ 91 页。

④ 李抱忱:《欧柏林音乐院两年的回忆（1935 ～ 1937)》、《抗战期间从事音乐的回忆（1937 ～ 1944)》，李抱忱著:《山木斋话当年》，台北，传记文学出版社出版，1979 年 6 月 1 日再版，第 81 页。

⑤ 同②，第 91 页。

⑥ 李抱忱:《抗战期间从事音乐的回忆（1937 ～ 1944)》，李抱忱著:《山木斋话当年》，台北，传记文学出版社出版，1979 年 6 月 1 日再版，第 93 ～ 94 页。

⑦ 同上，第 94 页。

⑧ 同上，第 94 页。

9 月，后经谢冰心向教育次长顾毓琇推荐，被国民政府教育部聘为音乐教育委员会委员，搭乘赛珍珠的前夫卜凯的汽车到重庆赴任，其它委员还有，萧友梅、唐学咏、赵元任、程懋筠、胡彦久、李惟宁、沈秉廉、卢冀野、郑颖孙、吴俊升、顾树森、陈礼江、应尚能等。①

同月，向教育部呈《抗战期间音乐教育工作计划书》，阐述了自己对抗战期间音乐教育工作的构思。②

10 月 27 日，出席音乐教育委员会召开重组后的第一次会议，其它与会者有陈立夫、顾毓琇、郑颖孙、卢冀野、唐学咏、应尚能、吴俊升、顾树森、陈礼江等。并通过会议决议，其中有审查各级学校现有音乐教材，举办音乐推广人员训练班，视察各省音乐教育实况，编纂音乐词典，搜集民间歌曲，推专人搜集中国音乐史料等工作。③

12 月 25 日，中华全国音乐界抗敌协会在重庆川东师范大礼堂成立，和唐学咏、刘雪庵、贺绿汀等三十九人被推为理事，任光等十七人为监事，决定五月九日（黄自忌日）为全国音乐节。④

为国民政府军事委员会第三厅（编者注：周恩来、郭沫若领导）撰写《怎样指挥歌咏》。⑤

1939 年（民国二十八年 32 岁）

2 月，朱偰创作的《出征歌》、《复国歌》⑥ 歌词刊登在中国文艺社主办的《文艺月刊》杂志二卷中的战时特刊军歌特辑，并向社会征求曲谱，李抱忱为歌词谱

---

① 李抱忱：《抗战期间从事音乐的回忆（1937～1944）》，李抱忱著：《山木斋话当年》，台北，传记文学出版社出版，1979 年 6 月 1 日再版，第 95～96 页。

战歌社编：《消息》，《战歌》第二卷第一期，1938 年 9 月，第 29～30 页。

② 李抱忱：《抗战期间音乐教育工作计划书》手稿，1938 年，刘再生提供电子版。

③ 刘再生：《人脉精英　云集巴蜀——40 年代音乐教育的繁荣气象》，刘再生著：《中国近代音乐史简述》，人民音乐出版社，2009 年 7 月北京第 1 版，第 415～419 页。原引自孙继南编：《中国近现代（1840～2000）音乐教育史纪年》增订本，山东教育出版社，2004 年 9 月第 1 版，第 105～121 页。

④ 战歌社编《乐坛报导》，《战歌》第二卷第二期，1939 年 4 月 5 日，第 30～32 页。

⑤ 李抱忱著：《合唱指挥》原序，中华音乐教育丛书，台北，天同出版社印行，1976 年，第 10 页。

⑥ 李抱忱曲 朱偰词 1944 抗战时当选为政府征军歌的八首之一。网络来源：《越南受降日记》、〈旧书新识之一〉《闲闲书话》，http：//www.tianya.cn/publicforum/Content/books/1/12786.shtml

曲,后广为传唱。①

　　和应尚能、杨仲子、唐学咏、刘雪庵等一起主讲于教育部主办的音乐视导人员训练班。②

　　和刘雪庵、唐学咏等被聘为中央社会部及教育部主办的重庆市中小学歌咏比赛会复决赛的评委。③

　　3 月初,与贺绿汀、刘雪庵等开始为重庆歌咏干部训练夜班授课,分别指导指挥、乐理、合唱等课,得到受训人员的欢迎。④

　　4 月,音乐教育委员会改组,任下属的教育组组长,主管全国音乐教育的推动工作。郑颖孙任乐典组组长,杨仲子任编辑组组长,应尚能任社会组组长,胡彦久任委员会秘书。教育部批准该委员会的建议:每年 4 月 5 日为音乐节。⑤ 受国民党中宣部部长董显光和国际宣传处处长曾虚白委托,⑥ 主编大陆迄今编辑的唯一一本中英文对照版《中国抗战歌曲集》(China's Patriots Sing),由中国信息出版公司香港分公司出版。此歌集包括 1.《中华民国国歌》(孙逸仙词,程懋筠曲),2.《国旗歌》(戴季陶词,杜庭修曲),3.《义勇军进行曲》(田汉词,聂耳曲),4.《自卫》(马祖武词,赵元任曲),5.《救国军歌》(塞克词,冼星海曲),6.《牺牲已到最后关头》(麦新词,孟波曲),7.《长城谣》(潘子农词,刘雪庵曲),8.《大刀进行曲》(麦新词曲),9.《出发》(劳景贤词曲),10.《中华民族不会亡》(柳倩词,吕骥曲),11.《抗敌歌》(韦瀚章、黄自词,黄自曲)。亲自翻译《义勇军进行曲》和《自卫》两首歌词,并为《义勇军进行曲》、《自卫》和《中华民族不会亡》编配伴奏,还用英

　　① 网络来源:丹青:《铁骨丹心昭百世——纪念朱偰先生诞辰 100 周年》http://www.sxp-ku.com/zj.html。

中国人民政治协商会议教科文卫体委员会、中国音乐家协会、中国演出家协会主编:《中国抗日战争歌曲集》,北京群众出版社,2005 年 7 月,第 203 页,注明该歌曲作于本年。

　　② 战歌社编《乐坛报导》,《战歌》第二卷第二期,1939 年 4 月 5 日,第 30～32 页。

　　③ 同上。

　　④ 同上。

　　⑤ 李抱忱:《抗战期间从事音乐的回忆(1937～1944)》,李抱忱著:《山木斋话当年》,台北,传记文学出版社出版,1979 年 6 月 1 日再版,第 96 页。

刘再生:《人脉精英　云集巴蜀——40 年代音乐教育的繁荣气象》,刘再生著:《中国近代音乐史简述》,人民音乐出版社,2009 年 7 月北京第 1 版,第 415～419 页。原引自孙继南编:《中国近现代(1840～2000)音乐教育史纪年》增订本,山东教育出版社,2004 年 9 月第 1 版,第 105～121 页。

　　⑥ 赵琴:《抗战乐教行路难》之《历史的回响》,赵琴撰文:《李抱忱——余音嘹亮尚飘空》,台北,时报文化出版企业股份公司出版,2003 年 12 月 20 日初版,第 47 页。

文撰写了一篇短序和简略地介绍这些歌曲及作者。①

1940 年（民国二十九年　33 岁）

1 月，制定《全国音乐教学调查表》，由教育部通令各省教育厅局转令各校填报。在重庆乐风社编、大东书局发行的《乐风》第一卷第 1 期发表《战时全国中小学音乐教学情形调查摘要》。在抗战的艰难时期，对搜集到的全国一千零八十一个学校（仅占全国学校总数的极小部分）的材料进行了整理和汇报，使政府初步掌握了当时中小学校极为落后的的音乐教育状况，为中小学校音乐教育的改进工作奠定了必要的基础。②

本月，《新音乐》月刊创刊，应李凌邀请参加创刊酒宴，与会者还有，缪天瑞、江定仙、张洪岛、陈田鹤、刘雪庵、李元庆、范继森、沙梅、盛家伦、李广才等。③

14 日，参加中华全国音乐界抗敌协会第一届常年大会，参与商讨今后工作大计，并当选为理事之一，其它理事为贺绿汀、吴伯超、胡彦久、金律声、刘雪庵、江定仙、鲁之翰、华文宪、应尚能、蔡绍序、巫一舟、陈田鹤、洪兰友、张道藩、沙梅、施鼎莹、唐学咏、程懋筠、戴启人、胡然、陆修棠、朱崇志、王宗虞、常学埔、戴粹伦、易开基、穆志清、许可经、于世沆、吴鼎三、戴逸青、王云阶、劳景贤、孙慎、张洪岛、洪瑞钊、陈济略、王抒情等三十八人。④

2 月，《战歌》周刊第二卷第五期发表《出征歌》。⑤

---

① 《中国抗战歌曲集》（China's Patriots Sing），中国信息出版公司香港分公司出版，1940 年 5 月 20 日李抱忱赠缪天瑞。原书藏中国艺术研究院。

李抱忱：《编辑英文版中国抗战歌曲集的经过》，李凌、赵沨主编，读书生活出版社出版的桂林版《新音乐》，1940 年 4 月，第 17 ～ 19 页。

李抱忱：《抗战期间从事音乐的回忆（1937 ～ 1944）》，李抱忱著：《山木斋话当年》，台北，传记文学出版社出版，1979 年 6 月 1 日再版，第 97 ～ 98 页。

② 李抱忱：《战时全国中小学音乐教学情形调查摘要》，重庆乐风社编、大东书局发行《乐风》第一卷第 1 期，1940 年 1 月，第 31 ～ 35 页。

③ 刘再生：《创造新的民族化的大众化的音乐艺术——李凌、赵沨和"新音乐社"》，刘再生著：《中国近代音乐史简述》，北京，人民音乐出版社，2009 年 7 月第一版，第 472 页。原载李凌：《我和缪天瑞同志》，高燕生、刘连捷主编《缪天瑞音乐生涯》，第 22 页。

④ 中国作曲者协会战歌社编《战歌》，咏葵乐谱刊印社代印，第 9 页。

⑤ 中国作曲者协会战歌社编《战歌》，咏葵乐谱刊印社代印，第 9 页。

李文如主编：《二十世纪中国音乐期刊篇目汇编》，2005 年 11 月，中国艺术研究院音乐研究所编，北京，文化艺术出版社出版，第 74 页。

4月1日，教育部部长陈立夫倡议筹建的国立音乐院在重庆青木关成立，此前参与筹备音乐院成立事宜。①

同月，在李凌、赵沨主编，读书生活出版社出版的桂林版《新音乐》第一卷第四期发表《编辑英文版中国抗战歌曲集的经过》。在文中记叙了歌曲集的编辑过程：受国民党中宣部委托编辑，分选曲、为没有伴奏的入选曲写伴奏、将歌词译为能唱的英文歌词、作一篇英文短序并简单介绍这些歌曲及其作者四部分。选曲的原则是第一必须流行，第二必须优良。选曲采用自下而上，带有民主集中性质的方法进行，即先征求社会各界人士的意见，再吸取专家的意见选出确定的歌曲。在编辑过程中得到了贺绿汀、刘雪庵、陈田鹤、朱咏葵等人的大力支持和帮助，另外，由于翻译工作最难，因而请了几位英国和美国的朋友帮助翻译，中外反法西斯人士共同完成了这项非常有意义的工作。②

5月，冼星海在去苏联途经西安停留时，在抗战三周年纪念日给西安青年做题为《现阶段中国新音乐运动的几个问题》，在该文第一部分《近代中国音运发展的几个时期》中赞扬了包括谱主在内的一些音乐家，受到赞扬的音乐家还有王光祈、萧友梅、李惟宁、郑志声、陈洪、任光、贺绿汀、缪天瑞、李绿永、赵沨、盛家伦、吕骥、张曙、沙梅、孙慎、孟波、麦新、应凯、联抗、马可、舒模、何士德、王洛宾、何安东、向隅、杜矢甲、李焕之、张寒晖、周巍峙。③

与教育部国民和中等教育司共同拟定中小学音乐课程标准。④

由印度加尔各达彩印有限公司再版《中国抗战歌曲集》，增加了贺绿汀的《游击队歌》。⑤

① 刘再生：《赤子之心　壮志未酬——吴伯超与国立音乐院》，刘再生著：《中国近代音乐史简述》，北京，人民音乐出版社，2009年7月第一版，第409页。

② 李抱忱：《编辑英文版中国抗战歌曲集的经过》，李凌、赵沨主编，读书生活出版社出版的桂林版《新音乐》第一卷第四期，1940年4月，第17～19页。

③ 冼星海：《现阶段中国新音乐运动的几个问题》（1），《冼星海全集》第1卷，广东高等教育出版社，1989年，第115～126页，原载1943年2月《新音乐》月刊第五卷第3期。

④ 李抱忱：《抗战期间从事音乐的回忆（1937～1944）》，李抱忱著：《山木斋话当年》，台北，传记文学出版社出版，1979年6月1日再版，第97页。

⑤ 李抱忱：《抗战期间从事音乐的回忆（1937～1944）》，李抱忱著：《山木斋话当年》，台北，传记文学出版社出版，1979年6月1日再版，第98页。

赵琴：《李抱忱年表》，赵琴撰文：《李抱忱——余音嘹亮尚飘空》，台北，时报文化出版企业股份公司出版，2003年12月20日初版，第169页。

儿子朴辰出生。①

1941 年（民国三十年　34 岁）

为纪念总理（孙中山）逝世十六周年和蒋介石发起的"国民精神总动员"运动开展二周年（国防最高委员会下属的精神总动员会由蒋介石亲自出任会长，陈立夫任副会长），奉教育部长陈立夫之命，承担策划与筹备国民政府教育部主办千人爱国大合唱的任务。②

1月，在《乐风》新一卷第 1 期发表谱曲的《农歌》（田汉词，又名《恳春泥》）。③

同月，在《乐风》新一卷第 1 期发表《抗战期间的乐器问题》。在抗战期间乐器极度匮乏的情况下，是不是就不推行乐教，不唱歌了呢？当然不是。文章就此提出了三个解决的方法。"一是没有乐器就不用乐器。认为乐器的使用也有弊病，如用钢琴伴奏叫学生唱歌，第一个弊病是教员自弹自唱，就听不见学生唱了。即或另外有人伴奏教员担任指挥，也会常因为琴声压过唱声的缘故，而听不见学生哪里出错。第二个弊病是学生永远随着琴声唱歌，既养成他们的倚赖性，以后离开琴不能单独唱歌，又养成他们的懒惰性，对于自己的声音不肯稍负一点责任来听听好坏，更不肯听听自己的歌声是否与旁人相合，只是一味的跟着琴"哇啦哇啦"的瞎唱乱唱——不如说瞎喊乱喊。……第三个弊病是风琴和钢琴的键盘是按平均律定的音，而平均律本是为了'旋相为宫'和转调的关系才创出来的一种通融迁就的办法；平均律的大音阶和自然律的大音阶相比起来，前者的二度五度都略低，四度略高，三度六度和七度则高得甚不悦耳，凡听觉灵敏受过训练的人都听的出来。这在旋律上已经是听得出来的不悦耳，在和声上就更显著的不悦耳了。因此，最先苏联就提倡不用伴奏的合唱，为的是免去平均律的不准确而唱出自然律的和谐优美的"天籁"来。现在欧美音乐进步的国家都极盛行不用伴奏的合唱。……我们的学校既或还不到注意平均律和自然律的分别而从事于改除这第三个弊病的时候，但总可以籍着不

---

①　李抱忱：《耶鲁大学七年的回忆（1946～1953）》，李抱忱著：《山木斋话当年》，台北，传记文学出版社出版，1979 年 6 月 1 日再版，第 136 页。

②　向延生：《李抱忱与英文版〈中国抗战歌曲集〉》，《中央音乐学院学报》，2007 年第 4 期，第 49～53 页。

③　《农歌》（田汉词，李抱忱曲），重庆乐风社编、大东书局发行《乐风》新一卷第 1 期，1941 年 1 月，第 3～4 页。

用琴唱歌而鼓励教员多注意改正学生的发音及错误（改正第一个弊病），和鼓励学生养成离琴自唱的习惯，并可使学生多注意听自己和旁人的发音而不瞎喊乱喊（改正第二个弊病）。我们不是没有乐器吗？我们不用乐器好了！"

"二是没有适当的乐器就用其它乐器来代。能不用乐器唱歌，虽然是一个可宝贵的能力和经验，但乐器在声乐里究竟还有它不可抹杀的价值和地位，特别是在一般中小学生还未能将音高唱得正确的时候。没有乐器自然可以不用乐器，但非用乐器不可时，没有适当的乐器就要用其它乐器来代了。中小学最需要的是键盘乐器——钢琴或风琴。现在讨论一下没有钢风琴时最好用什么乐器来代。"

"中小学用乐器来伴奏唱歌的一个最大任务既是帮助学生们将音唱得正确，那么，在选择代替钢风琴的乐器时的第一个条件当然也是要音高正确了。在这条件之下，作者认为最合适的是手风琴或口琴。这两种乐器的音高都是在乐器厂里定好的，不会轻易走音。好一点的手风琴都可转调，因而任何调的歌曲都可演奏出来。口琴虽然不能转调（半音口琴是为加吹半音的，换吹另外一个调非常之难），但若能预备 C 调，E 调，和 A 调的三种口琴，一般歌曲就满可以通融着唱了（如同 D 调改唱 C 调，G 调改唱 A 调或 F 调等）。手风琴同口琴比较起来，手风琴还要好些，因为第一，手风琴音量宏大；第二，教员可以一面拉一面唱。"

"若是教员的训练很好，听音甚为敏锐，那么用提琴或二胡也是很好的。两种琴的音色都适于伴奏或唱歌和示范之用，因为它们的声音是悠长优美的，如同歌声的（这是选择乐器的第二个原则）。京胡就比较的不适用，因为它的声音尖锐短促，正是我们所不希望学生唱出的声音。笙的音色虽极美丽，但不能转调，同时需要常常经过'点笙'的调音工作，才能保证正确的音高。此外任何管弦乐队里面的木管和铜管的旋律乐器（Flute，Clarinet，Trumpet 等）都是好的代替品，但这些乐器在我国太不普遍了。"

"我国的箫笛管等，因为按孔过少，既不能随意转调，同时音高也不准确，不甚适用。月琴也是普遍的乐器，但因'品'位常是不准，'品'的数目也不敷应用，也不适合于音高正确的标准。还有很多地方乐器，不能一一列举出来，只要合于音高正确，音色美丽的标准，在这抗战期间什么都可以代替钢风琴的。"

"我们若能本着这抗战的精神在没办法里想办法，不但可以找到钢风琴的代替品，连一个管弦乐队的代替品都可以找到的。在这非常时期，我们不是非有管弦乐队才可以合奏或演歌剧。我们也可以在我们现有的乐器里加以选择配合。西洋的管弦乐队固然甚好，但是我们不能跳出西洋演出的惯例（至少是现在）来将提琴，口琴，三弦，二胡，笙，笛，风琴等凑成一个有意义的乐队吗？能！太能了！赶上时代的音乐家们都应当如此想，如此作的。这样我们的工作自然会由消极而积极，转太息而呐喊，在抗战期间不但没有蛰伏，反而抓着了时机，推动了音乐工作，发挥了抗建力量。这个乐队可以在学校礼堂演出，可以在公共场所演出，也可以在国际电台播出，欧美友邦不但不会嗤笑我们，反比听我们仿效他们的管弦乐队的演奏，意义更来得重大些，因为这是我们抗战的产物！不屈不挠的创造表现！与不可避免的事实来合作的伟大精神！"

"三是没有乐器就自己来造。没有乐器就不用乐器，究竟还是限于声乐。上面已经说过，就是在声乐里，乐器也有它的价值，所以才有'没有适当乐器就用其它乐器来代'的办法。在纯粹的器乐里，作者也提倡'没有适当乐器就用其它乐器来代'的办法，于是有以上'抗战化的乐队'的议论。在这两方面都有相当大的困难，就是提倡用手风琴或口琴来代替钢风琴而没有手风琴和口琴；提倡抗战化的乐队而缺乏音高正确，音色美丽的本地乐器。怎么办？唯一的办法——也是最好的办法——就是自己来造。这当然不是个人能办到的事。假设政府或私人肯出资本研究制造乐器，也有乐器研究制造人才，也有'取之不竭，用之不尽'的乐器制造原料，我们都打算制造些什么乐器呢？"

"当然，钢琴风琴要制造，我们并不反对西洋乐器。但在此抗建时期，我们最重要的任务，还是普及音乐，使音乐的福音'传给万民'，使音乐的艺术为全国所欣赏所享有。因此我们在钢风琴之外，还要制造些'简廉'乐器。"

"因为要普及，所以一切乐器要至少合于以下四个标准。第一要'简'，演奏方法和乐器构造要简单；第二要'廉'，乐器的价钱要尽量的便宜；第三要'准'，音高要准确，并合于标准音，以便合奏，这是任何乐器制造的第一个条件；第四要'美'，音色要美丽，乐器奏出来的声音若不美，不能称为'乐'器。"

"我们至少应当做三种工作：我们要仿造西乐器，我们要改造国乐器，我们要自造新乐器。"

"第一种工作是仿造钢琴，风琴，手风琴，口琴，提琴等。钢琴提琴我们完全可以自造，作者几位朋友自己试验的成绩都相当的好，原料也不必仰给于外国。风琴，手风琴和口琴的簧（Reed）暂时需靠外国供给，但这不是不能解决的一个问题。"

"第二个工作是改造二胡，月琴，笙，管，笛，箫等极为通俗的乐器。我国一向不注意乐器的制造，将这种工作轻松的交给了无学识的匠人。商人重利，又一贯下来的保守成性，遂演成现在的病态，即无人肯改，也无人敢改。我们有西洋乐器制造的参考，欲求音高的准确与音色的美丽，不是什么难事，也不必怎样大增其成本。……这是改良民间音乐的一个重要工作，我们应当非常注意提倡。"

"第三种工作，是自造各种新乐器。作者没有说'创造'，因为这里不是无中生有的创造新乐器的意思。我们很可以应用现有的普通乐器原理，利用本国现有的原料，来自造各种新乐器。作者几年前在北平任教时，曾用本地核桃木作出音质极美的木琴来，用蒸笼的边缘作出八角鼓和小型的六弦琴来。好友任致嵘先生二年前在成都，利用本地材料作出一种成本几角钱的'抗战琴'来，音色之美与西洋的 Mandolin（类似吾国月琴，编者注：即曼陀林琴）无异，像这种例子实在不胜枚举。像四川这样多竹的地方，很可以用竹子作出声音宏亮丰富的 Marimba（编者注：即马林巴琴）来，我们可以给它取名叫'竹琴'。"

"作者渴望着看见演奏改良乐器的新国乐团，在抗战期间如雨后春笋般的在各地生长起来，作者渴望着看见新的简廉乐器普遍于各学校，看见三十个，五十个，以致一百个天真活泼的，面带笑容的小学生在台上演出的抗战乐队，听见他们从指间弹出来，拉出来，从心里流出来，涌出来的建国新声。"

……

"这些没有办法的办法，这个'与不可避免的事实来合作'的工作，希望能引起读者们热烈的讨论，让我们利用这个刊物来交换意见，来共同解决这'抗战期间的乐器问题'。"①

同月，为陈果夫作词的《中央政治学校校歌》谱曲。②

1月，8月，9月，在李凌、赵沨主编，读书生活出版社及立体出版社出版的桂林版《新音乐》第二卷第4期、第三卷第1期、第三卷第2期发表连载文章《歌咏指挥讲话》。本文共十八部分：（一）做指挥的条件，（二）指挥者的责任，（三）指挥的评价标准，（四）指挥的姿势，（五）指挥棒的握法，（六）指挥的动作，（七）如何起拍，（八）如何止拍，（九）如何延长，（十）分句和换气，（十一）何时应当拍节奏，（十二）不握棒之手的应用，（十三）指挥动作是活的，（十四）指挥是有热情的，（十五）指挥的工具，（十六）如何练习指挥，（十七）指挥须知，

---

① 李抱忱：《抗战期间的乐器问题》，重庆乐风社编、大东书局发行《乐风》新一卷第1期，1941年1月，第15～17页。

② 网络来源：［校史小档案］《校歌创作年代考据》，政大校讯，http：//info.nccu.edu.tw/news.php tbep_ id =470&tbinfo_ id =35；

徐咏平：《陈果夫日记摘录》，徐咏平著：《陈果夫传》，台北，正中书局，1980年，第894页。

原文为："戴（季陶）先生来校，予以李抱忱新改好谱之《中央政治学校校歌》，交其一阅。"

28

（十八）尾声。①

2月，3月，4月，6月，8月，在《乐风》新一卷第2期、第3期、第4期、第5、6期合刊、第7、8期合刊发表连载文章《歌咏指挥的应用》。文章包括三十个要点：一、引言，二、指挥者的任务，三、指挥者的"第一诚"，四、指挥姿势和动作，五、怎样握棍，六、用哪只手来握棍，七、指挥棍的种类，八、怎样练习指挥，九、拍子的种类，十、怎样打三拍子，十一、怎样使拍子清楚，十二、怎样使拍子有意义，十三、三拍练习，十四、怎样指挥《中华民国万岁》，十五、怎样打四拍子，十六、怎样起拍，十七、四拍练习，十八、怎样指挥国歌，十九、怎样止拍，二十、怎样延长，二十一、分句和换气，二十二、何时应当拍节奏，二十三、怎样打两拍，二十四、怎样指挥《出征歌》，二十五、拍子的变化，二十六、不握棍之手的应用，二十七、怎样打六拍子，二十八、怎样指挥《轻而幽》，二十九、指挥家与指挥匠，三十、末了几句话。②

3月10日，《新华日报》预告了纪念孙中山的活动。③

3月12日，在日机频繁轰炸下的重庆夫子池新运动服务广场都邮街的废墟前，在吴伯超、郑志声、金律声之后压轴指挥了大合唱，共有二十一个单位参加演唱。一千零一个歌手演唱了《国歌》、《总理纪念歌》、《精神总动员歌》、《拉纤行》、《青天白日满地红》、《天下为公》、《锄头歌》、《苦斗》、《我们是民族的歌手》、《民为邦本》、《胜利年颂》。蒋介石等政府要员基本出席了这次活动，蒋介石在会上发表了演讲。④

3月13日，《中央日报》以整版特别报导了这次盛大的歌咏活动。⑤

春，教育部音乐教育委员会召开全体会议，决议之一是为促进学校和社会的音乐教育，特饬国立音乐院附办音乐人员训练班，各省按名额选派学员于7月15日前

---

① 李凌、赵沨主编，读书生活出版社及立体出版社出版的桂林版《新音乐》第二卷第4期（1941年1月），第35～39页；第三卷第1期（1941年8月），第39～42页；第三卷第2期（1941年9月），第82～89页。

② 重庆乐风社编、大东书局发行《乐风》新一卷第2期（1941年2月），第17～19页；第3期（1941年3月），第18～20页；第4期（1941年4月），第19～20页；第5、6期合刊（1941年6月），第23～25页；第7、8期合刊（1941年8月），第27～30页。

③ 向延生：《李抱忱与英文版〈中国抗战歌曲集〉》，《中央音乐学院学报》，2007年第4期，第49～53页。《新华日报》1941年3月10日。

④ 木山：《千人大合唱》，《记陪都两大音乐会》，重庆乐风社编、大东书局发行《乐风》新一卷4期（1941年4月），第25页。

⑤ 同③，《中央日报》1941年3月13日。

来进修，被聘为该训练班副主任，主任为时任国立女子师范学院音乐系主任的杨仲子。①

7月，由新任国立音乐院院长杨仲子推荐，接替应尚能任国立音乐院教务主任兼教授，每周兼课六小时，担任全院的音乐欣赏、合唱、理论作曲组的配器法等课程。为音乐院制定五年课程标准。和张洪岛、陈田鹤、杨荫浏、易开基、黄友葵、胡然、江定仙、陈振铎、曹安和、储师竹、刘北茂、蔡绍序、刘雪庵等共事。②

在国立音乐院工作期间，拟了一份《音乐教育小丛书编辑计划》，因为各种因素未能如愿完成。内容如下："甲. 理由：吾国对于音乐教育向来不重视，音乐书籍极感缺少，而为一般音乐教员用之教学参考书，犹如凤毛麟角。值兹一面抗战一面建国之际，急应从速编辑，解决音乐教育多年之困难，以图音乐教育之改进，民族精神之发扬。

乙. 办法：拟约请全国专家由音乐教育委员会教育组主编音教丛书二十种，每种约二、三万字，由本会或约书局出版发行。

丙. 编辑数目及内容：一、教育方面十一种：1. 音乐哲学。讲述音乐之意义与价值，及对于人生与文化之关系，籍以坚定音乐教员对其职业之信念。2. 音乐心理。说明音乐在心理上之根据，籍增教学及学习之效率。3. 音乐与学校。讲述音乐与学校教育之关系，及如何协助学校于校内校外之发展。4. 音乐与课程。讲述音乐在学校课程中之地位及其与各科之关系。5. 儿童音乐。说明儿童音乐教育之特征，并列述儿童音乐教育应注意之各点，如唱歌、节奏，及各种音乐游戏等之训练。6. 小学音乐教学法。讲解小学校唱歌、认谱、欣赏等各种音乐课程之教学法，俾各教员有所依循。7. 中学音乐教学法。讲解中学校合唱、常识、乐理等各种音乐课程之教学法。（按：上述二种教学法参考用书现在极为缺乏。）8. 声乐训练法。吾国音乐教育最大之弱点为唱歌发音不正确，教员既无正当之教授法及能以示范之歌声，学生遂'喊'而不'唱'矣。本书特别注意声音之正当训练及保护法。9. 歌咏指挥法。在此全国积极推进歌咏运动之际，音乐教员不仅应通指挥歌咏之术，亦应知如何训练学生指挥。此实推广歌咏运动中之急务，惟查此种专书现尚付阙如，本书可供此方

---

① 网络来源：向延生：《不要遗忘老音乐家杨仲子》，龙源，北京经济管理职业学院电子期刊阅览室，http：//jjgl. vip. qikan. com/article. aspx titleid = rmyy20080513。

② 李抱忱：《抗战期间从事音乐的回忆（1937～1944）》，李抱忱著：《山木斋话当年》，台北，传记文学出版社出版，1979 年 6 月 1 日再版，第 103、106 页。

面之急需。10. 音乐教师之训练。讲述音乐教员在人格、学术、音乐各方面需具备之条件，以供师范机关及教员本身之参考。11. 战时全国中小学音乐教育概况。去年音教会教育组对战时中小学音乐教育状况曾做一全国性之调查统计，已在《乐风》摘要发表，本书为详细调查之统计。

二、课外活动方面三种：12. 课外音乐活动。据抱忧在各地视察音乐教育之经验，学校多不注意课外音乐活动。查音乐原为调剂生活，怡性陶情之工具，在课外更应运用其力量。本书讲述种种课外音乐活动之组织，以供推动此种活动时之参考。13. 国乐团组织法。国乐团本身为课外音乐活动之一，惟因近年来吾国学校对之多不注意，且关于国乐器之支配与选购，以及教材之选择，皆需详加说明，故特另出专册，用示特别提倡。14. 合唱团组织法。合唱一道，在欧美久已成为专门学问，抗战期间，又为宣传抗战，激励民气之最好工具，应行特别提倡，本书专论合唱团之组织法，训练法以及团员之选拔，乐谱之选择等。

三、理论方面六种：15. 唱名法检讨。此为全国音乐教员甚不明了之一问题，本书包含检讨固定唱名法与首调唱名法利弊之文章十余篇，皆由专家执笔，对于唱名法之各方面，讨论甚详，可为音乐教员之参考。16. 音乐之演进。说明音乐在整个文化过程中之演进，藉明今后音乐之途径，并树立民族音乐之基础。17. 国乐常识。吾国音乐已有数千年之历史，文献纷纭，整理需时，欲研究国乐者，每苦于无门径可寻。本书略述国乐梗概，供给学音乐者所必须具有之国乐常识。18. 音乐常识。音乐一道，门类甚多，一般音乐教员率皆不能逐一施以专门之研究。但既身为人师，实应常识丰富。本书包括声乐、器乐、曲体、乐理、圣乐，歌剧，美学，音响学等各方面之常识，用供教员之参考。19. 作曲法初步。音乐教员虽不必尽为作曲家，但因职业上之需要，至少应晓作简单曲调之规则及词谱配合之原理。本书特别对此二方面详加阐述。20. 乐器原理。本书注重常用乐器（钢琴风琴）之构造，修理、及调音之原理，以便一般音乐教员能作简单之修理。至世界通用乐器（管弦乐器等）之构造原理亦略涉及。"[①]

8 月，在《乐风》新一卷第 7、8 合刊发表作曲的《万年歌》（于右任词）。[②]

10 月、11 月，在《乐风》第一卷第 10 期、第 11 期发表连载文章《音阶的科学》。本文通过对音的振动规律的分析阐述了音阶的科学，表明音乐的形成是建立在这种科学基础之上的，并为音阶下了一个定义：将一均（八度）分为合于音乐之

---

① 朴月寄来的光盘之《杂文、书信》中《音乐教育小丛书编辑计划》。
② 重庆乐风社编、大东书局发行《乐风》新一卷第 7、8 合刊，1941 年 8 月，第 2 页。

用的音程的就是音阶。①

12月，在《乐风》新一卷第11、12期发表《唱名法检讨》。本文在客观分析了固定唱名法、首调唱名法、废除唱名法各自的优缺点后，提出了自己对唱名法使用的看法：1.唱名仅是个工具，它本身并不是个目的。我们是为认谱认得快，唱音唱的准，才用唱名；而不是为唱名而唱名。我们若认清这一点，唱名就不像有些人所看得那样是严重的一个问题了。我们用筷子吃饭，欧美用刀叉吃饭，都吃得饱饭就算了。不论用首调唱名法或是固定唱名法，若都能达到"认谱认得快，唱音唱的准"的目标，那么用何种唱名法又有什么大关系呢？欧洲有一句俗话说："每条路都可以到罗马"。到罗马是重要的问题，走哪条路比较着不甚重要。

2.英美现用首调唱名法，欧洲大陆如法意德比等国则用固定唱名法，但 do re mi 等唱名法发明时，显然是首调唱名法（见格罗夫（Grove）音乐辞典 Tonic Solfa）。这都不应当影响我国采用何种唱名法的决定，因为欧美各国采用何种唱名法都有他们的特殊理由。如同欧陆盛行固定唱名法的缘故是因为近年来他们器乐特别发达压过声乐的缘故（见格罗夫音乐辞典同章）。假如我们同意我国音乐发展的步骤，应从注意声乐起始，我们又何尝不可以提倡首调唱名法呢！顺便说一声，这倒用不着再提倡什么，因为现在全国流行的就是首调唱名法；简谱——没有问题的是首调唱名法——现在这种普遍的通用，就是一个最有力的证据。

3.根据第二三两章的介绍，我们可以作以下的结论：甲，固定唱名法适用于器乐，首调唱名法适用于声乐；乙，固定唱名法是理智化的方法，首调唱名法是情感化的方法；丙，因此，固定唱名法在一般人甚难，应当用于音乐天才的教育，首调唱名法在一般人较易，应当用于普及音乐的教育。

4.若有人提出两种唱名法可否在国内同时推行的问题，作者的拙见是没有问题的认为可以，专家训练尽可用固定唱名法，但音乐教育的普及（包括学校、家庭、及社会音乐教育）最好用较易的首调唱名法。须知我国广大的民众里，十万人内有九万九千九百九十几个人不能做音乐专家，也不希望做专家，一生一世也学不着无调性的音乐，这些人若能在口边时常挂着几首简单的好歌，并有爱好音乐的心，音乐在他们那里已经是发挥了绝大的力量。若非令他们学习固定唱名法，这简直是难为他们，并且很难说这是提倡音乐呢。若有人先学的是首调唱名法，后来因欲受专家训练，改学固定唱名法这有无困难呢？这不能说毫无困难，但上面已经说过，这

---

① 重庆乐风社编、大东书局发行《乐风》第一卷第10期（1941年10月），第19～21页；第11期（1941年12月），第21～26页。

些有天才的将来的专家，学什么唱名法都可以学得极好，根本不用唱名也可以的。这点可以不必过虑。

5. 末了几句话。这几种唱名法都有它们的优点，同时也都有它们的弱点，将来一定有更完善的唱名法随着音乐的进步而产生，来代替现在的各种唱名法。但在新的尚未产生时，我们应当看准了对象，选择适当的唱名法，然后尽量的发挥运用它的优点，来尽我们音乐教育者的天职。"①

发表填词的《戏谑曲》（萨利厄瑞曲）。②

谱《中央政治学校新闻系系歌》（马星野词）。③

由国民政府教育部核准为正教授。④

1942 年（民国三十一年　35 岁）

1 月 31 日～2 月 6 日，陈定编剧、臧云远和李嘉作词、黄源洛作曲的著名抗日歌剧，也是中国第一部大型歌剧《秋子》在重庆演出期间，积极促动国立音乐院校务会议允许未毕业的学生莫桂新和张权出演剧中男女主角，并和司徒雷登、马思聪、黄友葵、郭沫若、杨仲子、阳翰笙、罗学濂等同被邀请为顾问。⑤

因国立音乐院院长杨仲子调任教育部音乐教育委员会主任，继续任教务主任并兼代理院务。⑥

2 月 14 日，参加在中央政治学校举行的访蓉第一次筹备会，会上决定当年四月初赴蓉。⑦

---

① 重庆乐风社编、大东书局发行《乐风》新一卷第 12 期，1941 年 12 月，第 47～50 页。
② 同上，第 2 页。
③ 李抱忱：《哥伦比亚大学两年的回忆（1944～1946）》，李抱忱著：《山木斋话当年》，台北，传记文学出版社出版，1979 年 6 月 1 日再版，第 112 页。
④ 李抱忱：《耶鲁大学七年的回忆（1946～1953）》，李抱忱著：《山木斋话当年》，台北，传记文学出版社出版，1979 年 6 月 1 日再版，第 129 页。
⑤ 陈志昂：《抗战音乐史》，济南，黄河出版社出版，2005 年 6 月第一版，第 242 页。
李家慧：《执着地追求　默默地奉献——作曲家黄源洛》，向延生主编：《中国近现代音乐家传》，沈阳，春风文艺出版社，1994 年，第 88～97 页。
李嘉：《忆抱忱》，朴月寄来光盘之《杂文、书信》。
⑥ 李抱忱：《抗战期间从事音乐的回忆（1937～1944）》，李抱忱著：《山木斋话当年》，台北，传记文学出版社出版，1979 年 6 月 1 日再版，第 107 页。
⑦ 李抱忱：《重庆五大学歌咏团访蓉经过》，《乐风》第二卷第四期，乐风出版社，1942 年 7 月 15 日，第 25 页。

4月6日，指挥在重庆北碚重庆师范举行的国立音乐学院学生演唱会，有自己填词的《我所爱的大中华》等15个节目。竺可桢聆听了音乐会。①

4月9日，在沙坪坝开会讨论赴蓉一切事宜。

10日，在中央政治大学、中央大学、重庆大学挑选了三十四位歌咏团员。

11日，在国立音乐院和国立艺术专科学校挑选了二十一位歌咏团员。5个单位共55人，高音15人，上中音14人，下中音12人，低音14人。

15日，晚上参加中央大学、重庆大学第一次沙坪坝单位练习。

18、19日，举行第二、三、四次练习。

20日，国立音乐院、国立艺术专科学校举行青木关单位第一次练习。

22日，中央政治学校举行南泉单位第一次也是最后一次练习。

23、24日，国立音乐院、国立艺术专科学校举行第二、三次练习。

25日，晚上在沙坪坝举行第一、二次总练习。

26日，上下午又各练习一次，晚上指挥在南开中学举行的赴蓉前的第一次大型音乐演唱会。

27日，上午又练习一次，晚上应化龙桥中国农民银行总行之约指挥举行赴蓉前第二次大型音乐演唱会。

28日，以总团长兼指挥的身份率重庆五大学（中央大学、重庆大学、中央政治学校、国立音乐院和国立艺术专科学校）歌咏团出发访问成都，作为对1939年成都五大学（华西大学、齐鲁大学、金陵大学、金陵女子大学和中大医学院）联合合唱团访渝的回访。② 本次音乐活动经费由谱主亲自向时任国民政府行政院副院长的孔祥熙申请，并得到两万元经费的批复。

5月2日，歌咏团全体成员历尽曲折到达成都。当晚在华大教育学院举行抵蓉后的第一次练习。

3日，上午进行第二次练习。后参观武侯祠和刘湘墓。下午参加成都五大学歌

① 网络来源：雷道炎：《竺可桢教育思想的一个侧面——重视音乐教育》，http：//www.sylib.com/html/symr/zkz/bdsx49.htm

② 以上内容见李抱忱：《抗战期间从事音乐的回忆（1937～1944）》，李抱忱著：《山木斋话当年》，台北，传记文学出版社出版，1979年6月1日再版，第108～110页。

李抱忱：《重庆五大学歌咏团访蓉经过》，重庆乐风社编、大东书局发行《乐风》第二卷第4期，1942年7月，第25～27页。

网络来源：徐康：《雾都音画 南方局领导的重庆艺术界抗战活动》，红岩联线，http：//www.hongyan.info/gb/news/news_detail.asp id=7713。

咏团举行的茶话招待会。会上重庆五大学歌咏团演唱了《海韵》和《民族至上》，成都五大学歌咏团演唱了《伊莱贾》神剧中的选曲。谱主和美国欧柏林大学音乐院校友 Miss Graves 分别指挥重庆和成都的歌咏团。下午赴时任国民政府教育厅厅长郭子杰举办的招待会，成都音乐界及新闻界数十人作陪，再次指挥重庆五大学歌咏团演唱《民族至上》。

4 日，下午进行最后一次排练。晚上举行赴蓉后第一场演唱会。

5 日，下午四时，赴齐鲁大学歌咏团举行的欢迎茶会，一同唱歌游戏。晚上举行第二场演唱会。

6 日，上午参观华西坝，随后赴西南技术专科学校的欢迎会。下午参加华大、齐大、金大、金女大四校长举办的茶话招待会。后到电台广播。晚上举行城内最后一场音乐会。

7 日，上午休息。下午由郭子杰招待观赏川剧。晚上参加特约著名音乐家黄友葵、叶怀德、易开基的联合音乐会。

8 日，应华西坝四大学之约举行访蓉特别音乐会，正在成都访问的印度教育司长沙金特出席了音乐会，对于音乐会表示印象良好。

9 日，率团离成都返重庆。在访蓉期间，有关音乐会演唱了中华民国国歌（孙文词，程懋筠曲），《中国人》（侯伊佩词，吴伯超曲），并由张权、莫桂新和魏启贤三位国立音乐院的高材生分别担任高音、中音和低音；陈振铎表演了二胡独奏古曲《熏风操》和《雨后春光》（陈振铎创作），男声合唱德沃夏克的《当我老母亲》（谱主译词），他吉贝尔的《行军乐》（张洪岛译词），莫桂新独唱黎亚尼瓦洛的《马替娜拉情歌》，张洪岛小提琴独奏德里格的《小夜曲》和克赖斯勒的《中国八角鼓》，合唱谱主根据黑人名歌填词的《可爱的故乡》《庆祝胜利年》；合唱索庆万名的歌剧《潘赞斯海盗》选曲《一见敌人挥利剑》（郑萍因译词），合唱《海韵》（徐志摩词，赵元任曲），叶怀德长笛独奏特尔怡克的《谱勒卡自由曲》，女声三部合唱《山在虚无飘渺间》（韦瀚章词，黄自曲）和克然的《鸟鸣曲》（张洪岛译词），易开基钢琴独奏肖邦的《叙事曲》，黄友葵女高音独唱《春思曲》（韦瀚章词，黄自曲）、普契尼的歌剧《波西米亚人》选曲《穆赛塔舞曲》，大合唱威尔第的歌剧《阿伊达》进行曲（谱主填词为《同唱中华》）、《民族至上》（吕庠词，刘雪庵曲）。

11 日，抵渝。[1]

7月，在缪天瑞、刘雪庵、陈田鹤主编、重庆中国音乐研究会出版的《音乐月刊》第一卷第4、5期发表《美国的学校音乐教育》。文章从"各级学校音乐课程"、"课外音乐活动"、"全国性的音乐比赛"、"音乐教材"、"音乐教具"、"师资训练"、"音乐督学制度"、"全国音乐教育会议"等八个方面介绍了美国的音乐教育情况。在"各级学校音乐课程"中介绍了"美国的孩子们在未受正式学校教育时，最重要的教育可以说是唱歌教育。鹅妈妈的歌谣如同'玛丽有只小羊羔'，几乎没有一个美国孩子不会唱的。幼儿园的教育最重要的一部分也是唱歌。欣赏和按着音乐的节奏来舞蹈。小学六年的音乐，不但学会了许多歌，还学会了视谱的本领，增加了欣赏的能力，有了创作的尝试。好的学校还指导小学生自造简单乐器。初中的音乐比较难对付，因为男孩子们多半是在变声期。所以初中合唱的分部法特别注重这一点，单有一种初中教材，各部的音域都适于这一时期的学生。此外，在课程上尽量注重欣赏及尝试一类的教材，实在不能唱歌应当暂时休息的学生，也特别鼓励他们学习一种乐器。高中音乐之发达，在规模大的学校里，简直像个音乐院，音乐史及欣赏，和声学，试唱练耳等课程应有尽有，在校内校外（须经学校承认）学习各种乐器，都可获得学分，合唱及乐队等活动也都是学校正式的科目。全国公私立各大学多半都设有音乐系，偏重音乐学术的研究，同其它各系一样，也可获得学士、硕士、博士等学位，不过在名誉上是称为文学士、理学士、文硕士、理硕士、哲学博士等而不是音乐学士，音乐硕士，音乐博士等。总之，从幼儿园小学一直到大学研究院这二十余年的过程中，音乐从这头到那头是一条完整的链索，使学生可以随时随地的受到音乐的熏陶"。

在"课外音乐活动"中介绍了"小学，头几年最重要的课外音乐活动是节奏乐队，除去节奏乐器外还加上口琴，简单的手风琴及管乐队等。后几年就有提琴班，钢琴班，合唱队，及简单的管乐队了。……至于由一级学生主办一个小型音乐会招待其它各级的同学，更是常有的活动。会场的布置，节目的演出，以及临时的招待等，当然全由本级学生担任，这已经有极大的教育意义了"。"中学的课外音乐活动更是洋洋大观。有一二千学生的中学算是不大不小的学校，起码都有一个近百人的合唱团，五六十人的管弦乐队。小的音乐团体更是多得很。……普通的小乐器都由学生自备，笨重的乐器，和不能独奏（因此学生也不愿意自备）的乐器由学校购置。……中学里每年一次的歌剧演出，更是可以大书特书的活动。这简直是全校的总动员，合唱和乐队都要参加还不算外，其它美术，文学，体育，劳作，史地等部门也都有很大的贡献，剧本，歌词，舞蹈，服装，灯光，布景，演员，乐队，训练，导演，前台，后台等等都是全校师生的合作，真是'八仙过海，各显其能'。作者在观剧时一个不可遏止的感觉就是愿意早日的看见这种活动在我国中学里实现"。"大学里的各种活动也不外乎这些形式，当然是愈臻完善了"。

在"全国性的音乐比赛"中介绍了"美国没有问题的是一个热闹的民族。因为交通的方便，许多种活动都是全国性的。单说音乐吧，器乐方面每二年举行一次全国中学管乐队比赛，两种交替举行，那么每年都有一次全国中学的器乐比赛。声乐方面是每二年举行一次全国中学合唱比赛。独唱独奏的全国中学生比赛，也随着这些大活动分期举行。选拔的方法是这样：先由全国各区（美国每省都是分若干区的）分别选找各该区内的参加各队，然后斟酌成绩之优劣推荐若干队参加全省的比赛，再由各省推荐若干优胜队参加全国的比赛。各种比赛的参加队，因为相当的多，所以采取的方法不鼓励个人英雄主义，而是将及格者分为若干等级，每级不限名额，根据一个很科学的录取标准，应当属于哪级就算哪级，各级的名称也都颇为好听，明明是一二三四等，可是称为超等，特等，优等，甲等。有时可以有七八个超等，如此就不会像惯例的只有一个第一名而令其余的成绩差不多的团体感觉到失望甚至于不平。比赛地点是轮流在各大城市举行，聘请全国专家担任评判，比赛曲是由大会指定一个，各团体自选一个。到比赛时，全国优秀的青年齐集在一处，穿着整齐悦目的制服，处处表现着有纪律的训练，在比赛厅里聚精会神的表演他们平时的成绩，他们心里流露出来的美"。

在"音乐教材"中介绍了"在我国正在闹音乐教材荒的时候，我们一定愿晓得美国音乐教材的情形。幼儿园及小学头二年都用口授法，学生手里并无歌本，为教员用的歌曲集子却非常丰富。此外还有千百种的儿歌唱片来辅佐教学，供给儿童的欣赏学习。为儿童特写的音乐故事也很多，用为教员念给儿童听的。小学自三年起，多半就有为儿童用的歌本了，装潢美丽坚固，并有很多的有关插图，歌谱歌词也都印得大而清楚，有些学校由学校购买著名教材若干种，每种若干册，由教员选用，上班分给学生，下班收回。为认谱用的图标卡片等也是种类繁多，非常便利教学"。"为中学大学用的歌集也很多，都是著名音乐教育者选编的，各国各派各名家的作品应有尽有。……美国教材之所以能如此丰富，当然是因为美国的乐谱印刷事业发达的缘故，但究其原因，乐谱印刷事业之所以能这样发达，还是因为版权有保障的缘故。国家保障版权，禁止翻印，于是谱商有利可图，于是肯给编著者大的酬金，于是鼓励编著者多多编著，于是教材愈来愈丰富。说到这里不觉想到我国现在这种毫不客气随意翻印的不良情形来，这种摧残文化的行为亟应赶快制止"。

在"音乐教具"中介绍了"音乐教具包括乐器及一切辅佐教学的用具。先说钢琴，这是各级学校最起码的音乐教具，就是交通不便的闭塞之区，也都有钢琴的设备。自从无线电盛行以后，收音机在家庭里日有取钢琴而代之的趋势，于是钢琴商为商业竞争起见，尽量减低成本，使一般家庭及学校都有购买的能力。……还有一种自动钢琴，将唱轴安好，一动机关就可以自奏起来，直到现在还有许多学校预备这种乐器供给学生作欣赏钢琴名曲之用"。"唱机唱片也是很重要的教具，规模大一些的学校都设有欣赏室数间，内设唱机及唱片多张，作为学生上音乐欣赏课的自习之用"。"收音机的音乐教育在美国的势力大极了，达慕若施先生（Walter Damresch）每星期在纽约电台向全国广播音乐欣赏课二次，各处有许多学校将两小时排在正课里，到时由教员在收音机旁帮忙讲解，一切的节目及说明都在半年前排好印出，分别寄给登记的各校"。"美国的管弦乐器制造业非常发达，他们尽量减低成本，只求实用不求美丽地造出大批的乐器为学校用。……至于学校音乐练习室及教室的构造，乐器的存放，乐谱的保管等都是很科学的。有些乐器制造厂还给学校进一步的便利，可以每三年后将乐器全部退回乐器厂，斟酌乐器使用的情形付给厂方少数的钱而换到一批全新的乐器，如此，学校永远可以享受最新而随时改善的乐器"。

在"师资训练"中介绍了"美国的学校音乐教师按他们所受的训练可以分为四种。第一种是没有受过什么正式训练，只是在学校时学过些唱歌弹琴而已。这类教员多见于小学，特别是实行级任制的小学。第二种是受过音乐师范的专门训练的——美国公立师范学校差不多都有音乐系的。第三种是在音乐院的音乐教育系受过音乐教育的专门训练的。这种训练比较前一种要渊博些，除去音乐教育的基本训练外，对于技术，理论，及一般学术也特别重视，毕业时也可得音乐教育学士学位。第四种是在音乐院其它各系受过专业技术训练的，在学校所教的课也限于他的特长，（如同钢琴系毕业的在学校只教钢琴，提琴系毕业的只教提琴）。在学校担任指挥及主持一切音乐科目的及担任各地音乐督学的人多半是受过第三种训练的人"。

在"音乐督学制度"中介绍了"美国的音乐督学制度非常发达，各省市区都设有音乐督学若干人，一方面辅佐各校音乐教员的教学，一方面谋求各省市区乐教的改进和推动大的音乐计划。全国的音乐督学每二年有一次全国会议，藉此互相检讨，互相借镜，取得全国的联系，每次会议的年鉴都是各音乐教员和音乐督学的宝贝。音乐督学都是经常的在外跑，视察各校时，并不预先通知，为的是能查考各校平时的实际教学情形。美国学校音乐教育之如此发达，督学制度的严密是一个大原因"。

在"全国音乐教育会议"中介绍了"上述的全国音乐督学会议实行了十几年后全国乐教界发出一个呼声，一直认为应当扩大组织，将一切音乐教员音乐行政者及赞助音乐教育的人都算在内，于是在前二十年就改名为全国音乐教育会议。会员是自由加入，每年纳费二元就可享受参加会议，半价购买年鉴，和得到全国音乐教育季刊的权利，现共有会员约五千人。总办事处设在芝加哥，隔一年举行一次分区会议（全国共分六区），隔一年举行一次全国会议，轮流在各大城市举行。会上每日上下午有论文宣读，名家演讲，专题讨论，小组会议及参观等项工作活动，每一个会中都可听到从全国各校约请来最优秀的音乐表演，每晚都有特为会议举行的音乐大会。最令人难忘的是纽约大都市歌剧团的歌剧，纽约管弦乐团在托斯卡尼尼指挥下的演奏，纽约三千小学生，和全国业余男生合唱团（约三四千人）的大合唱，一星期的时候真是闻不胜闻，见不胜见，在一个城市里就能领略了美国的音乐文化和各地音乐教育的最好成绩，美国人当然是好热闹，但这总是各地音乐教育发达的表现和结果"。[1]

本月，桂林立体出版社发行了李抱忱、李凌、赵沨、甄伯蔚、薛良和联抗执笔、薛良编的《新音乐手册》，收有所撰《歌咏指挥法讲话》。[2]

同月 15 日，在《乐风》第二卷第 4 期发表《重庆五大学歌咏团访蓉经过》。这次访蓉是对 1940 年 2 月成都五大学赴重庆举办音乐会的回访。[3]

9 月，在缪天瑞、刘雪庵、陈田鹤主编、重庆中国音乐研究会出版的《音乐月刊》第一卷第 6 期发表《汨罗江上》（方殷词）。[4]

将胡适作词、赵元任作曲的《上山》改编为四部合唱。[5]

作《唱啊同胞》歌词（卡本特曲）。[6]

1943 年（民国三十二年　36 岁）

3 月，介绍王云阶到青海西宁从事音乐工作。[7]

① 李抱忱：《美国的学校音乐教育》，缪天瑞、刘雪庵、陈田鹤主编、重庆中国音乐研究会出版的《音乐月刊》第一卷第 4、5 期合刊，1942 年 7 月，第 1～6 页。

② 李抱忱、李凌、赵沨、甄伯蔚和联抗执笔、薛良编《新音乐手册》，桂林，立体出版社出版，1942 年 7 月第一版。

③ 重庆乐风社编、大东书局发行《乐风》第二卷第 4 期，1942 年初月，第 25～27 页。

④ 音乐月刊社编，缪天瑞、刘雪庵、陈田鹤主编、重庆中国音乐研究会出版的《音乐月刊》第一卷第 6 期，1942 年 9 月，第 7、8 页。

⑤ 李抱忱：《上山》，李抱忱著：《炉边闲话》第四部《作歌度曲记往》，台北，东大图书有限公司出版，1975 年 7 月初版，第 336～339 页。

⑥ 李抱忱：《唱啊同胞》，李抱忱著：《炉边闲话》第四部《作歌度曲记往》，台北，东大图书有限公司出版，1975 年 7 月初版，第 394～397 页。

⑦ 网络来源：《国内老一辈配乐人之一：王云阶》，http：//www.douban.com/group/topic/1012307/。

11 月，接受记者陈安樵采访，后者在《音乐导报》（二期）上发表几千字的访问记。①

1944 年（民国三十三年 37 岁）

1 月，参与筹备国立音乐院劳军音乐会并参与相关的指挥活动。

29、30 日，参加在重庆新生路国泰大戏院举行的国立音乐院劳军音乐会并担任指挥之一。②

2 月，在《乐风》第 16 号发表作曲的《中美携手歌》（陈立夫集毛诗）和《海外乐闻》，在文中介绍了在美国纽约的卡内基音乐大厅演出了托斯卡尼尼（Toscanini）和女婿钢琴家霍洛维兹（Horowitz）的连袂音乐会，此音乐会销售了一千零二十万美金的战时公债券；波兰钢琴家卢宾斯坦的音乐活动；美国作曲家开智（Cage）的音乐活动；小提琴家拿单·密尔斯坦（Nathan Milstein）的音乐活动；在美国举办的一场别开生面的随机应变音乐会；美国的交响乐。③

4 月，在《乐风》第 17 号发表另一篇《海外乐闻》和《建国的乐教》。《海外乐闻》介绍了美国罗切斯特城伊斯特曼音乐院（Eastman School of Music，University of Rochester）教务长汉森博士（Dr. Howard Hanson）关于和谐音和不和谐音及音乐治病问题的文章；纽约市管弦乐团理事会选举波兰指挥大师罗金斯基继任纽约市管弦乐团团长兼指挥的情况；美国陆军部特殊服务处音乐组出版歌谱供给反法西斯远征军演唱的情况；英国业余指挥大师碧彻姆男爵（Sir Thomas Beecham）的音乐历程；第二次世界大战中苏联著名音乐家萧斯塔科维奇创作《列宁格勒交响乐》（第七交响乐）的艰难过程。

《建国的乐教》从"全民的乐教"、"天才的乐教"、"正常的乐教"和"本色的乐教"四个方面阐述了对抗战时期音乐教育的整体看法，认为全民的乐教是建国中

---

① 网络来源：谭林：《忆四十年代"老李"二三事：在"李凌音乐思想学术讨论会"上的发言》，花都区政府，http://www.huadu.gov.cn：8080/was40/detail record = 2503&channelid = 4374。

陈安樵：《访音乐院（本院）》，《音乐导报》，重庆，中华交响乐团音乐导报社，李绿永编辑，王平明发行，1943 年 11 月。

② 李抱忱：《国立音乐院劳军音乐会记》，重庆乐风社编、大东书局发行《乐风》第三卷第 2 期，1944 年 4 月，第 28～30 页。

③ 李抱忱：《海外乐闻》，重庆乐风社编、大东书局发行《乐风》第 16 号，1944 年 2 月，第 5、26～28 页。

40

最重要的一种乐教，并不是"象牙塔"里的音乐有了办法，国家整个的乐教也就有了办法。有三个理由支持这种见解：第一，唱奏和创作音乐固然需要训练，欣赏音乐也需要训练；而欣赏音乐的最好方法是自己对于音乐有相当的学习。因此，国民学习音乐的程度越高，欣赏音乐的程度也越高。若是只训练少数专家而忽视了全民，结果是专家越来越离民众远，民众也越来越觉得专家的表演和作品莫名其妙而索性不去理会他们。第二，听别人的表演，别管多么好，终是被动的；自己若来表演，好坏是另外一个问题，终是自动的。正如小学生在台上表演他们努力了一学期所学会的歌的时候，那种快乐不是"听"任何音乐会所能得来的。全民被动式的欣赏乐教应当注意，他们自动式的唱奏乐教也应当注意。第三，使整个民族活泼团结起来的乐教——换句话说就是改造国民性的乐教——就是全民的乐教。要打算用音乐来移风易俗，来活泼全民族，先要将音乐的福音传给全民族，不是只给他们听听音乐就算了，还要将音乐当作礼物似的永远送给他们。这样一来，他们才会觉得音乐是属于他们的，音乐才能深入他们的心，成为他们生活的一部分。其次，建国的乐教也应当是天才的乐教，因为要靠他们来提高全民欣赏音乐的程度，来发扬继续我们固有的音乐文化，来争取我们音乐文化在国际间的地位。天才是国宝，谁都不能否认国家有给他们特殊教育的义务，他们有享受特殊教育的权利。天才之被埋没，没有问题的是国家之不幸，文化的损失。现在许多国家的音乐天才都由国家负责培养，他们是那么爱护他们的天才。这些天才是属于国家的，他们是全民乐教的领导者，是民族音乐文化的继承者。他们是国家的体面，民族的光荣。再者，建国的乐教也应当是正常的乐教，所谓正常，就是不偏不倚，顾此而不失彼的意思。自然一个时代有一个时代的特殊需要，有时要偏重这个，有时要提倡那个，这可以说是任何时代的正常现象。正因为能注重时代的需要才可以说是时代正常的现象。比如说在这抗战期间，若还尽唱一些风花雪月的歌曲，就是不正常的，不健全的现象。但是时代的需要若因偏重的结果而占了百分之一百的注意，比如说，现在所唱的完全都是抗战歌曲，这是不是正常呢？当然也不是。抗战期间当然要偏重抗战歌曲，但要达到战时与常时的理想，其它各方面有益身心的歌曲，也不可完全不唱。抗战音乐是激励国民的兴奋剂，是一种良好的药品，在吃药之外，还需要其它正常的食粮。兴奋剂用之过多，就会慢慢的失去了他兴奋的作用，抗战歌曲若唱之过多，也会渐渐地流为信口开合的消遣小调，反而亵渎了神圣的抗战。音乐之所以能作为抗战宣传的好工具的缘故是因为音乐本身是美的，是吸引人的。若是音乐失掉了它的美，它的吸引力，它就不会再成为宣传的好工具，若甚而至于反教人讨厌了音乐，那么它将变为反宣传的工具了。所以应该"音乐不忘抗战，抗战不忘音乐"！在建国的长途中，不但抗战阶段要维持正常的乐教，任何其它的阶段都应当如此。只有正常的乐教才能给予国民在精神上正常的调剂，情感上正常的发泄，心性上正常的培养，和心理上正常的观念。这是在建国的乐教中所不容忽视的一个要点。第四，本色的乐教也是很重要的，它包括三个方面，1. 整理旧有的音乐，这是不容再缓的工作，由于见于书籍的材料是文献纷纭亟待整理，散在各地的民歌是自长自消亟待搜集，这些文化的宝藏若不及早整理搜集，不但会一天天的消损下去，我们的民族音乐也永远不能建立。民族音乐应当建造在稳固的基础上。所以旧有的音乐若不从速整理，就根本谈不到民族音乐的延续和发扬光大。2. 西洋音乐的介绍，虽然我国音乐比西洋现在各国发达的早，但西洋现在的音乐确是比我们进步的快。外国的飞机大炮，我们买过来就用，为什么外国的音乐理论、技术、乐曲和乐器，就不可以拿过来参考应用呢？这不是说拿这些东西来代替了我们的音乐，是说要籍着这些优的工具来更顺利的发扬我们自己的音乐。在现在这"闭关自守"已成过去的时代，要发展自己的音乐，就要研究世界的音乐，研究世界的音乐才能发展自己的音乐。3. 创作自己的音乐。我们祖先的音乐当然是伟大的，但它是属于我们祖先的，它是过去的，我们不应当仅仅守成，应当将我们所承受的遗产继续的发扬光大，应当创作"我们"的音乐。我们若只继承而不求进，使我们的时代也在这永生的文化的流里有所贡献，那么我们的时代就是民族文化衰落的时代，我们也上愧于古人，下怍于来者。创作自己的音乐，一面要吸收西洋的理论和技巧，一面要对旧有的音乐理论和技巧有清楚的认识，然后才能运用中西的技巧，变化中西的材料，再加上自己的天才和灵感来创作出富有民族风味，不同凡响的时代作品，它的产生是如此的不易。所以音乐教育的这四个方面是不可偏废的，都应该得到应有的重视。①

同月，在《乐风》第三卷第 2 期发表《国立音乐院劳军音乐会记》。记述了在抗战的艰难环境中筹备一场音乐会的艰辛过程，呼吁中国应有自己的音乐经理，向发达国家学习，并记录了演出的中外曲目：（1 月 29 日）国立音乐院合唱团演唱了《中华民国国歌》（孙文词，程懋筠曲），《国立音乐院院歌》（陈立夫词，杨仲子曲），《怀北平》（堵述初词，张洪岛曲），《呦呦鹿鸣》（《诗经》，江定仙曲），《为了祖国的缘故》（田间词，江定仙曲），《And the Glory of the Lord》（Handel from "Messiah"，江定仙配管弦乐），《Hallelujah》（Chorus from "Messiah"，谱主配管弦乐），《战士颂》（常任侠词，陈田鹤曲），分别由谱主和江定仙指挥；实验管弦乐团

---

① 李抱忱：《海外乐闻》，重庆乐风社编、大东书局发行《乐风》第 17 号，1944 年 4 月，22～24、第 28～30、33 页。

演奏了管弦乐《Rossmunde Overtura》（Schubert），《Synphony》（Haydn），金律声指挥；余尚清、刘北茂二胡独奏《烛影摇红》（刘天华），《光明行》（刘天华），《病中吟》（刘天华），《前进操》（《敬献与抗战将士》，刘北茂）；敖学祺男中音独唱《Trees》（Rasbach），《大江东去》（苏轼词，青主曲），钢琴伴奏俞筱梅；杨毓芝小提琴独奏《Coacerto No. 9》（Ch. de Beriot），钢琴伴奏李莪荪；刘文干男低音独唱《河梁话别》第一段（卢冀野词，陈田鹤曲）；彭淑蓉女高音独唱《Le Violette》（Scarlattl），《Jawal》（Song from "Faust"，Gounod）钢琴伴奏俞筱梅；俞筱梅钢琴独奏《Sonata Pathetique》（Beethovan）；民乐合奏古曲《熏风曲》，国立音乐学院国乐团演奏。（1 月 30 日）改演部分节目：张阳生二胡独奏刘天华的《闲居吟》和《空山鸟语》，宓永新钢琴独奏肖邦的《Etude. Op. 10，No. 12》和《Ballad，No. 3》，刘文干男声独唱《My LoueAbode》（Schubert）和古曲《满江红》（陈田鹤和声），陈瑜琵琶独奏古曲《平沙落雁》，李莪荪钢琴独奏《Hungarian Rhapsody No. 11》（Liszt）。①

6 月，在《乐风》第 18 号上发表作曲的《旅人的心》（方殷词）。②

8 月初，以教授自费出国进修的名义离开重庆到达昆明。

8 月 30 日，经昆明乘飞机越过喜玛拉雅山到印度加尔各答，转乘火车到孟买，因战时没有客船赴美，故在孟买等候美国军舰五周。③ 在同日的旅途日记中记述了和亲友的离别情和旅途概况。④

9 月 1 日，上午到国民党中宣部驻加尔各答办事处拜会该处主任骆传华，受托带十本再版的谱主所编中英文对照的《抗战歌曲集》给驻纽约办事处，同时获赠十本歌曲集。⑤

9 月 3 日，晚上乘火车自加尔各答赴孟买，在车上遇见就职于英商怡和公司（Jardine & Skinner Co.）的 Sing Roy（谱主为其取中国名辛罗瑞），两人谈风甚健，话题涉及政治、经济、文艺、宗教以及中印合作等领域，谱主从中了解了许多印度的知识。⑥

---

① 李抱忱：《国立音乐院劳军音乐会记》，重庆乐风社编、大东书局发行《乐风》第三卷第 2 期，1944 年 4 月，第 28～30 页。
② 重庆乐风社编、大东书局发行《乐风》第 18 号，1944 年 6 月，第 6～8 页。
③ 以上见李抱忱：《哥伦比亚大学两年的回忆（1944～1946）》，李抱忱著：《山木斋话当年》，台北，传记文学出版社出版，1979 年 6 月 1 日再版，第 111 页。
④ 李抱忱：《赴美途中日记》，《一九四四年第二次留美时在印度写给各位亲友》，李抱忱著：《山木斋话当年》附录（二），台北，传记文学出版社出版，1979 年 6 月 1 日再版，第195 页。
⑤ 同上，第 199 页。
⑥ 同上，第 202 页。

9月4日，辛罗瑞下车前送谱主一本《India 1944》作为纪念，谱主回赠前者一本自己编的中英文对照《抗战歌曲集》，并签名和钤上杨仲子设计、朱咏葵刻制的名章。①

9月5日，在车上听美国军官说盟军已进军荷兰，距德国边境仅六英里，精神大为振奋。下午三时到达孟买，随后住进长沙饭店三零四号房间。这间客房"两面临海，离海边只有数百米远。海风习习，吹入窗内，令人颇有超人出世之感"。是一个极适合写作的雅静场所，为了完成为莫桂新、张权夫妇写的男女声二重唱《誓约之歌》、为陈果夫的《插秧歌》、《离别歌》、《中央政校校歌》等完成伴奏，及完成《歌咏指挥法》而情愿付双倍的房钱。②

9月11日，在孟买写第二次留美时给各位亲友的信，信中记述了冲破重重阻力，成功出国及离别亲友的心情，并以"我爱走崎岖的道路，我爱过不平凡的生活"表达自己的志向。③

9月19日，在孟买饭店撰自著《合唱指挥》手稿序。④

在孟买候船时完成为歌唱家张权、莫桂新夫妇作《誓约之歌》（方殷词），后收入台湾四海出版社出版的《李抱忱歌曲集》。⑤

还完成《插秧歌》（陈果夫词）、《离别歌》（陈果夫词）的伴奏。⑥

完成《歌咏指挥法》手稿。⑦

10月5日，从孟买乘美国运士兵回国休假的军舰第二次赴美国深造，同船的有国立音乐院的学生宓永新、李汉超夫妇等人。途中由飞机和两艘驱逐舰护航到达澳

---

① 李抱忱：《赴美途中日记》，《一九四四年第二次留美时在印度写给各位亲友》，李抱忱著：《山木斋话当年》附录（二），台北，传记文学出版社出版，1979年6月1日再版，第203页。

② 同上，第204～205页。

③ 李抱忱：《一九四四年第二次留美时在印度写给各位亲友》，李抱忱著：《山木斋话当年》附录（二），台北，传记文学出版社出版，1979年6月1日再版，第194页。

④ 李抱忱：《合唱指挥》，李抱忱著：《炉边闲话》第三部《序言》，台北，东大图书有限公司出版，1975年7月初版，第324～329页。

李抱忱著：《合唱指挥》，台北，天同出版社印行，1976年版，第9～11页。

⑤ 李抱忱：《哥伦比亚大学两年的回忆（1944～1946）》，李抱忱著：《山木斋话当年》，台北，传记文学出版社出版，1979年6月1日再版，第112页。

⑥ 李抱忱：《哥伦比亚大学两年的回忆（1944～1946）》，李抱忱著：《山木斋话当年》，台北，传记文学出版社出版，1979年6月1日再版，第112页。

李抱忱：《作曲回忆》，李抱忱著：《炉边闲话》第一部《正文》，台北，东大图书有限公司出版，1975年7月初版，第118页。

⑦ 同⑤。

大利亚的墨尔本，超出了日本的势力范围才撤护。一路上经关岛、所罗门群岛等地，后在美国洛杉矶附近的圣皮卓登陆。①

11月底（感恩节后），到达母校欧柏林音乐院，住在该院副院长肯尼迪（John C. Kennedy）家（其女 Rosalind 是谱主的干女儿，中国名筱梅）。后因得到罗氏基金（洛克菲勒基金会的另一译法）的津贴则决定在美攻读博士学位。②

12月，修改完成硕士学位论文。并到附近各处演讲，主要题目有《中国英勇的抗战》、《中国国立音乐院——抗战的产儿》。③

美国纽约出版《中国抗战歌曲集》（Songs of Fighting China），补收了当时广为传唱的10首歌曲：1.《出征歌》（朱偰词，李抱忱曲），2.《嘉陵江上》（端木蕻良词，贺绿汀曲），3.《兵农对》（卢冀野词，陈田鹤曲），4.《我们是民族的歌手》（冰心词，吴伯超曲）5.《农歌》（田汉词，李抱忱曲），6.《热血歌》（吴宗海词，黄自曲），7.《国殇》（卢冀野词，江定仙曲），8.《自由的号手》（克锋词，马思聪曲），9.《开荒》（杨白华词，吕骥曲），10.《满江红》（岳飞词，古调）。④

1945 年（民国三十四年　38 岁）

1月，继续到附近各处演讲。

2～6月，到美国各地考察音乐教育，包括哥伦比亚师范大学音乐及音乐教育系、茱丽亚德音乐学院、寇蒂斯音乐院、西敏寺合唱学院、耶鲁大学音乐学院、新英格兰音乐院及哈佛大学音乐系。在哥伦比亚师范大学音乐及音乐教育系得到系主任莫赛尔博士（Dr. James Mursell）及全系教授的欢迎，并举办了茶话会，谱主讲述了到美国考察乐教的计划。在茱丽亚德音乐学院由教务长魏志教授（Professor George Wedge）安排，参观了理论、钢琴、提琴、声乐、歌剧、儿童班的教学课，并为该校学生作了题为《中国抗战期间的国立音乐院》的演讲，深深打动了该校的师生。在寇蒂斯音乐院，院长是当时世界四大小提琴家之一的金巴李斯特（Efrem Zimbalist），他亲自接待谱主，还亲自陪同参观、交流及参加学生的音乐会，并介绍该

---

① 李抱忱：《哥伦比亚大学两年的回忆（1944～1946）》，李抱忱著：《山木斋话当年》，台北，传记文学出版社出版，1979 年 6 月 1 日再版，第 112 页。

② 同上，第 113～114 页。

③ 同上，第 111～127 页。

④ 戴鹏海：《"重写音乐史"：一个敏感而又不得不说的话题——从第一本国人编、海外版的抗战歌曲集及其编者说起》，上海音乐学院学报《音乐艺术》2001 年第 1 期，第 62 页。

院闻名世界的教授皮亚提哥斯基（Piatigorski——大提琴名家）和撒尔泽多（Salze-do——竖琴泰斗）等与谱主相识。在西敏寺合唱学院曾应视唱教授的要求，根据从未使用过的固定唱名法在课堂上进行了出色的视唱，令该教授大为惊奇，并博得了学生们的热烈掌声。在耶鲁大学音乐学院参观时，有幸拜读了黄自的硕士毕业论文。①

5 月，在波士顿首晤赵元任夫妇，日后成为挚友。②

6 月，在第一次留学回国后完成题为《中国音乐师资训练》的硕士论文，第二次留学时才获欧柏林大学音乐教育硕士学位并领 Pi Kappa Lambda 金钥匙。③

秋，入哥伦比亚大学攻读博士学位，第一学期参加了许可考试和智力测验，读博士的条件得到教授们的许可；第二学期又参加了各科综合考试，包括测验钢琴、声乐、指挥和理论作曲等各方面的修养与训练，以及教育和音乐教育各方面的基本知识。读博期间学了两类课程，一类是基本课程，包括教育哲学、教育原理、教育测验、教育行政等；一类是音乐课程，包括合唱指挥、乐队指挥、声乐、大学音乐、中学音乐、小学音乐哲学、音乐师资等。④

由于美国教授强求其改右手指挥，还为捍卫左手指挥的权利进行了理论及实际行动的科学性抗争，最终取得成功。⑤

本年，著名古琴专家查阜西赴美国访问，谱主与之合作，一人弹琴一人记谱，记录了古曲《潇湘水云》、《鸥鹭忘机》、《普庵咒》、《慨古吟》和《梅花三弄》的谱音。⑥

1946 年（民国三十五年　39 岁）

受耶鲁大学远东语文学院院长葛吉瑞（Gerald P. KoK）的约请到耶鲁大学兼课教中文一年，同时撰写博士论文，因时任北平师范学院（北平师范大学当时的名称）院长袁敦礼（子仁）约请谱主学成后回国任该大学音乐系主任，影响了博士论

---

① 李抱忱：《哥伦比亚大学两年的回忆（1944～1946）》，李抱忱著：《山木斋话当年》，台北，传记文学出版社出版，1979 年 6 月 1 日再版，第 114～120 页。

② 同上，第 120 页。

③ 同上，第 114 页。

④ 同上，第 121 页。

⑤ 同上，第 122 页。

⑥ 李抱忱：《作曲回忆》，李抱忱著：《炉边闲话》第一部《正文》，台北，东大图书有限公司出版，1975 年 7 月初版，第 126 页。

文题目的确定:《北平国立师范大学音乐师资的训练》。论文分两部分,第一部分含《中国音乐的今昔》、《中国的师资教育和音乐师资教育》、《音乐及音乐教员在中国的任务》及《北平师大对音乐师资训练的任务》;第二部分含《师大音乐系的课程》、《教员的聘请》、《学员的选拔》和《音乐系组织与行政》。并初步确定学成后赴该校任音乐系主任。①

3月20日,老舍访问美国,后常于周末到李家寓所作客。

6月,全家和来访的老舍合影于耶鲁大学校园。②

1947 年(民国三十六年 40 岁)

5月,在《中国口琴界》第十三年第四期上发表《漫谈口琴乐谱记号》。③

暑期完成博士论文。④

妻与儿女到美国团聚,迁居到耶鲁大学校址新港,在耶鲁大学任讲师。⑤

9月21日,"黄钟歌咏团"的首场音乐会在天津耀华中学礼堂举行。莫桂新指挥演唱了谱主填词的《我所爱的大中华》、《念故乡》及改编的合唱曲《上山》(胡适词、赵元任曲)。⑥

1948 年(民国三十七年 41 岁)

6月,获音乐教育博士学位。获 Kappa Delta Pi 和 Phi Delta Kappa 两荣誉学会的金钥匙。⑦

---

① 李抱忱:《哥伦比亚大学两年的回忆(1944~1946)》,李抱忱著:《山木斋话当年》,台北,传记文学出版社出版,1979 年 6 月 1 日再版,第 124、125 页。

② 网络来源:舒乙:《老舍说相声》,http://jspx3.fjtu.com.cn/course1/fjtu_php/2030592_course/menu3/file/05/xgzl/015.htm

③ 中国艺术研究院音乐研究所数据室编《中国音乐期刊篇目汇录 1906~1949》,北京,文化艺术出版社出版,1990 年 10 月初版,第 79 页。

④ 李抱忱:《哥伦比亚大学两年的回忆(1944~1946)》,李抱忱著:《山木斋话当年》,台北,传记文学出版社出版,1979 年 6 月 1 日再版,第 126 页。

⑤ 李抱忱:《耶鲁大学七年的回忆(1946~1953)》,李抱忱著:《山木斋话当年》,台北,传记文学出版社出版,1979 年 6 月 1 日再版,第 128~129、144 页。

⑥ 网络来源:靳学东:《莫桂新与黄钟歌咏团》,天津网——《天津日报》2009 年 12 月 6 日第 5 版"都市风情",http://news.sohu.com/20091206/n268711993.shtml。

⑦ 同⑤,第 127 页。

取夫妇二人姓氏的上半部，并借《庄子》中的《山木篇》之名，将新住宅命名为"山木斋"，取代在大陆时使用的"木山庐"室名。①

9月28日，由好友甲骨学四大家（四堂）之一的董作宾（彦堂）用甲骨文书法题写斋名，并题写了"崔巍浓郁，李桃竞春；山木之下，才子佳人"十六个字。②

在耶鲁大学兼课两年后，由于选择职业举棋不定，适逢胡适到耶大讲演，遂接受胡适的建议，最终决定改行教中文，促进中美文化交流。③

因学生减员，涉及教师减员，被裁一年。在纽约到"美国之音"主编音乐广播节目，到国务院国际电影处兼翻译录音工作，在联合国广播处负责周末广播节目。④

1949 年（民国三十八年　42 岁）

因学员增加，重新被耶鲁大学聘任，任远东语文学院主任编辑，负责编辑出版工作，另兼授中文。⑤

在耶鲁大学工作期间，经常组织合唱团活动，并改编《佛曲》（昆曲《思凡》）为四部合唱。⑥

1950 年（43 岁）

编辑出版王方宇（著名汉学家、书法家、八大山人研究权威、谱主北平崇实中学学弟、时与谱主为同事）写的《华文读本》（Reed Chinese）和《华语对话》

---

① 李抱忱：《耶鲁大学七年的回忆（1946～1953）》，李抱忱著：《山木斋话当年》，台北，传记文学出版社出版，1979 年 6 月 1 日再版，第 136 页。

李抱忱：《花甲后的两年》，李抱忱著：《炉边闲话》第一部《正文》，台北，东大图书有限公司出版，1975 年 7 月初版，第 12 页。

② 李抱忱：《耶鲁大学七年的回忆（1946～1953）》，李抱忱著：《山木斋话当年》，台北，传记文学出版社出版，1979 年 6 月 1 日再版，第 140～142 页。

赵琴：《'山木斋'冠盖云集》，赵琴撰文：《李抱忱——余音嘹亮尚飘空》，台北，时报文化出版企业股份公司出版，2003 年 12 月 20 日初版，第 66 页。

③ 同①，第 129～130 页。

④ 同①，第 144～145 页。

⑤ 同①，第 145 页。

⑥ 同①，第 147 页。

（Chinese Dialogues）。①

1951 年（44 岁）

耶鲁大学出版社出版与王方宇、朱继荣（时与谱主为同事）合著的空军教材《晴天霹雳》（Out of the Blue）。②

为了巩固亲情和友谊，自任主编，全家一起动手动笔，开始给亲友写圣诞信，每人写几句自己的简况，报告全家一年的情况，文风幽默诙谐。本年发出二百多封。③

1952 年（45 岁）

耶鲁大学出版社出版所著《无线电通讯》（Radio Communications）。④

香港圣书公会出版译著《神学福音丛书》，含《耶稣是生命之光》、《传福音的保罗》、《神圣的救主耶稣》、《救主降临的准备》。⑤

在耶鲁大学的几年中，和董作宾、罗常培（著名语言学家，与赵元任、李方桂同为中国早期语言学界"三巨头"、时任耶鲁大学特约教授）、孔德成（孔子七十七代嫡长孙、时任耶鲁大学研究员）、王方宇、傅斯年（时任台湾大学校长）、李方桂（著名语言学家，精通十多种中外语言、时任耶鲁大学特约教授）、项馨吾（著名昆曲演唱家，时就职于纽约中央信托局）等过从甚密。张大千、汪亚尘（著名画家，世称"金鱼王"）、胡适和于斌（天主教南京教区总主教，台湾辅仁大学校长）也曾

---

① 李抱忱：《耶鲁大学七年的回忆（1946～1953）》，李抱忱著：《山木斋话当年》，台北，传记文学出版社出版，1979 年 6 月 1 日再版，第 145 页。

赵琴：《李抱忱年表》，赵琴撰文：《李抱忱——余音嘹亮尚飘空》，台北，时报文化出版企业股份公司出版，2003 年 12 月 20 日初版，第 170 页。

② 同上。

③ 李抱忱：《耶鲁大学七年的回忆（1946～1953）》，李抱忱著：《山木斋话当年》，台北，传记文学出版社出版，1979 年 6 月 1 日再版，第 133、137～138 页。

④ 同①。

⑤ 刘明仪（朴月）提供网络来源：《神学福音丛书》http：//www.holylight.org.tw.81/Web-pac2/store.dll/ ID = 10624&T = 0。

为座上客，被谱主自称为是"学人冠盖往来"。①

以与上一年同样的方式和风格，给亲友写圣诞信。②

1953 年（46 岁）

因原耶鲁大学远东语文学院院长葛吉瑞改任加州蒙特瑞陆军语言学校副教务主任，谱主受其"三顾茅庐"之请，舍弃较高的薪酬，独自驱车六天从美国东海岸到西海岸，行程五千多公里到达蒙特瑞，任美国陆军语言学校（后改名国防语言学院）中文国语系主任，途中为排遣寂寞，改元朝管道升词作英文歌曲《请相信我》（Believe Me），后更名《你侬我侬》，并于 70 年代曾在台湾风靡一时。③

7 月 13 日，到加州蒙特瑞陆军语言学校（美国国防语言学院的前身）报到。④

耶鲁大学出版社出版所著《漫谈中国》（Read About China），为该出版社出版的第二大畅销中文教材。⑤ 该书共有二十课，十五个话题，以闲话家常的口吻，用浅显的白话文，向学习中文的外国朋友介绍中国文化，内容相当丰富。这本书的课文深入浅出，而且内容和学生日常生活有关，也非常适合开始寻根定位的华裔高中学生使用。⑥

全家继续一起以幽默诙谐的风格给亲友写圣诞信。⑦

1954 年（47 岁）

5 月 20 日，将在新港的房子卖掉，妻儿至西部团聚。夫人崔瑰珍在家中办了一

① 李抱忱：《耶鲁大学七年的回忆（1946～1953）》，李抱忱著：《山木斋话当年》，台北，传记文学出版社出版，1979 年 6 月 1 日再版，第 140～144 页。

② 同上，第 138～140 页。

③ 同上，第 148～149 页。

④ 李抱忱：《国防语言学院十四年的回忆（1953～1967 年）》，李抱忱著：《山木斋话当年》，台北，传记文学出版社出版，1979 年 6 月 1 日再版，第 150 页 。

⑤ 同①，第 145 页。
赵琴：《李抱忱年表》，赵琴撰文：《李抱忱——余音嘹亮尚飘空》，台北，时报文化出版企业股份公司出版，2003 年 12 月 20 日初版，第 171 页。

⑥ 赵琴：《故乡梦远教语文》之《历史的回响》，赵琴撰文：《李抱忱——余音嘹亮尚飘空》，台北，时报文化出版企业股份公司出版，2003 年 12 月 20 日初版，第 64 页。

⑦ 《历年来的圣诞信》，李抱忱著：《山木斋话当年》附录（五），台北，传记文学出版社出版，1979 年 6 月 1 日再版，216～217 页 。

个养老院。①

6 月 20 日，参加女儿李朴虹与蔡维崘（后为耶鲁大学工程机械博士）的婚礼。②

9 月 1 日，住进在风光旖旎的海滨城市佳美城（Carmel）新购的寓所。③

组建亲自训练和指挥的外国学生演唱中国歌曲的合唱团，经常组织外国学生演唱中国歌曲。④

编古曲《满江红》及民歌《紫竹调》为四部合唱。⑤

据古文《礼运大同篇》创作独唱曲《天下为公》。后改编为四部合唱。⑥

给亲友写圣诞信。⑦

1955 年（48 岁）

夫妇分别于三月和八月加入美国籍。⑧

暑假中，全家到美国各地旅游。⑨

给亲友写圣诞信。⑩

---

① 赵琴：《李抱忱年表》，赵琴撰文：《李抱忱——余音嘹亮尚飘空》，台北，时报文化出版企业股份公司出版，2003 年 12 月 20 日初版，第 171 页。

李抱忱：《历年来的圣诞信》，李抱忱著：《山木斋话当年》附录（五），台北，传记文学出版社出版，1979 年 6 月 1 日再版，第 318 ～ 319 页。

② 李抱忱：《历年来的圣诞信》，李抱忱著：《山木斋话当年》附录（五），台北，传记文学出版社出版，1979 年 6 月 1 日再版，第 318 页。

③ 同上。

④ 李抱忱：《国防语言学院十四年的回忆（1953 ～ 1967 年)》，李抱忱著：《山木斋话当年》，台北，传记文学出版社出版，1979 年 6 月 1 日再版，第 177 页。

⑤ 李抱忱：《满江红》、《锄头歌》、《紫竹调》，李抱忱著：《炉边闲话》第四部《作歌度曲记往》，台北，东大图书有限公司出版，1975 年 7 月初版，第 352、384 页。

赵琴：《李抱忱年表》，赵琴撰文：《李抱忱——余音嘹亮尚飘空》，台北，时报文化出版企业股份公司出版，2003 年 12 月 20 日初版，第 171 页。

⑥ 李抱忱：《天下为公》，李抱忱著：《炉边闲话》第四部《作歌度曲记往》，台北，东大图书有限公司出版，1975 年 7 月初版，第 333 页。

⑦ 同②。

⑧ 同②，第 220 页。

⑨ 同②，第 219 页。

⑩ 同②，第 219 ～ 220 页。

1956 年（49 岁）

6 月 25 日，和夫人崔瑰珍在美国陆军语言学校举行银婚庆祝仪式，赵浩生撰写了题为《音乐家的银婚式——记李抱忱教授夫妇结婚二十五周年》的专题报导，发表在美国旧金山 7 月 4 日的《自由中国日报》上。①

给亲友写圣诞信。②

1957 年（50 岁）

11 月 17 日，为胡然编《中国歌丛》作题为《中国歌曲与四声》的代序。在序中记叙道："在第一辑里读了歌词大师韦瀚章先生的代序一文，得到了很多的启示，特别是关于歌词写作的那一段。胡兄叫我写第二辑的开场白，想来想去，决定在作曲时要怎样注意歌词里的四声这一方面随便说几句话。希望第三辑里有赵元任博士写一篇《我怎样作曲》这样的代序，那么，我这篇东西就可以忝为韦赵两位大师写词作曲两篇文章中间的小桥了。"

"一位作曲家得到了一首好歌词是何等痛快的事！他喜欢的像'踏破铁鞋'的痴情者终于寻见他的爱人一样。他要再得到诗人原来的'嗟叹'灵感，把它'咏歌'出来。在五线纸上画音符的时候，他惶恐的感觉到他的两个责任：（一）写出来的旋律要对得起歌词，（二）演唱的时候要使听众听得懂歌词。第一点要靠作曲家的天才和造诣，不在本篇讨论范围以内。第二点要注意歌词的四声，现在和诸位同好一同研究研究。"

"四声是字音的一部分，并且是不可少的一部分，而不是可有可无的装饰。现在国音已经不用入声，所以我们这里所谓四声是：阴平，阳平，上（赏）声，去声。阴平是一个高而平的声音；阳平是一个从相当高的音起再升高的声音；上声由低升高；去声由高降低。除了阴平是一个平音（一个音高）以外，其余的三声都是变度音，（音高的曲线）。所以说起话来，声音按照四声的特性，忽高忽低，造出一

---

① 李抱忱：《国防语言学院十四年的回忆（1953～1967 年）》，李抱忱著：《山木斋话当年》，台北，传记文学出版社出版，1979 年 6 月 1 日再版，154～159 页。

② 李抱忱：《历年来的圣诞信》，李抱忱著：《山木斋话当年》附录（五），台北，传记文学出版社出版，1979 年 6 月 1 日再版，第 221 页。

种说话的旋律来。因为中国话里有这个语言旋律，所以作曲者给歌词配音乐旋律的时候，不能不注意这歌词里已经存在的语言旋律。赵元任博士在他一九二八年出版的新诗歌集的序里也曾讨论过这个问题。他说：'字的平上去入，要是配的不得法，在唱时不免被歌调盖没了，怕听者一方面不容易懂，一方面就是懂了，听了也觉得不自然。'我以为除了不容易懂同听着不自然外，有时还有听错了意思的危险。流亡曲里的'九一八'三字，听着像'揪尾巴'，义勇军进行曲的第一句'不愿作奴隶的人们'听着像'不愿作努力的人们'，精神总动员歌里'精神武器'听成'精神乌气'，大道之行也听成'大刀之行'，都是因为在重要的字上，音乐旋律配的不得法的缘故。"

"中国从前填曲有很严格的规律，不但要注意四声，还要注意声纽的清浊。结果，音乐旋律大受语言旋律的限制，把音乐弄得太呆板，没有给作曲家留什么创作的余地。所以从前叫填曲而不叫作曲。作曲完全不管四声固然不可以，若是完全受四声的束缚而没有创作余地，也是大成问题的一件事。赵博士在那篇序里主张'只是定一个很笼统的范围，在这范围之内仍旧有无穷变化的可能，那就又可以保存原来的字调（就是本文所谓的语言旋律），又可以自由作曲了。'我对这个折中的主张表示绝对拥护。赵博士对这'很笼统的范围'的定法认为'有两种派别的可能。一种是根据国音的阴阳赏去而定歌词"高扬起降"的范围。还有一种是照旧式音韵，仍旧把字分成平仄，平声总是倾向于平音低音，仄声总是趋向于高音和变度音（就是一个字唱成几个音）。'我赞成第一派的定法，因为更合于使听者容易懂的原则。简言之就是怎么说话就怎么唱歌。"

……

"歌词与音乐应当怎样结婚？谁是丈夫？谁是妻子？谁在什么地方应该怎样让步才能相得益彰，成为一个美满的家庭？这都是极有趣的问题。我诚恳的希望这篇代序能引起诸位同好的讨论。那样一来，我的小小任务就算完成了。"[①]

12月，应台湾国防部和教育部联合邀请，12月25日（圣诞节），首次赴台湾，27日抵台北，进行为期三周的观光。第一周由台湾国防部招待，在陈赞汤、吴化熙的陪同下，参观了三军基地，三军官校和金门。第二周由台湾教育部招待，由胡心

---

① 李抱忱：《胡然：中国歌丛代序—中国歌曲与四声》，李抱忱著：《炉边闲话》第三部《序言》，台北，东大图书有限公司出版，1975年7月初版，第271页。

照陪同参观教育机构。第三周自由活动。①

30 日晚，台湾教育部部长张晓峰设宴招待，并获台湾教育部颁赠金质学术奖章。②

给亲友写圣诞信。③

1958 年（51 岁）

1 月 5 日，赴国立音乐研究所访问并作专题演讲，受到热烈欢迎获聘为顾问。④

1 月 12 日，在台北国立艺术馆做专题演讲"音乐的炉边闲话"。台湾《新闻天地》杂志在该刊第五二一期（2 月 8 日）以题为《李抱忱博士依依台湾》作了报导，副标题是胡适的诗"山风吹乱了窗纸上的松痕，吹不散我心头上祖国一切朋友的人影"。⑤

19 日，晨，乘机离台返美，中午抵香港，本计划停留五天，后因参观音乐和电影活动的工作延长到 28 日。⑥

在台期间，为孙克宽（孙立人之侄）作词的台湾东海大学《东海校歌》谱曲。⑦

28 日，下午离港飞东京。在东京观光三天。

31 日，晚乘机飞返旧金山。

2 月 1 日，晨抵旧金山，下午经蒙特瑞（Monterey）回到佳美城（Carmel）的家——山木斋。⑧

---

① 李抱忱：《国防语言学院十四年的回忆（1953 ～ 1967 年）》，李抱忱著：《山木斋话当年》，台北，传记文学出版社出版，1979 年 6 月 1 日再版，第 160 页。

② 同上。

③ 李抱忱：《历年来的圣诞信》，李抱忱著：《山木斋话当年》附录（五），台北，传记文学出版社出版，1979 年 6 月 1 日再版，第 223 ～ 225 页。

④ 网络来源：《大爱无藏：计大伟人生纪实》，http：//baike. soso. com/v7132011. htm。

⑤ 同①，第 161 页。

⑥ 李抱忱：《一九五七年第一次返台，离后写给各位亲友》，李抱忱著：《山木斋话当年》附录（三），台北，传记文学出版社出版，1979 年 6 月 1 日再版，第 208 页。

⑦ 网络来源：许建昆：《孙克宽先生行谊考述》，东海大学中文系，2006 年 7 月，《东海中文学报》第 18 期，第 79 - 112 页。http：//www2. thu. edu. tw/ ~ chinese/files/18 - 005. pdf。

⑧ 以上内容见李抱忱：《一九五七年第一次返台，离后写给各位亲友》，李抱忱著：《山木斋话当年》附录（三），台北，传记文学出版社出版，1979 年 6 月 1 日再版，第 208 页。

10 日，写《一九五七年第一次返台，离后写给各位亲友》。①

本月，以"访国观感"为题，在旧金山扶轮社、建社（Kiwanis Club）、美生社（Masoniv Lodge）及美国陆军语言学校演讲。②

3 月 12 日，张大千为所著《琐事》题署名和题字。

4 月，又接到台湾教育部长张晓峰再度返台的邀请。③

7 月，再度返台事宜得到美国国务院的批准，乃向美国陆军语言学校请假半年。④

8 月 6 日，获赠赵元任唯一墨宝，手抄刘半农古音七绝《听雨》："我来北地将半年，今日初听一宵雨，若移此雨在江南，故园新笋添几许。"⑤

9 月，应台湾教育部的再次邀请，以美国在台湾基金会第一位傅尔布莱德学人（傅白 Fulbright Scholar）的身份，第二次赴台湾推动乐教，为期二十一周，足迹遍及台北、台中、台东、花莲、台南、高雄和屏东。⑥

17 日，抵台北，到机场迎接者有梁在平、邓昌国、申学庸、居浩然、吴心柳和联勤军官外语学校校长黄宗石等人。⑦

在机场接受记者采访时表示，由于留台的时间有限，不能固定地在一所学校担任长时间的课程，而只能作有系统的专题演讲。将到师大音乐系、国立艺专音乐科、北师音乐科、以及台中和台南两师范学校讲学。并介绍了美国陆军语言学校的基本情况。⑧

后拜会新任台湾教育部部长梅贻琦，并参加了台湾国立音乐研究所所长邓昌国

---

① 李抱忱：《一九五七年第一次返台，离后写给各位亲友》，李抱忱著：《山木斋话当年》附录（三），台北，传记文学出版社出版，1979 年 6 月 1 日再版，第 208～210 页。

② 同上，第 209 页。

③ 李抱忱：《李抱忱回国讲学纪念集——写给读者，作者和编者》，李抱忱著：《炉边闲话》第三部《序言》，台北，东大图书有限公司出版，1975 年 7 月初版，第 283～302 页。

④ 同上。

⑤ 赵琴：《二度留美入哥大》，赵琴撰文：《李抱忱——余音嘹亮尚飘空》，台北，时报文化出版企业股份公司出版，2003 年 12 月 20 日初版，第 57 页。

⑥ 李抱忱：《国防语言学院十四年的回忆（1953～1967 年）》，李抱忱：《山木斋话当年》，台北，传记文学出版社出版，1979 年 6 月 1 日再版，第 161～162 页。

⑦ 《李抱忱博士返抵台北》，李抱忱著、吴心柳编校：《李抱忱音乐论文集》附录，台北，乐友书房出版，1970 年 1 月 10 日再版，第 159 页。原载 1958 年 9 月 18 日台北《中央日报》。

⑧ 《李抱忱回国——将在师大艺专等校专题演讲音乐课程》，李抱忱著、吴心柳编校：《李抱忱音乐论文集》附录，台北，乐友书房出版，1970 年 1 月 10 日再版，第 160 页。原载 1958 年 9 月 18 日台北《中华日报》。

召集的台北音乐人士座谈会。后还参观了 40 多所中小学的音乐教学及设备；为当地音乐教员举行了 40 多次专题演讲和座谈会，有 620 多位中小学教员参加；为各校及社会人士举行了 70 多次专题演讲，听众近 10 万人；联合当地合唱团举行合唱练习，指挥了 43 个合唱团，团员 2700 多人，练习了 75 次；为音乐教员示范合唱指挥并准备联合音乐会的大合唱节目，在各地的最后一天举行联合音乐会，共举行了八次联合合唱音乐会。参加了与工作有关和无关的应酬 150 多次。① 此次返台受到蒋介石的高度重视，特指示教育部与救国团必须全力支持协助。台湾教育部长梅贻琦（月涵）指示，由台湾音乐家计大伟亲自率领国立音乐研究所中华青年合唱团，陪同赴台湾全区巡回示范教学。②

10 月，在台湾艺术馆、省交响乐团、国立音乐研究所、师范大学、政工干校、台北师范作《美国音乐及学校音乐教育的演进》专题演讲。③

6 日，在台北公园以《美国音乐的演进》为题演讲。演讲中讲到："今天要讲的题目，是'美国音乐的演进'。我为什么要讲这个题目呢？因为要籍着他们的得失，供作我们研究改进自己音乐的参考。一提到一个别个国家的音乐，一定会涉及人家的优点与弱点，说到人家的优点，绝不是长他人志气，灭自己威风；说到人家的弱点，也绝不是故意取笑友邦，抬高自己。"

一、内战前后的美国音乐

"我们不必回溯到很远年代去。从美国内战前后算起，最近一百年来，美国音乐的发展和进步，可以说是我们中国的好参考。美国在内战以前，还是一个新成立不久的国家，人民都是欧洲大陆来的移民。他们平时大部分的时间既要与自然环境奋斗，又要与当地红人作战。为了适应新的生活环境，乐教方面自不免幼稚。美国内战结束以后，社会逐渐安定，起始注意到文学艺术的生活——所谓'行有余力，

---

① 李抱忱：《国防语言学院十四年的回忆（1953～1967 年）》，李抱忱著：《山木斋话当年》，台北，传记文学出版社出版，1979 年 6 月 1 日再版，第 162～163 页。

李抱忱：《一九五八年第二次返台，离后写给各位音乐同工》，李抱忱著：《山木斋话当年》附录（四），台北，传记文学出版社出版，1979 年 6 月 1 日再版，第 214 页。

② 网络来源：《大爱无藏：计大伟人生纪实》，http://baike.soso.com/v7132011.htm。

③ 赵琴：《李抱忱年表》，赵琴撰文：《李抱忱——余音嘹亮尚飘空》，台北，时报文化出版企业股份公司出版，2003 年 12 月 20 日初版，第 171 页。

李抱忱著、吴心柳编校：《李抱忱音乐论文集》，台北，乐友书房出版，1970 年 1 月 10 日再版，第 17～39 页。

则以学文'。但那时的一般民众把音乐队当做马戏团，把听乐队演奏当做看马戏。当衣冠楚楚的乐队队员整齐地出现在台上的时候，听众却批评他们太懒，为什么不擦粉不化妆？在演奏的时候，要是全部节目都是交响乐曲，听众也不能完全接受。所以那时的惯例是当每一乐章演奏完毕，要穿插一段通俗音乐，或跳舞音乐或唱一首歌助兴以后，才接着演下一乐章。"

"还有一个实例可以证明，一般听众不能接受庄严音乐的节目。有一次一个乐队演奏'救火队方舞曲'（Firemen's Quadrille），指挥朱利安（Julien）在欧洲颇负盛名。他为了迎合听众心理特别请来一队真正的救火队员，分别站在音乐台两旁。在演奏中间，故意派人在台上放一把假火。于是救火队员一齐用真正的水龙头来喷水救火。当救火队表演到最紧张的时候，方舞曲也演奏到最高潮。兴奋的听众听完出场，认为这场音乐会的票钱没有白花。这与海派京戏的真山真水，机关布景，关公在台上骑真马差不多一样。"

"那时的欧洲名钢琴家哈吞（Hatton）到美国来举行独奏会。在每场演奏有行军走马一幕的时候，总要在双脚上各栓一串小铃铛。弹奏到高潮的时候，双脚就配合着曲情用力摇动，铃铛响起来很像马跑的声音。听众高兴的不得了，encore 之声不绝于耳。另一位波兰钢琴家佛拉夫斯基（Volovsky）在美国演奏钢琴以前，先做广告，大事宣传，保证能在一个小时之内，弹出四百个音符，否则退票。指挥朱利安指挥交响乐的时候，常从首席小提琴手上抢过小提琴来，演奏一段，再退还给他。有时候从衣袋里拿出一个小笛来随着乐队演奏。此外，他指挥贝多芬的交响乐，一定要戴手套。指挥特别有名的乐曲，又一定要换用一根镶满了宝石的指挥棍。这类小例子举不胜举。他们的主要用意，总不外用标奇立异的方式来引起美国一般民众的好奇心理，来增加自己的票房收入，提高自己的音乐声誉和地位。这当然是因为那时候的音乐水平鼓励他这样做。"

"那时候一般人对于歌剧并不认为是纯粹高尚的艺术，尤其是爱时髦的贵妇小姐们。到歌剧院听歌剧的目的有两个：第一，展览自己丈夫或情人赠送的华贵服装首饰，显示富有，炫耀别人；第二，陪同至亲好友，丈夫情人进出剧院，冒充风雅，或是应酬上司及重要的主顾。因此包厢变成了变相的交际场所。在这两种情况下，有些贵妇人在歌剧场里常闹大笑话。有一次有几个贵妇联名写信给歌剧院经理，请求把华格纳（编者注：即瓦格纳）的著名歌剧《名歌手》（Die Meistersinger，编者注：即《纽伦堡的名歌手》）的第三幕提前上演，演完了再接演第一、二两幕。因为第三幕的音乐最悦耳，她们常常因为要早走的关系，听不到她们认为最好的一幕。"

"上面都是美国音乐方面一百年前的实际情况。欧洲许多音乐家愿意到美国去演奏，一方面可以赚回一大笔美金，一方面还可以带回去不少的笑话资料，我举出这些例子来讲，方才说过，并不是存心取笑友邦，而是藉此说明他们的音乐如何从幼稚可笑的程度，演进到今天光辉灿烂的境界。"

"现在再谈谈乐队的情况。一百年前的美国，只有波士顿和纽约几个大城市才有乐队；一般小城市根本谈不上有。有一位音乐先进多玛（Theodore Thomas），在一八四五年从欧洲到达美国后，对于美国音乐的发展，有卓越的贡献。当年这个勇敢的十岁小孩子乘船在纽约的码头登岸，除去一身衣服和一把心爱的小提琴外，别无长物。最初他参加乐队，当一名默默无闻的小提琴手。凭着他的聪明才智，加上刻苦奋勉，竟一步一步爬升到指挥的位置。这时他的第一件重要工作，是率领乐队到美国各地做旅行演奏。他的长处是在必要的时候同听众的趣味妥协。这是一般纯粹音乐家很难做到的事。一个纯粹音乐家不会委屈自己的水准去迁就听众的水准。他们有时孤单寂寞，曲高和寡，正是这个主要原因。至于如何推动音乐教育，使音乐能普及，在'独乐'外还要'与众乐'，恐怕他们从来没有想到过这个问题。"

"至于音乐教育家的看法就不同了。音乐教育家的责任是在推动乐教，认为音乐会必须听众愈多才愈能达到音乐教育的目的。听众的水准不是一致的，因此在某些时候，某些地方，不能不同听众暂时或一部分的妥协。多玛先生就是属于这一类的音乐家。他为推行乐教，希望听众的水准提高，没有面包就挨饿，没有车坐就步行；屋子太冷可以演奏，屋子太热一样不放弃手上的指挥棍。这样不顾一切困难危险地真正做到了为美国听众服务。所以他所走的音乐之路，在美国音乐史上叫做'多玛之路'。意思是他带领乐队所走的路，是用最美丽的音符铺平的。当他溘然长逝之日，纽约时报发表的一篇吊唁文章中有两句话说的很恰当：'美国人民所欠他的债，好像学生对于老师，民众对于领导他们从旷野走向'应许之地'的先知所欠的债一样。"

"当时美国的音乐正在萌芽时期，美国人一般的心理，凡有音乐天才的人必须到欧洲去领受天才音乐教育，因为美国没有人训练天才，也没有人有资格训练音乐天才。如果美国音乐家是在美国训练出来的，没有欧洲的背景，就没有资格开音乐会。同时在那个时代，美国一般家庭对于音乐的看法也很不好，从来没有听说一个好好人家会让自己子弟以吹弹歌舞为职业。所以有音乐天才的男性，都怕以音乐为职业。大家以为所谓吹弹歌舞，不过是贵妇小姐之流的消遣；堂堂男子是不屑如此的，因为这个缘故，无形中给音乐教育工作者增加无限的困难。"

"那时美国的学校，特别是大学，没有设立音乐课程，更没有设立音乐系。大学有音乐选修，是肇始于一八三七年，即一百二十一年前。我的母校欧柏林大学，是美国历史上第一所设立音乐课程的大学。学生选修音乐课程，一样得学分，获学位。美国从一八三七年以来，全国各大学大多数都设有音乐系；没有设立音乐系的，同各中学一样，也都有音乐课程。"

"美国的乐队多半集中在大城市，歌剧院更是如此。多少年来，歌剧只是纽约的专有物，西部旧金山到一九二二年才有第一所歌剧院出现。最初，美国东部，特别是纽约，颇有几所歌剧院，不过大都无法经常维持下去。只有纽约都城歌剧院在一八八三年成立，直到现在，始终屹立不衰。其它很多歌剧院，都是成立一家，倒闭一家，自生自灭，自长自消，仿佛昙花一现，在短短的时间内开放，又在短短的时间内枯萎。"

二、二十世纪初期的美国音乐

"从一九〇〇年以后，美国发生一个重大变化。美西战争中美国胜利后，美国忽然觉得各方面自己都有自己的能力，自信心因而逐渐增加。同时美国工商业开始发达，横贯大陆的几条铁路也已经造好，汽车电灯等科学设备相继发明。于是年轻有为的美国更充满了自信心。然而在这二十世纪的初期，音乐还是未被社会人士普遍尊敬。著名乐队指挥斯托考斯基（Stokowsky）的太太是一位名钢琴家。有钱人家请她在茶会上表演的时候，她不能从前门而入，必须走后门，因为音乐家没有资格混在宾客中间，更不能同宾客交谈。他的太太从欧洲学成归来，将姓名换成一个响亮的欧洲名字，Olga Samaroff，因为那时不这样做，不能吸引听众。当时一般美国人有一种自卑心理，认为美国不能训练音乐天才，只有历史悠久的欧洲才可以训练。美国音乐家们也有这种自卑心理，所以不用本来的名字，而要使用伪造的欧洲名字。"

"在二十世纪初叶，美国全国仅有十三个重要的乐队。在这十三个乐队中，只有波士顿和芝加哥两个乐队的成绩最好，足与欧洲的著名乐队媲美。其它乐队的队员大多数是兼差性质；有的是学校教师，有的是公务人员。乐队练习时常随便缺席，到正式演奏时，逼的指挥临时删改原谱。有一次，贝多芬的英雄交响乐，仅仅七个队员就敷衍过去了。一般听众来参加音乐会，很多不是为听音乐会。参加帕德勒斯基（Paderewski）的钢琴演奏会，不是去听他神妙的琴技，也不是因为他曾当过波兰总统，而是去看他那出名的鹤发童颜。参加克莱斯勒（Friyz Kreisler）的提琴演奏会，不是去欣赏他出神入化的演奏，只是希望他一次再一次的演奏他的拿手好戏'Humoresque'。有一次世界最著名大提琴家卡索尔斯（Casals）在美国演奏，卖座不理想。他的经理告诉他，上台演奏要顾到台下听众的反应，最好脸上带点笑容，不必过分庄严。卡氏不但拒绝了对方好心的建议，并且立即把他辞退。若干年后，他再去美国演奏，美国人为欣赏他的音乐，重提旧事，他说："我现在脸上还是没有笑容！"意思是说：美国听众的欣赏能力比从前提高了。"

"美国在一九一七年对德宣战后，因为德国是敌人，连德国音乐也变成敌人。凡是德国作曲家如巴赫、亨德尔、贝多芬、舒曼、舒伯特、瓦格纳等人的作品，一律不准演奏。由于大家痛恨德国，继而连带痛恨德国音乐。这点可以说是受战争的刺激，也可以说是当时美国音乐的不成熟。英国、法国在同一时期，已经同德国苦战了三个年头，而德国各大作曲家的作品，照样在伦敦、巴黎的音乐会上不断地演出。"

"美国一直到德国投降，大战平息以后，瓦格纳的歌剧方又准上演。但是规定演唱时必须用英文演唱。到一九二〇年才恢复可以用德文演唱。"

"经过这次大战战火的浩劫，欧洲各国断瓦残垣，一片荒凉。美国参战时间只有短短一年，不但本土丝毫没有受到损害，反而社会很多方面比战前还要繁荣。这时美国增强的自信心把原有的自卑感冲毁殆尽。特别是在音乐方面，再不像以前那样，认为什么都是欧洲的好。战争虽然残酷，但在音乐上却帮了美国很大的忙。欧洲第一流音乐家在战后为了生活，大量向美国移民，另谋出路。美国音乐之有今天的蓬勃发展，傲视全球，这些音乐家实居首功。"

三、近年来的美国音乐

"说到现代美国音乐方面情形，根据统计，从一九二〇到一九三〇的十年中间，增加了五十五个大乐队；一九三〇到一九四〇的十年中间，增加了八十四个大的乐队。一九四〇那年，全美所有乐队有五分之四是在第一次世界大战平息后，建立起来的。在那个时期，美国乐队的发展着实惊人。一般人民最初醉迷歌星，后来转而疯狂崇拜乐队指挥，使指挥的光芒盖过了歌星。托斯卡尼尼（Toscanini）就是例子。一次托氏指挥乐队为一个名歌星伴奏，两人因细故争执起来，歌星说：'我是明星'。托氏反驳说'只有天上才有明星'。托氏音乐修养造诣炉火纯青，记忆力特强。他指挥乐曲时全部背诵，从不看谱。就是脾气暴躁，动辄发作。有些队员和歌唱家又怕他又恨他。但是一般说来都崇拜他原谅他。他同斯托考斯基与库斯维斯基（Koussevitzky）三人称为美国三大指挥。他们对美国音乐，尤其是交响乐团的发展建树与贡献，功不可没。"

"说到美国训练音乐天才的情形，一九一七年，美国参加第一次世界大战时，全国仅有一所大音乐院，就是纽约音乐艺术学院。一九一八年伊斯曼音乐院成立，一九二四年茱莉亚德音乐院和克提斯音乐院成立。现在都是世界第一流的音乐院。一九四〇年波士顿交响乐团指挥库斯维斯基先生，在麻州成立了世界闻名的柏克西音乐中心。全国各地天才音乐青年，都可以报名入学。每年暑期开学以后，在校园的草地上，树荫下，水池边，房屋后，也许有人在作曲，也许有人在吊嗓子，也许有人在吹喇叭，也许有人在练习弦乐四重奏，而各科的教师们（都是第一流的音乐家）则悠闲地到处散步指导学生们的学业。"

"在这个时期，美国除了训练音乐天才，并特别注意音乐大众化。二十世纪开始，美国工业进入机械化时代，各种科学事业突飞猛进。自从一八七七年留声机发明以后，歌王卡鲁索（Caruso）每年要从唱片商人手中得到十万美金的版税。单是一九四六年一年，美国胜利唱片公司一家就卖出唱片两万万二千五百万张。现在美国人民所拥有的留声机，超过了一千万部。从这些统计数字里可以看出美国音乐大众化到什么程度了。"

"关于美国音乐大众化这一点，有一件具体事实可以证明。美国国家广播电台在一九二八年首创空中音乐欣赏课，由名音乐指挥丹姆若施（Damrosch）主持。最盛的时候，全国听众多达五百万人。电台规定每星期五上午十时半至十一时广播这个节目。在这半小时中间，全国有七万个学校停止上课，把这项音乐欣赏课列为正式课程。所以丹姆若施的声音，各地青年学生都听的烂熟。有一次他到美国西部去旅行，当地一位校长请他到学校向全校学生演讲。他要求校长先不必介绍他的姓名试试学生们听得出听不出他的声音。他走向讲台，开始就用它每次在空中音乐欣赏课的开场白说：'亲爱的小朋友们，早！'学生们立刻听出来他的声音：'这是丹姆若施老伯伯！'"

"国家电台每星期六下午在大都会歌剧院广播整本歌剧。从一九三一年开始这个节目以来，从没间断过。一九四〇大都会歌剧院要修建新歌剧院短少一百万美元，向全国听众吁请慷慨解囊，襄助盛举，全国有十万人从各个角落热烈响应。一位家庭主妇从阿肯色州寄来一张十元钞票，在信上说："在我们这个不发达的穷乡僻壤，十元一张的钞票不多；但是好音乐更少。日用品少用一点还可以，如果每星期六下午听不到歌剧，那实在是不可想象的事！特赠十元，请予笑纳。""此外还有几个和音乐大众化有密切关系的统计数字。根据调查，一九三九年全美无线电听众里，有百分之六十二点五经常收听古典音乐节目。好莱坞不但是电影明星云集的地方音乐也非常出名。那里有一个露天音乐厅，叫做'好莱坞碗型音乐台'（Hollywood Bowl）。每年暑期都要举行若干次露天音乐会。从一九二二年开始到现在，听众超过一千万人之多。纽约有一个体育场，每年暑期纽约交响乐团要藉这里演奏音乐。从一九一八年开始到现在，每年的听众总数都在三十万人以上。著名的古德曼管乐队（Goodman Band）每年暑期要在纽约中央公园草地每周举行一次露天音乐会，一年的听众也在一百万人以上。"

"最后我要说到美国音乐不但日趋大众化，而且日趋本位化。美国人早年在音乐方面的自卑心理，早已全部消失，而走向本位化的途径。纽约大都会歌剧院在一九四五——一九四六那个歌剧季的演员，有百分之八十以上是道道地地的美国人，不必再过海向欧洲以重金延聘。他如作曲家、演奏家、歌唱家，一样的人才辈出，光芒四射。美国音乐已经走入正轨，奠定了坚固的基础。"

"美国音乐现在如此发达，不是一件偶然的事情。欧洲很多第一流音乐家在第一次世界大战后向美国移民。在第二次世界大战前后又有大批欧洲第一流音乐家，特别是犹太籍音乐家，或是为了谋生活，或是为了逃避纳粹主义，相率向自由民主的美国跑。美国得天独厚，大量的吸收了全世界音乐人才的精华。现在美国的音乐不但不必自卑，还很可以自傲，因为现在的美国已变成了世界音乐之都。"

四、结论

"讲完了百年来美国音乐演进的过程，我有四点结论，现在提出来供作祖国发展音乐的参考。"

"第一：一个国家的音乐在演进过程上，最重要的是要废除偏见，既不可有自卑感，也不可有优越感。自卑感使人认为自己一切都不行，这是偏见；优越感使人认为什么都是自己好，这也是偏见。在音乐演进的过程上，偏见是最大的障碍。偏见一废除，我们就知道所谓'新乐'、'旧乐'、'中乐'、'西乐'并不一定都好，也并不一定都坏。'新''旧'只是时间上的不同，'中''西'只是地域上的分别。时间与地域不能决定音乐的好坏，好坏是在音乐本身。我诚恳的希望在国家的音乐演进过程上没有偏见，团结合作，共同一致在音乐本身的价值中去辨是非，分高低。"

"第二：平均发展天才音乐教育与大众音乐教育。单是训练天才，必然失去听众，结果天才外流；一味训练大众，必然埋没天才，影响国家在国际乐坛上的地位。因此惟一的正确途径，是天才乐教与大众乐教同时并重；一方面训练天才，使其尽量向高深钻研，一方面又不忘记训练大众，提高大众的音乐水准，与欣赏能力。两方面配合实施，双管齐下，然后我们国家的乐教才能蓬勃有效地发展。"

"第三：音乐教育者在必要的时候，不妨同大众有相当的妥协，我们推行大众乐教，不能希望大众的水准完全同我们一致，因为大众的音乐程度不齐，欣赏的能

62

力各有高低。所以我们大可不必拿我们喜爱的音乐，硬要他们接受。这样做就失却音乐教育工作的立场和风度。我认为我们应该多向多玛先生的精神学习，在必要时针对大众的需要，同大众有相当的妥协，而在妥协中又不要忘记我们所负音乐教育的责任。"

"第四：音乐教育是国家的百年大计，是一个大责重任。这个大责重任，人民担不起来，教育者也担不起来。我认为担得起这个大责重任的只有政府！欧洲各国的音乐教育向来是由他们的政府正面提倡，所以容易收到实际的效果。（美国因为是联邦自治制度，还没有采用过这种办法。现在已有人大声疾呼，希望他们的政府朝这个方向走）。我两次回国深知总统积极提倡'乐教'，挽救社会颓风。另外听说政府行将创办音乐学府，造就音乐专才，在在证明政府正在竭尽一切力量，正面提倡乐教。相信在不久的将来，由于政府继续提倡乐教，乐教人才愈来愈多，我国乐教更能顺利展开，很快的被全世界重新称为'礼乐之邦'。"①

13 日，在台北作题为《美国的学校音乐》的公开演讲。演讲内容如下："美国学校音乐的鼻祖，可以说是唱歌学校（Singing School）。在唱歌学校没有成立以前，美国民众的音乐活动，只有在各地教堂中唱唱赞美诗。因为大家唱赞美诗的成绩不好，才有人办唱歌学校来改进这个缺陷。等到唱歌学校成立以后，才有人开始学唱歌。这种学校是私立的，教员都是业余性质。他们教学生的目的有二：一是教唱歌，一是教认谱。美国音乐教育的基础，是从这里奠定的。"

"美国音乐在创始之初，一个最有功劳的音乐教育家叫做梅森（Lowell Mason），他生于一七九二年，死于一八七二年，享年八十岁。他平时不但在教堂推动教堂音乐，为教堂写赞美诗很成功，还创办唱歌学校，为唱歌学校编订教科书。同时他还呼吁音乐打进学校。他的呼吁最先虽然失败了，可是他的居住地波士顿的民众对于他在音乐上的努力和成绩表示非常钦佩。就用其它的方法来响应他的呼吁，以期实现他远大的理想。因此聘他主持波士顿音乐教育学院。该院成立于一八三三年，是美国第一所音乐教育学府。主要的课程是训练学生如何教授音乐。次年他手编的音乐教学法出版。一八三六年，他又自行创设全国音乐暑期学校。很多唱歌学校教员从远地来向他学习。这时候，他的音乐教学法已经成为全国差不多每一个唱歌学校教员的手册了。"

"梅森从事音乐教育工作，绝对否认音乐只是少数人的专有物，主张音乐乃是

---

① 李抱忱：《美国音乐的演进》，李抱忱著、吴心柳编校：《李抱忱音乐论文集》，台北，乐友书房出版，1970 年 1 月 10 日再版，第 17～29 页。

社会大众的共享物。一八三二年，波士顿一个团体替他呈请当地教育当局，准许一般学校增设音乐课程，没有成功。四年以后，梅森以自己学院的名义，再度提出同样的要求，教育当局予以考虑。次年特别请教育专家多人，组成一个委员会负责研究这件事。委员会的研究报告非常支持梅森的意见。教育当局准备在当地小学添设音乐课程，但是没有经费聘请教员。梅森于是自告奋勇，愿尽一年义务。当梅森在第一学年结业的时候，教育当局，民众方面，仍不乏对音乐教育价值表示怀疑的人士，他为扫除全国上下人士内心的疑云，想出了两个值得我们现在学习参考的方法，一方面发动社会各界举行辩论会，辩论音乐教育的意义和价值，将结论公诸社会；一方面在学校内展览音乐教育成绩，集合学生表演认谱唱歌，邀请各界人士莅临参观欣赏，以各项实际的成绩来说服缺乏认识的教育当局及社会人士。这次展览结果，大家都感觉非常满意。一八三八年，音乐开始被列为波士顿各小学的正式课程，各地很快的都相继效尤。这是美国音乐学校的开始。这次研究委员会的报告文词优美，意味深长，美国认为是美国学校音乐史上的大宪章（Magna Charta）。"

"音乐在一百二十年前正式列入美国学校教程。体育、劳作、美术等课程，后来也一科一科的被列入。所以，在这所谓的'小四门'里，创江山的汗马功劳要归于音乐。"

"美国学校音乐初期，各地学校一般音乐教员最迫切需要的是音乐教学法。因为他们所面临的最大困难，是一般学生和教别的科目的教员认为唱歌不过是课余消遣而已，同时认为音乐教员不能同理化数学历史各科教员占同样重要的地位。足见美国音乐虽然打进了学校，却还没有脱离对音乐存着几分轻视的心理。梅森的一位本家小梅森（Luther Mason）看清了这个事实，就在一八七〇年撰写了一套《全国音乐教科书》，注意引起学生的兴趣，提高音乐在学校课程上的地位。他似乎有先见之明。不久这套新书果然变成全国各校的音乐教科书。他在美国学校音乐史上被称为美国学校音乐教学法的创始人。"

"他这套著作出版后，不仅美国全国学校争取采用，还被德国翻译，成为德文；而且不仅在欧洲行销，还流传到遥远的东亚来。我们的邻邦日本把它翻译成为日文，作为全国小学音乐教材。不止如此，日本政府更特别远道聘请这位小梅森先生担任日本政府的音乐督学，直至三年合同期满，他才重回他的祖国。"

"我们知道，六岁左右儿童初学认字，都是先学他们已经懂得的字。儿童在不认字的时候已经把字的'音'和'意'都把握住了。等到认字的时候，只是再把字的'形'学会就是了。小梅森认为音乐教学也应该如此。学唱歌的最好方法是注重学唱歌。其余的视唱练耳，音感，认谱等部分都要配备着唱歌的需要。换句话说，唱歌里需要什么，就教什么，不需要的若先教，只是搅乱儿童的理解和学习。这种方法叫做'唱歌中心方法'（Song Method），意思是以唱歌为中心的方法。这是一个很重要的原则；不是学唱歌为认谱，是学认谱为唱歌。唱歌是目的，认谱仅是达到目的的工具。"

"美国音乐打进学校的初期，因为一般学校级任教员不能胜任教音乐的职务，所以盛行专任制，并且有时这位专任教员要兼教几个学校。这是闹教员荒时期的必然现象。后来，音乐教学工作变成级任教员的责任，除去担任一般原有的课程外，还得兼教音乐。这时发生了一个严重问题。音乐课程虽然由级任教员担任，但是级任教员不是专学音乐的，格外需要一种愈详细愈好的教本，告诉他们怎样教学连他们也不大会的乐谱。级任教员必须先有研究和心得，才能得心应手的把各种技术传授给学生。正在这个期间，一本新书应时而出，书名《示范音乐教科书》，是由一名叫侯尔特（Holt）的先生所编著。一八八三年出版后，一时洛阳纸贵全国畅销。九年以后，他又有新著《美国音乐制度》问世。这本新书在空间上风行全国，在时间上直到现在还保持着它辉煌的价值。他在书里特别告诉一般音乐教员，儿童的声音有一种天然的特殊的美，要如何教导儿童健全的发展，发出更美更动人的声音。"

"当时一般级任教员在音乐课程方面所犯的通病是太注意教授普通音乐知识，而忽略了唱歌和认谱的技术。学生们可以在音阶上和图表上唱出很难的音程来，却不会把一首歌曲的乐谱唱得快而熟。当时有一位很有名的音乐教育家葛丁斯（Giddings）大声疾呼，不要过分帮助儿童认谱，要他们自己认谱，用多多唱歌的方法学认谱。这个口号实行的结果，成绩斐然。在他视导下的小学，从第一学年到第八学年，必须要唱完二十一本唱歌教科书。此外还有八本书，学生可以唱完。学生们用看谱唱歌的方法唱多了唱久了，自然认谱的能力会突飞猛进的。"

"在侯尔特这个时代，美国学校音乐教学方面出现两种不同的意见。这两种不同的意见，对于美国音乐教学的变迁，甚至美国音乐教育的发展，关系至关重要。第一种意见认为教音乐课程最重要的是教认谱。只要学生能认谱，教音乐的目的就达到了。所以这一派人士最注意细节，最注意教员'教'的方面。第二种意见认为教认谱仅只是帮助学生唱歌，不是教音乐的最后目的。如果音乐教员把认识的工具看做最后目的，就会反而阻碍了音乐教育的推进。等到学生在学习的中途遭遇疑难，教师再从旁帮助他解决问题。教小孩子走路不也是如此吗？不要总是拉着他走；叫他张牙舞爪的向着你走，等他要摔倒的时候再扶他一把。婴儿这样再蹶再起的尝试所给予他自己的成功感和母亲的高兴是值得等待的。"

"我们知道，教音乐的目的不是只教发声练耳唱歌，主要是透过这些过程，发展儿童对于音乐的爱好。如果经过这些过程，而儿童并不爱好音乐，那就是整个音乐教育的失败。刚才我所举出的两种不同的意见，前者是灌输式的，是以教员的'教学法'为主的，后者是启发式的，是以学生的'学习'为主的。现在，全世界各国前进的音乐教学方法都是着重启发式的教学法，以唱歌为中心之来培养儿童对音乐的兴趣和爱好。"

"美国的几种乐教刊物对于融合这两派意见有很大的贡献。一九〇〇年同时发刊的有《学校音乐》和《学校音乐月刊》。后来又有一种刊物叫《音乐督学杂志》；现在改名为《乐教工作者杂志》。经过多少人在这些刊物上发表意见，现在认为这两派的主张是相得益彰，认谱教学要是方法正确，不会摧毁对于唱歌的爱好；正确的唱歌教学，不但不会妨碍认谱，反而促进学生对于认谱的学习。"

"最后我要提到美国中等学校音乐活动的发展，美国中等音乐学校音乐活动的发展是最近几十年的事。在一八九〇年左右，各中等学校设立的音乐课程包括和声对位法、音乐史、歌剧研究，以及合唱，乐队等科目。后来，各学校接受各方面的建议，一般中学所教的音乐科目种类之繁多，差不多同音乐院的科目一样。"

"说到美国中等学校器乐方面的发展，时间更近。当美国学校教育实施民主主义以后，教育当局鼓励学生自由选修科目。一般学生在教育当局改变政策以后，提出了五花八门的要求，学校为了应付学生的需要，增设的科目愈来愈多。举一个例，一九一三年有一位伊利诺州一个小城的中学音乐督学汤姆逊（Thompson）先生，要求校方购置二十件管乐器。买来以后，就吩咐他所督导的十个小学每校派两名学生联合组成一个小型乐队，每周练习两次。第一周学习如何呼吸，第二周学奏音阶，第五周学会了一个进行曲。到第八周的时候，居然又学会演奏《美丽的美国》和一个华尔兹舞曲。"

"由于汤姆逊先生的提倡，又有些学生自备乐器的参加。一年以后，原来二十件乐器的管乐队，竟变成一个五十五件乐器的管乐队。现在美国各地学校的管弦乐队都是这样扩充起来的。"

"加州奥克仑教育当局在一九一三年买了值一万美金的乐器分发给各学校使用。经过四十多年的发展，现在奥克仑的学校音乐活动在全国都是首屈一指的，波士顿一位音乐教员密契尔（Mitchell）先生在一九一〇年到英国休假的时候，看见一位小提琴教师采用合班上课法教授学生。这一个办法对于从美国来的远客，真是闻所未闻。他把这个新方法带回美国。波士顿首先实施，接着全美各地纷纷仿效。他出版的《密契尔小提琴合班教授法》一书，不久就畅销全国。"

"美国罗城还有一位中学音乐督学密勒（Miller）先生一九三四年发表一篇文

章。他说：'在我督导的五十个学校内，有一万个儿童弹钢琴。每个学生每小时须缴学费两元，一万个学生一年须缴学费七十二万元。如果全体学生家长把七十二万元全数集中支配的话，我可以采用钢琴合班教授法使四万八千个儿童获得学琴的机会。除了教员所收学费增加到每小时二元五角，送给五十个学校每校一架值四千八百元的大钢琴以外，还可以剩下六万三千元不知道怎样支配。'罗城首先响应。直到现在，钢琴合班授课的方法依然在美国各地盛行。"

"因为声乐器乐合班上课的方法使学生进步快，成绩好，各中小学成立的合唱团和乐队特别多。一个大一点的学校普通总有五个乐队：小学一个，初中两个（第一乐队，第二乐队），高中两个（第一乐队，第二乐队）。有志的学生在小学中学阶段，可以享受五个乐队的训练和演奏经验。美国乐教的蓬勃发展自然是意料中的事。美国在一九〇三年举行第一次全国音乐管乐比赛；一九二六年成立全国中学管弦乐团；一九二八年成立全国中学合唱团；一九二九年举行第一次全国中学管弦乐比赛。这些全国性的音乐比赛，直到现在还是每两年举行一次。"

"美国重视音乐还有一个好结果，就是全美各有名和无名的音乐学院，差不多都设有音乐教育系。凡在该系毕业的学生，都有资格获得学士、硕士和博士学位，同时无论社会也好，学校也好，也都非常重视音乐教育人才。这无疑的给了音乐教育者很大的鼓励。"

"美国乐教发达另外一个表现是全美的音乐教育工作者有全国性的联系机构。'音乐教员全国协会'成立于一八七六年。一九〇七年成立'音乐督学全国协会'，一九三四年改称'音乐教育工作者全国协会'。这种全国性的组织意义重大，一方面给音乐教育工作者交换心得的机会，一方面使他们扩大眼界、耳界，知道全国的潮流和新试验，不总是在一个地方'坐井观天'。"

"综合上面所讲的这一百多年来美国学校音乐教育的发展，可以得到两个结论，供给我们国内推行音乐教育的参考。"

"第一，我们以乐教为天职的音乐教育工作者若认为政府和社会不提倡重视音乐，或是提倡重视的不够，与其咳声叹气，继续等待他们的提倡重视，或甚至由希望而致失望，不如振作精神向他们进行说服的工作。美国一百年来的音乐教育，由荒凉到繁荣，由落后到进步，大半靠美国音乐教育工作者不断努力的表现。所以我们对于不提倡音乐，以及怀疑音乐价值的人，最好的策略是用我们传'音乐福音'的热诚来争取他们的'觉醒'，把我们这些可爱的青年——这些民族的歌手——的音乐成绩表现给社会看，表演给政府听，让他们来决定音乐到底值不值得提倡重视。"

"第二，美国是新兴的国家，音乐打进学校已经有一百二十年的历史。回顾我们中国的学校音乐教育，不过短短四十余年的时间，按照年代计算，我们比美国晚得多。虽然'罗马不是一天造成的'，半个多世纪的路程也不是一天能够走完的，但是我们可以尊奉国父'迎头赶上'的遗训。这就是说，我们要参考人家的成败，取长补短，不重蹈过去错误的覆辙，力图改进。这样，七八十年的距离，少则七八年，多则十几年就可以迎头赶上了。中国乐教在我们手里，青年的音乐前途在我们肩上。我们一方面要诚惶诚恐的时常想到我们这大责重任，一方面要百折不挠的宣传这音乐的福音。"①

19 日，在全体音乐界同仁欢迎声中抵达台中。②

20 日，国立音乐研究所青年音乐社台中分社正式成立，和兼总社长的计大伟连袂出席指导。③

11 月 1 日，在《文星》杂志发表《怎样推动乐教》。文中写道："今年一月间返国的时候，因为时间的限制，只能匆匆忙忙的在各处观光了二十三天，这次有机会回到祖国温暖的怀抱里，最大的愿望不仅是'观光'，还要'做事'。虽然不敢说究竟能做多少事，但是这个愿望已经给了我很大的安慰。"

"四星期来为艺术馆、国立音乐研究所、师范大学、艺术学校、政工干校、台北师范各音乐系科演讲了六次。演讲范围是美国音乐及美国音乐教育的演进。说起美国的优点的时候，决没有'长他人志气，灭自己威风'的意思；论到美国的弱点的时候，也绝不是故意取笑友邦。唯一的用意是提出美国乐教演进过程中的得失，作为我国乐教推动的参考。"

一、推动乐教应除偏见

"自卑感是一种偏见。美国乐教初期认为什么都是欧洲的好，音乐家不到欧洲去留学，无法成名，不把自己的姓名换上一个响亮的欧洲姓名不能吸引听众。这种自卑感延迟了美国乐教的发展。优越感也是一种偏见。若是认为自己的什么都好，别人的什么都不好，这就是开倒车，把自己开回闭关自守的时代去了。因此，旧乐、新乐、中乐、西乐并不都好，也并不都坏。'旧'与'新'仅是时间的分别；'中'

---

① 李抱忱：《美国的学校音乐》，李抱忱著、吴心柳编校：《李抱忱音乐论文集》，台北，乐友书房出版，1970 年 1 月 10 日再版，第 31～39 页。

② 李明训：《李抱忱博士乐教工作在台中》，李抱忱著、吴心柳编校：《李抱忱音乐论文集》，台北，乐友书房出版，1970 年 1 月 10 日再版，第 141 页。

③ 网络来源：《大爱无藏：计大伟人生纪实》，http：//baike.soso.com/v7132011.htm。

与'西'仅是地域的不同。各种音乐的估价，完全要看本身的好坏。'今月不如昔月明'固然不可，'儿子总是自己的好'也不对。"

二、天才乐教与大众乐教并重

"天才乐教供给大家一流的乐曲与演奏家，提高国家在国际间的地位；大众乐教培养听众，发扬蓬勃的民族朝气。这两种乐教缺一不可。若只重第一种，训练出来的天才就要感觉到'曲高和寡'，只好往外国跑；若只重第二种，就只能靠国外的作曲家给我们作曲，国外的演奏家给我们演奏，或是把我们的天才送到国外去受训练，养成美国乐教初期的那种自卑感。这都不是正常的现象。"

三、不忘使命的妥协

"有人说，音乐的爱好是先天的，但欣赏音乐的能力的确可以发展，水准也可以藉着多听而提高。但是乐教工作者若只顾提高听众音乐欣赏水平，而一味介绍超过他们欣赏能力的乐曲，反而犯了'欲速则不达'的毛病。我认为只要我们不忘了推动乐教的使命，在安排音乐会或是广播节目的时候，无妨有时迁就些听众的趣味，穿插些听众爱听的乐曲。举行音乐会的时候，一定听众肯来，乐教推动者才能和听众发生关系。总之，费多少年的功夫才培养好的音乐欣赏能力，不能希望广大的听众一天就追上。"

四、乐教大计需要政府主持

"固然是乐教兴亡，匹夫有责，但这样庞大的工作，一定要政府积极推动才能有效。欧洲国家的交响乐团、歌剧、音乐学校，以及广播电视等都是由政府设立经营。中央及地方政府每年为各种音乐事业，都有固定的经费拨出。美国方面虽然现在并不完全如此，但各方面正在大声疾呼，引起政府的注意。我国政府虽然在经济困难的克难时期，仍设有师大音乐系、艺术学校、政工干校及台北师范学校各音乐科、国立音乐研究所、省交响乐团，最近见报载又将成立一个国立音乐学校，足见政府很重视乐教。最后，我要附带的提到一点意见，希望能引起有关方面的注意。乐教工作者在业余之暇，辛辛苦苦的举办音乐会是有双重意义的。一方面鞭策自己继续进步，另一方面供给民众欣赏音乐的机会。但税收机关视此种音乐会为娱乐，征收百分之三十的娱乐捐，使这些辛苦的音乐家多半不但没有盈余，反而要赔钱。一位音乐界人士告诉我说，为一年前举行的一次音乐会所拉下的债务，一直到现在还没有还清。因此，音乐界人士都视开音乐会为畏途。希望修正这个办法，鼓励乐教，积极响应总统在育教两篇里的乐教主张。"①

2日，为欢迎谱主，台中市音乐研究会特联合教育文化音乐界在台中女中礼堂联合举办了音乐演奏会，谱主并登台伴奏。②

8日，上午十一时离台中赴台东，在火车站受到来自各学校和其他各界二百余人的热情欢送，并用悲壮的声音唱出他的作品，以感谢纪念他在台中日夜不辍的教导，使大家进入音乐领域中的另一个新的境地。③

9日，在抵达台东时受到党政民文教各界首长的欢迎。④

10日，白天，邀请台东镇各中小学音乐教师在金城旅社座谈，商讨参观音乐教学及指导大合唱事宜。并到各有关机关拜访和参观省立各中等学校及东师附小、仁爱国校、台东男中及女中。晚上，接受中广公司台东广播电台录音访问，解答这次赴台讲学的由来与计划，在台中工作时的情形与感想，及这次来台东的工作日程。深深感到一个国家乐教的兴衰直接影响国家的强盛与否。⑤

11日，在省立台东社教馆举行座谈会，台东各中等学校及各乡镇中心国民学校音乐教师参加。从音乐教学的原理、技术、唱法问题、视唱练耳音感问题、大合唱的指挥方法以及和声作曲等问题都进行热烈讨论。并做专题演讲与指导，同时播放录音和电影。有教师感叹的说："像这样的座谈会使我们得到的利益太大了，对教学的帮助也太大了。从前在学校学的，年久了也许模糊了，也许当时没注意。教学上总是常常遇到很多不能解决的问题，或者常犯很多毛病。经过这次座谈听了博士很多经验之谈，我们有把握多了，一定可以改进今后的教学。像这样难得的机会为什

① 李抱忱：《怎样推动乐教》，李抱忱著、吴心柳编校：《李抱忱音乐论文集》，台北，乐友书房出版，1970年1月10日再版，第79～82页。

② 《中市昨举办音乐演奏会——李抱忱登台伴奏》，李抱忱著、吴心柳编校：《李抱忱音乐论文集》附录，台北，乐友书房出版，1970年1月10日再版，第161页。原载1958年11月3日台北《中央日报》。

③ 《道别李抱忱博士——不少知音车站相送　歌声震撼古老城市》，李抱忱著、吴心柳编校：《李抱忱音乐论文集》附录，台北，乐友书房出版，1970年1月10日再版，第162页。原载1958年11月9日台北《中央日报》。

④ 武增文：《李博士留给台东一些什么》，李抱忱著、吴心柳编校：《李抱忱音乐论文集》附录，台北，乐友书房出版，1970年1月10日再版，第149页。

⑤ 武增文：《李博士留给台东一些什么》，李抱忱著、吴心柳编校：《李抱忱音乐论文集》附录，台北，乐友书房出版，1970年1月10日再版，第149～150页。
《名音乐家李抱忱博士昨莅东讲学日程排定　十四日在女中举行音乐观摩晚会》，李抱忱著、吴心柳编校：《李抱忱音乐论文集》附录，台北，乐友书房出版，1970年1月10日再版，第164页。原载1958年11月11日《台东新报》。

么不多召集些音乐教师，乃至一般音乐教师，甚至学校行政主管来参加，好振兴乐教呢？这不比那自己要办什么讲习，而聘不到优良的讲师强得多吗？失了这次千载难逢的机会，真可惜。教育行政当局真该罚打四十大板。"①

12 日，在孙中山诞辰纪念大会上向六千听众演讲。先讲在美国的工作情况，阐述语言在沟通情感，交流文化上如何重要的道理。随后讲了一些音乐本行的话，提醒国人乐教之当振兴，和自己在美国如何指导美国人唱中国歌的事情。并播放了一个二等兵学了六个月中国话以后在双十节的一篇中国话的讲话录音。并谈及到台东以后的所见所闻，认为台湾有了不小的进步，大家都在克难奋斗，努力工作实在值得敬佩和欣慰。尤其看到政府机关的民主作风，更是令人折服。像这些资料都是愿意带回美国向国际友人和海外侨胞报导的。大会散了以后，许多人都这么说："李博士这个人太好了。你看他多么和蔼可亲呀！一点架子也没有，在外国住了那么多年，怎么一点洋味没有！美国大兵才学六个月的中国话就讲得那么好，不会讲国语的同胞能不惭愧吗？你说美国二等兵的那篇讲演该是多么有意义！美国人唱中国歌还能唱的那么好，真是奇迹！李博士对国家太有贡献了。"②

13 日，和 11 日的工作内容相近。主要有在女中对各界人士作音乐教育等演讲。③

在台北社教运动周做题为《谈谈给中文歌词作曲》的演讲。演讲中讲到："中国语言里有四声。平常说话的时候'高扬起降'的自成一个语言旋律。这是中国语言的特色，欧美语言里所没有的。因此，欧美人士听见我们说话的时候总是大惊小怪的，或是带着夸奖羡慕的口气说，我们说话像唱歌。这有相当的真实性，因为我们语言里的音乐成份比他们语言里的多。因此，为一个已经有语言旋律的中文歌词再配上一个音乐旋律时，问题也多。"

"当一位作曲家得到一首好歌词的时候，真是一件快事！他喜欢的像'踏破铁鞋'的痴情者终于寻到他的爱人一样。他'一嗟三叹'的把歌词读来读去，想要再

① 武增文：《李博士留给台东一些什么》，李抱忱著、吴心柳编校：《李抱忱音乐论文集》附录，台北，乐友书房出版，1970 年 1 月 10 日再版，第 150～151 页。
《名音乐家李抱忱博士昨莅东讲学日程排定 十四日在女中举行音乐观摩晚会》，李抱忱著、吴心柳编校：《李抱忱音乐论文集》附录，台北，乐友书房出版，1970 年 1 月 10 日再版，第 164 页。原载 1958 年 11 月 11 日《台东新报》。
② 武增文：《李博士留给台东一些什么》，《李抱忱音乐论文集》附录，李抱忱著、吴心柳编校，台北，乐友书房出版，1970 年 1 月 10 日再版，第 151 页。
③ 武增文：《李博士留给台东一些什么》，李抱忱著、吴心柳编校：《李抱忱音乐论文集》附录，台北，乐友书房出版，1970 年 1 月 10 日再版，第 150～151、154 页。

抓住诗人原来那'嗟叹'的灵感，把它'咏歌'出来。在五线纸上画音符的时候，他惶恐的感到两个责任：（一）写出来的旋律要对得起歌词；（二）演唱的时候要使听众听得懂歌词。第一点要靠作曲者的天才和造诣，不在本篇讨论范围以内；第二点要注意歌词的四声，现在和各位同好一起研究研究。"

"四声是字音的一部分，并且是不可少的一部分，不是可有可无的装饰音。我在美国陆军语言学校中文系主持系已经五年多。我们非常重视四声。在新生第一天上课的时候，我就告诉他们四声的重要。四声不对的时候，客气话可以变成非常不客气的话。比方说，'您真客气'！说错了可能变成'您真可气'！庄严的祈祷可能变成骂上帝。比方说，'上主'说走了音（也可以说是说没了音）就变成'伤猪'——一方面上帝不高兴，一方面会众也要暗笑。说话说走了音，有这种危险，音乐旋律配的不合适，更有这种危险。"

"两次返国，看见——并且听见——国语推行的成绩这样好，心里非常痛快！这都是政府积极提倡，老朋友何容先生（国语推行委员会主任委员）和他的干部努力推行的结果。各位对于国语四声既然都很有研究，我就不必再详加解释了。为了演讲的完整，简单的同各位温习一遍。现在国语已经不用入声，所以今天我们所谈的四声是：阴平、阳平、上（赏）声，和去声。阴平是一个高而平的音；阳平是一个由相当高的音起再升高的音；上声由低升高；去声由高降低。除了阴平是一个平音（一个音高的延长）以外，其余三声都是变度音（不同音的曲线）。因此说起话来，语音按着四声的特性，高高低低的造出一个说话的旋律。因为中国话里有这个语言旋律，所以作曲家给歌词配音乐旋律的时候，决不能忽视歌词里已经存在的语言旋律。赵元任博士在他民国十七年出版的《新诗歌集》的序里也曾讨论过这个问题。他说：'字的平上去入，要是配的不得法；在唱时不免被歌调儿盖没了，怕听者一方面不容易懂，一方面就是懂了，听了也觉得不自然。'我认为除了不容易懂同听着不自然以外，有时还有听错了意思的危险。《流亡曲》（编者注：即《松花江上》）里三个非常重要的字'九一八'，因为旋律配的不得法，所以听着像'揪尾巴'。把一个悲壮的歌曲弄得人一唱到这里就笑，这实在值得注意。《天下为公》一词，颇有几位作曲家谱成歌曲。一位现在大陆的作曲家所谱的《天下为公》里'大道之行也'那一句，因为在最重要的一个字上配错了音乐旋律，所以听着像'大刀之行也'。于是把'大道之行也，天下为公'的大同理想唱出'大刀之行也，头颅乱滚，天下大乱'的杀气来。以上两例都是因为在重要的字上，音乐旋律配的不得法的缘故。"

"中国从前填曲有很严的规律，不但要注意四声，还要注意声纽的清浊。结果，音乐旋律大受语言旋律的限制，把音乐弄得太呆板，没有给作曲家留什么创作的余地。作曲完全不管四声固然不可以，若是受四声的束缚而没有创作余地，也是大成问题的一件事。赵博士在他那篇序里主张'只是定一个很笼统的范围，在这范围之内仍旧有无穷变化的可能。那就又可以保存原来的字调（就是本文所说的语言旋律），又可以自由作曲了。'我对于这个折中的办法表示绝对拥护。赵博士对这'很笼统的范围'的定法认为'有两种派别的可能。一种是根据国音的阴阳上去而定歌词'高扬起降'的范围。还有一种是照旧式音韵，仍旧把字分成平仄，平声总是倾向于低音平音，仄声总是趋向于高音或变度音（就是一个音唱几个音）。'我赞成第一派的定法，因为是根据说话的声音，更合于使听者容易懂的原则。我的主题——同时也是我这些年来的努力方向——用极简单的话说，就是：怎样说话就怎样唱歌。"

"歌词与音乐应当怎样结婚？谁是丈夫？谁是妻子？谁在什么地方应当怎样让步，才能相得益彰，成为一个美满的家庭？这都是极有趣，值得我们研究的问题。我诚恳的希望能掀起一个运动来，大家可以发表意见，交换心得。我这小小的志愿和任务就算完成了。"①

14 日，为台东中小学音乐教员举行音乐讲座并指挥台东合唱观摩会联合大合唱《常常在静夜里》和《唱啊同胞》两首歌。② 其他活动和 11 日相近。从 11 ～ 14 日还指挥由东师、东中、东女三省立中学一百二十名学生组成的临时合唱团练习合唱，学生们唱会了《常常在静夜里》和《唱啊同胞》两首歌③

15 日，在东中对全体师生作语文教育方面的专题演讲。离开台东赴花莲时受到河北同乡邀请餐叙，并有各界首长、各校校长、老师、和亲身受过教的学生，共有三四百人到火车站热烈欢送，其时为在场的学生签名留念。④

---

① 李抱忱：《谈谈给中文歌词作曲——四十七年十一月十三日在台北社教运动周演讲》，李抱忱著、吴心柳编校：《李抱忱音乐论文集》，台北，乐友书房出版，1970 年 1 月 10 日再版，第 1 ～ 6 页 。

② 赵琴：《李抱忱年表》，赵琴撰文：《李抱忱——余音嘹亮尚飘空》，台北，时报文化出版企业股份公司出版，2003 年 12 月 20 日初版，第 171 页。

《名音乐家李抱忱博士昨莅东讲学日程排定　十四日在女中举行音乐观摩晚会》，李抱忱著、吴心柳编校：《李抱忱音乐论文集》附录，台北，乐友书房出版，1970 年 1 月 10 日再版，第 164 页。原载 1958 年 11 月 11 日《台东新报》。

③ 武增文：《李博士留给台东一些什么》，李抱忱著、吴心柳编校：《李抱忱音乐论文集》附录，台北，乐友书房出版，1970 年 1 月 10 日再版，第 152 ～ 153 页。

④ 同上，第 154、155 页。

17 日，清晨抵达花莲。随后未进早餐就赴花莲师范大礼堂给花师和花商两校学生作专题演讲。并播放他自己在美国指导的美国军人用中文演讲和中文唱歌的录音。① 同日第二次到花莲师范学校作题为《音乐教学问题》的演讲，并演唱自己作曲的《出征歌》和《天下为公》。②

18 日，在花莲女中作题为《女子音乐教育问题》。③

19 日，在花莲农校讲《音乐与语言问题》。④

20 日，在省立花莲师范学校召开中小学音乐教师座谈会。在中山堂对社会大众演讲，当场由中广公司、花莲电台全部录音，作为广播的节目，本次听众超过任何一次，买站票的人很多，各行各业的人都有，爆满的程度在花莲开一记录。⑤

后为台湾国立艺术专科学校音乐科做题为《合唱八要》的演讲。内容如下："我从民国十八年第一次站在教书的讲台上起，一直到现在差不多已经有三十年了。我教过中学普通音乐课程，大专的各种音乐理论；做过音乐行政工作；教过合唱指挥法，并且也担任过合唱指挥。在这些工作里，我最喜欢的是合唱工作；因此，三十年来这个工作也始终没有间断。今天要藉这个机会同各位谈谈我这个偏好。"

"'指挥'的发展在音乐史上并不太久。最初，合奏或合唱的时候并没有人专任指挥，只是队员里有人用脚或手指按着节拍打出声音来；小型乐队的小提琴师有时候站着演奏，用他的弓法加上身体的摇摆控制全队的速度和起止。巴哈（Bach，1685～1750，编者注：即巴赫）是坐在琴旁，一方面弹奏，一方面用点头弯腰——有时候一只手还在空中挥动两下——的方法指挥。直到十九世纪初叶，因为乐谱越来越复杂，乐队越来越庞大，指挥的工作才开始由一位专人负责。"

"指挥初由专人负责的时候，指挥者不知道站在那里才好。有人为了对听众的

① 张人模：《抱忧博士花莲行》，李抱忱著、吴心柳编校：《李抱忱音乐论文集》，台北，乐友书房出版，1970 年 1 月 10 日再版，第 145 页。

② 张人模：《抱忧博士花莲行》，《李抱忱音乐论文集》附录，李抱忱著、吴心柳编校，台北，乐友书房出版，1970 年 1 月 10 日再版，第 146 页。

③ 同上。

④ 张人模：《抱忧博士花莲行》，李抱忱著、吴心柳编校：《李抱忱音乐论文集》，台北，乐友书房出版，1970 年 1 月 10 日再版，第 146 页。

⑤ 张人模：《抱忧博士花莲行》，李抱忱著、吴心柳编校：《李抱忱音乐论文集》，台北，乐友书房出版，1970 年 1 月 10 日再版，第 146 页。

《县府今召集中小学音乐教师座谈会　请李抱忱列席参加　李氏赞扬本县之音乐教学》，李抱忱著、吴心柳编校：《李抱忱音乐论文集》，台北，乐友书房出版，1970 年 1 月 10 日再版，第 166 页。原载 1958 年 11 月 20 日花莲《东台日报》。

礼貌，在指挥的时候面向听众。有人采取折衷办法，用侧立的周到姿势一方面指挥唱奏者一方面也注意到听众。还有人站在乐队中间，用'眼观六路，耳听八方'的办法转来转去的指挥。至于手里拿不拿指挥棍的问题也有很多试验。贝多芬（Beethoven），孟德尔松（Mendelssohn，编者注：即门德尔松），魏贝尔（Weber，编者注：即韦伯）等人都用指挥棍。当斯波尔（Spohr）在 1820 年把指挥棍介绍到英国的时候，使英国听众非常震惊。撒弗诺夫（Safonoff）1904 年在纽约指挥的时候不用指挥棍，又使纽约人士惊讶不已。现在我们都看惯了指挥站在演员前面，面对演员，背向听众；有人手里拿指挥棍棒，有人手里不拿。拿，听众也不奇，不拿，听众也不怪。"

"指挥站在前面都做些什么事呢？简单的说，他站在那里用他的手说话——向演员说话，同时也向听众说话。外表上看，他的任务是藉着姿势、表情和态度把他自己对乐曲的解释表达给演员，同时听众也受到心理上的效果。骨子里，指挥站在那里在利用他的造诣和修养，把原作曲家的灵感和乐意，透过他的解释，传递给演员；又藉着他对于歌喉和乐器的认识，使演员施展出最好的本领来，重新创造出原来的灵感和乐意。"

"因此，我们可以知道指挥不单是在那里打拍子——打拍是指挥最原始、最不重要的工作。这次在各地讲学的时候，在音乐会里常发现学生指挥的事情。学生对于乐曲的认识和在音乐上的修养是不是能使他胜任愉快？音乐教员在他那个环境里是音乐修养最深的人。指挥是他的任务，他的园地，最好不轻易放弃。至于在家长会或成绩表演会里，偶尔请学生出来表演指挥学习的成绩，当然又当别论。努力的青年是值得时常鼓励的。"

"再回顾讨论我们的指挥。他指挥的时候站的地方，为指挥演员当然毫无问题；为指挥听众就大成问题了。他用身体上最无表情最不美丽的一部分向着听众，不能和听众取得密切的关系。在这种不得已的情形之下，最好是尽力的彼此忘记彼此的存在。指挥在指挥的时候要尽力忘记听众，把整个精神都贯注在演出上；对听众只注意到一件事，就是不做夺人注意的动作，帮助听众也忘记指挥。这样，听众可以藉着指挥自然的动作，乐曲里需要的动作，尽量的领受乐曲的演出，启发他们的灵感。这样，指挥动作真正变成演出的一部，与演员打成一片。音乐会后，听众还在那里'余音绕梁'的回味乐曲的演出，而没太注意指挥的动作和姿态。若是指挥在台上摇头摆尾，跳跳蹦蹦，听众的视线就不能管制的集中在他身上，在乐曲的领受方面要大打折扣。"

"关于指挥的基本打拍技术，我今天不预备——也没有时间——讨论，因为以后你们的指挥法正课里会有详细的讲解和练习。现在只把我这些年来对于合唱练习时应注意各点的一些心得，同各位谈谈，作为各位的参考。这不但是指挥的参考，同时也是合唱团员的参考。"

"合唱有'八要'。这八要里我认为最重要的是音高准确，因为音高若是不准确，四部唱的时候，和弦根本不和谐。这种和而不和的演出，听着令人非常难过。有一次我到一个地方去演讲，演讲前先有该地管乐团参加节目。主持人陪我到会场去的时候先警告我，听他们那管乐团，要有令人'毛骨悚然'的感觉。我听完以后没觉得像他说得那么'毛骨悚然'。主持人说，没想到他们的管乐团在半年以内有这样显著的进步。合唱的时候，第一要注意音高的准确，千万不要不管三七二十一的随便唱出一个声音来就算交了差；否则真会令人'毛骨悚然'！这个责任在指挥肩上，他不能放过任何一个音高不准确的音。合唱团的四部，若都能唱得音高准确，这刚仅仅及格。"

"合唱第二最重要的是音质优美。每一个唱者不但要把音唱准，还要把他最好的音唱出来。没有学过声乐的人，平常唱歌的时候，总使人听着好像他不卖力气似的。事实上他也真没卖力气，他没有注意到他的呼吸、共鸣，元音形成等等技术上的问题，只是在那里'信口开合'。（恕我把一句成语改了一个字，为是适合这里的应用。）合唱团员也许没都学过声乐，但是指挥学过，所以他还要兼声乐训练的职务。即或在训练的时候也要使每个团员都'正襟危坐'，以'如履薄冰'的警觉来把他最好的本领施展出来，慎重其事，聚精会神地唱。一个合唱团在音高及格之后，再把音质唱得优美，就由听得过去的阶段进入听着入耳的阶段，向前进了一大步。"

"音高准确，音质优美以后，还要注意合唱的第三要就是音色调和。若是一个四十人的合唱团，每人都仅仅注意自己声音的优美，不注意自己声音同别人的声音调和不调和，哇啦哇啦的一个人在那里过唱歌的瘾，结果就成为四十人同时独唱。四十个无论多么美的声音在一起唱，若不注意调和彼此不同的音色，只在那里同时独唱，唱出来的合唱效果绝不会好。合唱团的演出最忌讳单单听得出某人的声音。不管是'鹤立鸡群'还是'鸡立鹤群'，这种情形一定要避免。以后若是有人用夸奖的口气同你说：'昨天晚上你在合唱团里唱的真好听！你的声音我听的很清楚。'你应当说：'劳驾，别挖苦我好不好？'"

"合唱第四要，是音量平均。所谓音量平均，并不是说每一部的音量都恰恰相等，用音量表都量不出分别来。音量平均指的是强部要强，弱部要弱，并且强到何种强度，弱到何种弱度才恰到好处。注意到这一点，主唱部自然就比伴唱部强了，听众也不必一定要伸着耳朵才能听得见主调了。同时，主调并不总在一部，并且即或伴唱部里有时也有短乐句，小主题，需要强调。所以每部每人要随时随刻的注意音量的平均；指挥更要在必要时用手势来促进或调整音量的平均。我常和我的合唱团员说：'伴唱部的人若听不见主调，不是他们的声音太大，就是主唱的声音太小。主唱部的人若听不见伴唱各部，也是因为同样两种可能原因。'只要能开始注意，这个问题已经解决一大半了。"

"合唱第五要，是咬字清楚。咬字这个名词本来是学戏曲的术语，意思是用反切法把字唱得准确清楚。用现在的术语说，就是要注意声母和韵母的发音，使唱出来的字准确清楚。韵母是字音的本体。字音若只有韵母本体，说出来的话，又像没牙的人说话似的，又是一大串糊里胡涂的声音，像一条河似的川流不息，听着不是'番音'就是'鸟语'，非常难懂。韵母加上声母之后，这一大串糊里胡涂的声音就被切成一段一段的有意义的声音了。谓予不信，请把'我的老家在台南，我现在住在台北'这句话的声母都取消，只剩下韵母，这样的念一念：'喔啊熬鸦哀哀安，喔烟哀乌哀哀款'。"

"字音既是这样组成的，说话的时候要注意咬字，别人才能懂我们的话。唱歌的时候因为在说话的自然旋律上另加上了一个音乐旋律，并且常有时候这两个旋律并不完全相合，于是要十倍的注意咬字，才能使人懂我们所唱的歌词。口在唱歌的时候要比说话的时候张得大些，韵母就听清楚了；多用唇齿，于是声母也就听清楚了。还有一点要注意：我们唱歌的时候，不仅为前排第一排的人唱，也为后排最后一排的人唱。我们若能记住这点，把目的地集中在后排最后一排，咬字方面就清楚多了。"

"每人咬字清楚以后还不够，还要统一发音。所谓统一发音就是全体根据一种方言的意思，用国语唱就都用国语唱，用台语唱就都用台语唱。指挥若忽略这方面的统一，'是不是'？三个字唱出来的时候，很可能发出'是不是'？'细不细'？'似不似'？三种不同的声音来。这很影响听众的理解。比方说，决定用国语唱一个歌，而指挥的国语并不标准怎么办呢？指挥只要能注意咬字统一这一点，并且虚心，他可以请一位说标准国语的团员带着大家练习歌词的发音。"

"至于'的'，'了'助词的统一咬字问题，我拥护语言权威、音乐老前辈赵元任博士的主张。他在他三十年前出版的《新歌诗集》里〈歌词读音〉那一段曾说：'……还有了，的那些语助词，在读普通白话文的时候应该照普通语音读作「勒」、「德」，所以我赞成在国语罗马字的行文时也就这么写。在唱歌时，在短音上可以也就这么读，但是要拉长的时候，还是唱 leau「嘹」、dih「地」，似乎好一点。'"

"合唱第六要，是唱谱无误。这包括音的正确，表情正确和节奏正确。开始学唱一个歌的时候是注意正确最好的时候。这时候若不注意，错误就成了习惯。后来你可以不自觉的眼睛看着 A，口里唱着 B，把 pp 唱成 ff，把附点八分音符唱成八分音符。我在各地练习合唱团已经会的旧歌的时候，有时发现一些错误。有一次我指出一个很明显的错误，不是印谱的错误，是唱错了的错误。一位同学惊奇的说：'我们这样唱了很久了！'我明白她的意思不是因为唱了这么久就不必再改正了；她的意思是我们出了这么久的错误，怎么没有发现呢？这就是因为在最初学歌的时候，没有特别注意认谱的正确。学会了以后，再看谱就不是一个音符一个音符的看了，而是一句一句的看了。"

"合唱第七要，是背谱唱歌。唱歌时不能背着唱，有两个大缺点。第一，听众的反应不会好。我们在举行任何音乐会以前，一定要放进去相当的时间练习。等到我们认为我们准备的时候够了，才好意思惊动听众来欣赏批评我们的表演。我们若是出台的时候眼睛总是盯在谱上，'目不斜视'的在那里'埋头苦干'，听众自然会觉得我们练习的不够。练习不够的演出，对听众是不礼貌的。第二，演出的效果也一定不会好。指挥在演出时不能说话，只能用他那无言的手势同你说话，用他那面部表情同你'眉来眼去'。你要是根本不看他，他怎能把他对乐曲的解释传达给你呢？你怎能按着他的指挥有情感的唱出来呢？我在合唱练习时常和团员说：'请多赏我几眼！不是因为我值得你们看，是因为我的职务必须得到你们全体的注意。'我也常说：'要将谱记在头里，不要将头埋在谱里！'"

"有很多人明明已经将谱唱得烂熟，但是还是不看指挥。这是一个习惯，一个不好的习惯。指挥若能坚决的不让团员看谱，可以很快的纠正这个坏习惯的。我并不是说演出的时候永远不能看谱。歌曲若太长——比方说，唱一个长二十分钟的歌曲——团员可以看谱（当然还是背着唱好）。不过，最好能做到常看指挥，偶尔看谱的程度，至少能做到边看歌谱，边看指挥的程度，用眼角看指挥的动作的程度，使指挥与团员间的交通不致断绝。至于背谱是谁的责任呢？多半是团员的责任。指挥只能时常强调背谱的重要，催促团员背谱；但背谱的实际工作却要由团员去做。合唱练习的时间本来就不多，特别是业余合唱团，不要让背谱的工作把大部分的练习时间都占去了。团员最好能在两次练习中间，茶余饭后的时候，做这种背谱的工作。这样，每次练习就会有很快的进步，团员的兴趣也就愈来愈浓厚。"

"说到兴趣，再附带着说一点：就是团员要尽力的每次出席练习。学校合唱团没有这个问题，但在业余合唱团里，这个问题却很严重。须知缺席一次，那一次的进步和错误的改正就没有得到。有人在平时练习的时候常缺席——甚至到三分之二以上，到演出的时候却衣冠楚楚的去参加。我相信他对演出不但贡献很少，反而因为他的错误百出而搅乱演出的效果。台北有一个业余合唱团，就是在吕泉生先生领导下的台北文协合唱团。他们的练习精神非常令人钦佩。每次我去给他们练习，晚上七点半到他们那里的时候，他们已经全体站在屋子里，由吕先生给他们做五分钟的发音练习。一位干事就利用这发音练习时间在点名簿上记下出席人和缺席人来。每次差不多全体出席，很少有人缺席，更少有人晚到。所以他们的成绩和兴趣那样好，不是偶然的事情。合唱团是一个很好的社团训练。每逢参加一个团体，就要在那个团体里做一个负责的份子。参加后若发现以后不能再常常出席，就要正式宣布退出。这样一来，指挥可以随时知道他的合唱团到底有多少人，每次出席的团员也可以有很高的练习情绪，不致由松懈而最后听到合唱团的丧钟。"

"合唱第八要，是进入化境。合唱演出不能'不求有功，只求无过。'音高准确，音质优美，音色调和，音量平均，咬字清楚，唱谱无误，和背谱唱歌这七项工作虽然都非常重要，但只能算是'只求无过'阶段里的七项工作。若不再'更上一层楼'的争取'有功'，唱出的歌，好听是很好听，但可能机械呆板，缺乏情感，没有灵魂。这时，指挥和团员所要追求的是作曲者原来的灵感和乐意，透过指挥的休养和解释，传达给唱者；唱者再把他们的灵魂放进乐曲和歌词里去，按着指挥的意思把原来的灵感和乐意奔放的表现给听众；听众那静肃的欣赏，无言的领略，再辐射回来鼓励指挥与唱者。那时的指挥、唱者、和听众就打成一片，进入化境；演出的歌曲就'只应天上有'了！"

"合唱团员如能根据以上八要，随时的听四种声音（自己的声音，本部的声音，四部的声音，和伴奏乐器的声音），看两个地方（偶尔看谱，常看指挥）；在团里尽力的做一个负责任的份子；磨去自己的棱角来求得一个整个的美，调节小我，成全大我；不但从合唱里可以得到无上的收获和愉快，还可以实践一些做人的道理。"①

21 日，举行记者招待会。认为祖国同胞热情感人，驾乎世界上任何国家。并以在台东县政府所见事实，称赞台湾的民主风范。他说："在台东县政府大门口，民众就在门口的水泥地上晒谷子，而陪同他的县长、议长，必须绕道而过。这种镜头在世人认为最民主的美国，也难得看到的。"在谈到有关音乐问题时，他提出对于山地音乐一方面要保持，同时要求研究发展。并说"如果能以固有的做基础，而配以现

---

① 李抱忱：《合唱八要——为艺校音乐科讲》，李抱忱著、吴心柳编校：《李抱忱音乐论文集》，台北，乐友书房出版，1970 年 1 月 10 日再版，第 7～16 页。

代的作曲技巧，其成功就是很大的"。①

22 日，参加花莲中小学音乐教师座谈会，在会上讲解了教学时唱名法的问题，爵士音乐是否可以向学生介绍问题，音乐教材的统一问题等诸多问题。②

23 日，返台北。③

12 月 20 日，为台湾国立艺术专科学校音乐科做题为《乐人守则》的演讲。演讲中讲到："各位同学：今天我觉得非常高兴能有这个机会同各位谈话。我这次在各处讲学的时候，发现一切有音乐同好的人，都是'一见如故'。看到台下一个个注意的面孔，使我觉得都'似曾相识'。其实，志同道合的人，'相逢何必曾相识'！所以今天这段谈话，是非常亲切的谈话，是彼此不是外人的谈话。现在提供五点，作为各位在学习阶段的参考。"

"第一：你们各位的兴趣是在声乐、作曲、钢琴、提琴等专家训练方面。三年寒窗，一旦领得毕业文凭，那时你们离开朝夕相处的师长同学，走出了校门到那里去呢？到国外去深造，固然最理想；但不一定每个人都有这种可能。得到一个几年来所准备作的职业也很理想。但因国内现在音乐条件不够，这种专门的音乐职业不很多。因此各位最大的出路，是到中等学校去教音乐。这种工作虽然也许是各位不得已而求其次的工作，但各位将来面临现实的时候，就会知道有时先要一方面这样做，一方面不气馁的继续寻求最终目的。"

"昨天有一位中学音乐教员来看我，他的声乐修养很不错。可是他告诉我，他近来忽然对教书工作失掉了兴趣与信心。但是说真情实话，又不得不教。上次承校长的支持，选出一百名学生来练习学唱，又觉得自己的指挥技术不够，因此才来同我虚心研究。我举这个例的意思是说，你们与其毕业以后，才开始学习教中学音乐所需要的一些技法，不如现在一有机会就注意学习。我也预备向贵校建议，就是在这种专科学校里，也要面对现实的为学生将来的出路作打算。在学生毕业以前设有音乐教学法这种大多数同学在最近的将来所需要的课程。差不多三十年前我刚刚大

① 《李抱忱博士赞扬祖国人情温暖　民主进步感人　记者公会昨晨举行欢迎茶会》，李抱忱著、吴心柳编校：《李抱忱音乐论文集》，台北，乐友书房出版，1970 年 1 月 10 日再版，第 168 页。原载 1958 年 11 月 22 日花莲《东台日报》。

② 赵琴：《李抱忱年表》，赵琴撰文：《李抱忱——余音嘹亮尚飘空》，台湾时报文化出版企业股份公司出版，2003 年 12 月 20 日初版，第 171 页。

③ 《县府今召集中小学音乐教师座谈会　请李抱忱列席参加　李氏赞扬本县之音乐教学》，李抱忱著、吴心柳编校：《李抱忱音乐论文集》，台北，乐友书房出版，1970 年 1 月 10 日再版，第 167 页。原载 1958 年 11 月 20 日花莲《东台日报》。

学毕业的时候，在中学教过六年音乐。我可以向各位担保这种力气不是白费的。学生的热情与感激要永远深刻在我们的心上。现在同我感情最深的还是我在中学教书时代的一些学生。"

"第二，记得我在抗战期间在重庆国立音乐院作教务主任的时候，院内到处张贴着八个大字的醒目标语牌'要作乐人，不作乐匠'。在十七八世纪时，一般大音乐家如海顿、莫扎特诸人，虽然身为宫廷乐官，可是食与仆役同桌，进出不走正门。可见当时他们的社会地位是如何卑微，我国近在清末民初，以音乐为职业的人的地位也很低；一般父母也认为'吹歌弹舞'是没出息的纨绔子弟所玩的事情。以后由于音乐家们对社会人群有了卓越的贡献，才慢慢受到大家的尊崇。音乐先辈的惨痛遭遇，实在值得我们初学音乐的人有所警惕和反省。我今天把'要作乐人，不作乐匠'八个字，送给各位作为座右铭。我们有了高深的技术，一定还要有一般学识来扶持，来烘托。俗语说得好：'牡丹虽好，还需绿叶扶持'。红花绿叶俱备，才能称为完全的乐人。"

"第三：千万别看不起以教书为职业的人。我在音乐院作教务主任的时候，听过不少音乐院的学生说过'谁要教书！'这一类的话。这两次回国来，碰见一些从前是这种看法的人。现在都改变了初衷。谦谦虚虚的站在乐教岗位上，作培育下一代的神圣工作。"

"美国在若干年前，也有很多音乐家看不起音乐教师，认为当教师的是因为自己不成，才去教书。否则自修自学之不暇，怎么还会有工夫去教书？他们忘记了若不是从小就有教师去教他们，他们绝不会有今天的成就。教育是教师的天职；教育事业是最神圣的事业。自己不作教师无所谓，绝不可看不起别人作教师。英国大文豪萧伯纳曾经有一个时期也很看不起学校教师。他说教师是'指路牌'。教师能够指导学生往东往西，而自己却固定的站在路边，永远达不到目的地。固然教师是指路牌，但他们却不是永远达不到目的地，他们是达到目的地以后才自愿的回来为后进作指路牌，社会上没有指路牌为无数莘莘学子服务，民族前途真不堪想像了！各行各业都有其重要性。存心轻视别人的职业，就难怪别人也轻视他自己的职业了。"

"第四：今天早晨有我一位老学生来找我谈话，非常感慨。我同情的告诉他：文人、艺人，彼此相轻，是文化界最沉痛的事。因为彼此相轻，结果把本来最单纯的局面弄得极其复杂。我劝慰他，我们应当时刻的彼此勉励：与其批评别人的错处，不如尽力看到别人的好处。隐恶扬善，人之美德。别人的错处若非说不可，最好用动听的说话艺术告诉他本人，不必告诉别人。这才不失做人处世应有的态度。要做一个乐人，最要讲究修养与风度。诚恳的夸奖别人几句，对自己无损，对别人有益。

这是获得别人尊敬，树立友谊的基本因素。专门挑剔别人的错处，眼空四海，目中无人的人，我们只能为他惋惜。"

"第五：我举一个盖房子的比喻告诉各位，什么是正当的竞争，你盖我也盖！你盖十层，我盖十二层。自己盖的高，固然很体面，但结果若是你盖的高，我也应当为你道贺。英文有一句话说：'May the best win'，就是这种真正的比赛精神。最怕眼见对方盖的比自己高，自己不但不更加发奋努力，迎头赶上，反而趁月晦夜深的时候偷偷过去拆人家的瓦，推人家的墙。这种手段，眼前也许会成功一时，可是日子久了，马脚终究会露出来。那时受损失，闹笑话的还是自己。"

"结论以上五点：第一，要面对现实；第二，要做乐人。第三，不要轻视教育工作；第四，不要艺人相轻；第五，要有真正的比赛精神。这五点，有的是做乐人的道理，有的简直就是做人的道理。今天以老大哥的身份，提出来与诸位共勉。"①

12月21日，十五院校在台同学，举行欢迎李抱忱博士合唱联欢会（北平师大、育英中学、贝满女中、华光女中、京华美专、通县潞河中学、富育女中、重庆中央大学、重庆大学、南开中学、国立药专、国立音乐院、中央政治学校、国立艺专及教育部音乐教导员训练班）。②

27日，为国立艺校音乐科做题为《和声史话》的演讲。演讲中讲到："说也奇怪，人类对于艺术的欣赏能力与发展，听觉方面不如视觉方面。我们的眼睛能欣赏古代书画，古代建筑；我们的耳朵却很难接受古代音乐。欧美人士对于东方书画建筑虽然不很了解，但至少保持'敬鬼神而远之'的态度，虽远之而敬之的态度。但对东方音乐则不然了，常用 weird 一字来形容，意思是情理之外的，不可思议的，怪异的。对于他们自己的古乐，虽然因尊敬的关系不用这种字眼来形容，但却常用 Primitive 这个字来描写，表示原始，简单，不入现代之耳。这是人类听觉方面的幼稚，也可以说是听觉方面的少闻多怪。今天要和各位温习一遍和声的演进，因为这在听觉教育上和今后音乐发展的方向上是不可少的参考。"

"在和声演进以前，要先讲一点音乐科学，因为今天这段讲话常要引用这个音

① 李抱忱：《乐人守则——为国立艺校音乐科讲》，李抱忱著、吴心柳编校：《李抱忱音乐论文集》，台北，乐友书房出版，1970年1月10日再版，第67～70页。

② 赵琴：《李抱忱年表》，赵琴撰文：《李抱忱——余音嘹亮尚飘空》，台北，时报文化出版企业股份公司出版，2003年12月20日初版，第171页。

《大中校合唱团在台同学明欢迎李抱忱博士》，李抱忱著、吴心柳编校：《李抱忱音乐论文集》，台北，乐友书房出版，1970年1月10日再版，第170页。原载1958年12月20日台北《中央日报》。

乐科学上的基本常识。当我们听见任何一个音乐的时候，我们所听见的不仅是一个音高，而是一个音高和它上面许多音的综合音。下面的音最强，所以我们听着像一个音高。这个最强音叫基音（fundamental tone）。基音上面各音因为微弱，所以我们不能一个一个的单独听见。这些微弱的音叫亚音（harmonics 或 Overtones），琵琶和古琴上的术语是泛音。"

"我们的耳朵虽然不能把每一个亚音都单独的听出来，但他们的效果我们是听得见的，因为各亚音的比较强弱规定音色，比方说，我们请一个人唱中央 C 这个音高，请一个人在小提琴上拉这个音高，再请一个人在小铜角上吹这个音高。音高虽然一样，但我们毫不费力的就可以分辨出来第一次是人唱的声音，第二次是小提琴的声音，第三次是小铜角的声音，因为这三个音高上面各亚音的强弱不一样。我们若再请这三个人唱奏一次，这次经过一个机器把所有亚音过滤以后再放出来，我们就听不出来这三个音音色的分别了；并且这三个音都变成一个毫无个性的音（White tone）。"

"这些亚音是怎样形成的呢？我们可以用琴弦的震动表明出来。在大提琴上拉一根空弦的时候，很容易看出来全弦都在震动。若再仔细看（必要时可用放大镜），就可以看出全弦上下各二分之一也都各在单独震动。用手指在全弦二分之一中间轻触而不按下去，就可以听见一个音质特别清脆的音比空弦高八度，同时，全弦的各三分之一也都在单独震动，比空弦高十二度。空弦上的音若是大 C，二分之一弦发出的音就是小 C，三分之一弦发出的就是小 G。同时，全弦的四分之一，五分之一，六分之一，七分之一，八分之一等等（在理论上一直到无穷）都在单独震动，发出了更多更高的亚音。基音和它上面各亚音于是合成了一个天然的弦（Chord of Nature）。这个天然的弦法力无边！翻开和声演进史一看，各国千百年来的作曲家在和声上的贡献，'真是八仙过海，各显奇能'；但始终没跳出如来佛这个'天然和弦'的掌外。"

"人类虽然只有几千年记录下来的历史，但不知道人类已经存在了多少万年了。在这漫长的年代里，音乐方面，一直到近几百年以前，始终留在单音和齐音的阶段中，单音是大家唱奏同一个音高的意思；齐音是大家齐唱或齐奏两个相差八度的音高的意思。男女齐唱时就自然地发生这种情形。因为八度音程那么单纯，男女相差八度这样唱的时候，只增强了旋律，并没有增加什么和声的变化。欧洲在这时期歌曲的格式叫素歌（Plainsong）。"

"到了第十世纪发明了一种唱法，就是在主唱部下面四度或五度音，加上一个与主唱部平行的伴唱部。这种格式叫奥干农（Organum），是和声的起始。后来，这种简单奥干农的二部又可以在高八度或低八度的地方另加声部，变成三部和四部合唱，因为伴唱部的位置只能在主唱部下面四度或五度，声部进行一定要与主唱部平行，并且再加的第三部第四部又一定要与已有的两部作平行八度的进行，所以造出来的和声效果只限四度、五度和八度音程。第十世纪以后伴唱部渐渐自由，可以在一个音高上延长几个音，并且有时候可以同主唱部作相反进行。这种比较自由的新奥干农叫作迪斯康特（Discant）。"

"到了第十四世纪，欧洲音乐在奥干农和迪斯康特的圈子里已经转了三百多年，作曲家想要逃出这平行四度、五度和八度的牢笼，大胆的写声部自由进行的歌曲。这是复音音乐（Polyphonic Music）的开始。那时一位音乐、数理和哲学权威慕利斯（Johamnes de Muris）写文章大骂这些前进派，口气为我们现在听着也很熟。他说：'有些唱者对谐音原理一窍不通，居然也无耻的演唱他们所写的迪斯康特。……这等于闭着眼睛随便扔一块石头，希望能"歪打正着"。……他们破坏摧毁一首歌，刚碰上一个谐和音，就又糊涂的走入不谐和里去。呜呼！哀哉！有人还要文过饰非的说，新迪斯康特需要新的谐音。用这种解释来遮掩他们的缺点。'他又说：'这些前进派认为凡不接受他们提倡的这种新艺术的人都是不学无术；认为旧艺术是未开化的，没理性的，他们的新艺术是完美的，有理性的。'这些前进派也不示弱，除了用文字反驳以外，并实际的作新曲；提倡和声与节奏方面的自由，反抗呆板严格的教堂音乐，并且走极端的禁用平行八度和平行五度。这本是当时一些改进派对旧规律的反感，没想到平行八度和平行五度竟被作曲家打入冷宫将近六个世纪。一直到最近几十年来，作曲家才又渐渐的恢复了这两个平行音程的自由；但和声学教科书上还是禁用。"

"在欧洲音乐史上，音乐发展到十世纪才有和声的初步尝试，到十四世纪才又大胆的迈进一步，开始耕耘复音音乐的园地。我国远在八世纪的唐朝就有过和声的尝试。陈旸乐书上说到两个舞曲合奏的故事：'乐府诸曲，自古不用犯声。唐自则天末年，剑器入浑脱，为犯声之始。剑器宫调，浑脱商调；以臣犯君，故为犯声'。两个不同调性的旋律在一起演奏，这是多么大胆，多么有重要性的试验！这个试验若继续下去，不但我国的和声比欧洲早发达两个世纪，复音音乐比欧洲早六个世纪，多调性音乐（Polytonal Music）还要比欧洲早十二个世纪呢？可惜我国这几千年来的音乐，和'五行'、'五伦'，'四方'、'四季'等发生了如胶似漆的不解之缘。这个可以启发影响我国整个和声前途的试验，得了一个臣犯君的罪名，就地正法了。剑器浑脱直到现在还保存在日本的宫廷乐里，但在我国却早已失传。我国的和声演进材料散见国故各书，还没有人整理出来。我们今天只能根据欧洲的和声演进材料继续谈我们的和声史话。"

"复音音乐虽然是各旋律横的进行方面的发展，但竖的方面仍可得到和声的效果；也可以说和声是复音音乐的副产物。无论怎么说，和声的确在这个时期比以往更丰富的产生出来了。刚起始用三度音程的时候，教皇对他印象非常之坏，下令禁止教堂应用，并给它起名为'魔鬼的音程'（Interval of the Devil）。这个时期里最著名的两位作曲大师是帕莱斯垂那（Palestrina，编者注：即帕列斯特里那）和奥兰多拉梭（Orlando di Lassus）。从十四世纪到十六世纪末叶这三个世纪是复音音乐的世界。"

"一入十七世纪以后，一些诗人、唱家、作曲家、和业余爱好者受了意大利文艺复兴的影响，要以希腊戏剧为蓝本的创造出一个新的戏剧形式来。他们本来的目的是借重音乐强调诗的效果。没想到造出一个偶然的副产物来，就是歌剧。自从第一部歌剧尤利底斯（Euridice）在一六○○年演出以后，摆在眼前的一件事就是这个新的演出形式需要一个新的音乐来扶持，于是复音音乐渐渐向这个新音乐形式，主音音乐（homoph-onicmusic）让步。主音音乐以一个旋律为主，其它声乐器乐各部退居到陪伴地位，用和声来烘托。因此音乐进入了竖的发展方面。这就是一直到现在还盛行的音乐。"

"十七世纪的音乐理论家渐渐的把复音音乐各名曲的和声效果研究出来。自从一位法国理论家拉谋（Rameau）在一七二二年出版了他的第一本名作，《和声学基本原理》以后，和弦的分类、构造、性质、转位，以及相互关系这些和声学的基本原则都奠定了基础。自拉谋起，三和弦的构造——就是一个三度音程上面再放上一个三度音程——才算确定。用世纪的说法说，这是十八世纪初叶的事，听着好像相当久远；其实这不过是二百三十几年前的事，放在我国历史上，不过是康熙末年的事。"

"从复音音乐进入主音音乐这个阶段的时期，当然又像十四世纪刚由奥干农音乐阶段进入复音音乐阶段那样的有人大声疾呼的反对。十七世纪初叶，一位精通音乐理论的修道士阿尔图斯（Artusi）以复音音乐卫道者的身份写了一篇《新音乐的不完善》。他批评这些新音乐家只求听觉的愉快，不顾理智的满足。他们不走大师留下的康庄大道而一心标奇立异；这种骄傲的态度是可耻的。他说：'你在这新音乐里所听到的只是些混杂的声音，花样翻新的声部，和一些轰轰然不堪入耳的声……我以十二分的善意去领教，请问在这些混乱的声音里叫我领教些什么？'蒙特威尔第（Monteverdi），当时的一位新音乐家，在他歌集的序里解释说，他的作品并不是胡乱写出的，而是根据一套新的和声制度；新音乐家对于谐和音和不谐和音的处理，根据的是另外一套新理论，守的不是以往大师留下的成法。他说过去的作品是'纯音乐'，注意声部的建筑和处理。他现在要根据歌词的授意，把活的情绪表现出来。他又说他不是不知道旧作曲法的成规；他若是违反了，那是故意如此的。"

"这是旧戏重演，新音乐经过一番风波，渐渐地由立住了脚而繁盛起来。经过巴洛克时期（Baroque Period）几位大师，如巴赫（Bach），亨德尔（Handel）等不朽的贡献，将新音乐领入了古典时期（Classical Period）的园地。又由海顿（Haydn），莫扎特（Mozart）等大师的浇灌，花开满园。经护花使者贝多芬（Beethoven）的提携，又把新音乐领入浪漫时期（Romantic Period）。舒伯特（Schubert），舒曼（Schumann），肖邦（Chopin），门德尔松（Mendelssohn）等第一流的作曲家都是这浪漫时期的重要园丁。"

"新音乐在新和声制度的旗帜下，在十七、十八、和十九世纪这三百年里只是继续的成长。树愈长愈高，花愈开愈多。先由古教堂调式渐渐集中到两个调式，就是现在所用的大音阶和小音阶。到十七世纪初叶，在各种三和弦之外又加上七和弦——最重要的是属七和弦（Dominant Seventh）。瓦格纳（Wagner）和法朗克（Franck）在十九世纪末叶刚创用数九和弦（Dominant Ninth）的时候，听众觉得是旁门左道。现在听众早觉得是家常便饭了。"

"十九世纪末叶的德彪西（Debussy）在作曲上掀起了一个革命；音乐透过他进入了印象时期（Impressionistic Period）。他热爱自己造出来的奇奇怪怪的和弦。他反抗成规：为什么不谐和弦必须解决？为什么要禁用平行五度和平行八度？为什么声部不许平行进行？……他提倡一个新音阶——全音音阶（Whole - tone Scale），各邻间的距离都是全音。德彪西响应当时画家的印象主义，诗人的象征主义，用声音把脑子里抽象的印象画出来。这张音画所画出来的不是真实，而是真实所引起的情绪。他写出的作品，当时使一些音乐批评家非常震惊。他这种怀疑、革命的精神启发了音乐史上一个最大的革命，就是二十世纪这几十年来反成法的大革命。"

"勋伯格（Schonberg）在二十世纪的前十年里开始用十二音音阶（Twelve - tone Scale）作曲，各音独立，取消调性。这是无调性音乐（Atonal Music）的起始。斯特拉文斯基（Stravinsky）则在他的作品里提倡多调性音乐（Polytonal Music），C调、G调、D调等不同首调写出的旋律及和弦同时演出。巴尔特（Barth）感觉到半音音阶（Chromatic Scale）——就是将一均（Octave）分成十二个半音——的园地已经被先进开辟完美。于是打破十二个半音的限制，另创四分之一音音阶（Quarter - tone Scale），将一均分成二十四个四分之一音，并持制两层键盘的钢琴来演奏用四分之一音音阶写成的作品。"

"在这些前进派之外，还有复古派，提倡新古典主义（Neo - classicism）。他们看到音乐在旋律、节奏、和声，曲体各方面的复杂简直到了可怕的程度。他们主张恢复十八世纪的古典精神。十九世纪末叶的勃拉姆斯（Brahms）和二十世纪的辛德密斯（Hindemith）是这一派的领导人物。正在有人极力的打倒一切成法，推翻音阶，取消时间记号及节线的时候，同时也有人在提倡复古，重用五音音阶和古教堂调式。这就是我们现在的时代。"

"音乐理论的演进算是简单的介绍完了。现在要算一笔总帐，作几个观察：（一）我们再看一看'天然和弦'的图表就可以知道整个一部音乐理论演进史，人类对于音乐欣赏的过程，和耳朵接受和声的变化，完全是根据的这个图表，这个基音亚音的音乐科学。人类在单音时代和齐音时代停留了多少万年以后，到十世纪才进入能接受四度与五度和声的奥干农时代。在这个时代里又停留了三百多年。十四世纪以后，因为努力于声部的自由进行，走进了复音音乐的阶段。在这三百年里，各声部横的发展是目的，所产生的竖的和声效果是副产。十七世纪以后这三百年里，和声理论正式建树起来，三度音程由'魔鬼的音程'早变为不但悦耳而不可少的音程。各种三和弦、七和弦、九和弦，甚至后来的十一和弦和十三和弦，都先后的被人的耳朵所接受。大音阶、小音阶以外，先增加了全音阶，后又加上无调性的十二音音阶。根据这个过程，人类对于音程的欣赏与接受，是由八度进至四度五度，再进至三度，再进至大二度，再进至小二度。音阶方面是由古调式进至大音阶、小音阶，再进至全音音阶，再进至十二音音阶。这样看来，下一步似乎应当走入四分之一音音阶；人类的耳朵也应当渐能接受四分之一音的音程。今后的乐音如何记谱，乐器如何构造，唱者的声音能不能把四分之一音唱准，都是一些还没有完全解决的问题。根据过去音乐演进的经验，现在最好不作什么结论。"

"（二）惰性是人之常情。自己听惯了，看惯了，吃惯了，喝惯了的东西就不自知的愿意保留；一有与我们的习惯抵触的东西出现，我们就受不自知的拒绝心理所支配而批评反对。固然有时候是因为研究的结果真不喜欢，真不能接受而批评反对，但也有时候是因为要保护我们自己不肯接受的这种态度而批评反对。翻开历史看（不仅是音乐理论演进史）凡有新学说出来的时候，总有人反对。我们现在认为天经地义的东西，在刚问世的时候，常被人骂得一文不值。我们没问题的应当尊敬祖先所留给我们的文化遗产。但在守成以外，还要能继续发扬光大，才配接受这笔文化遗产。在这文化的永生之流里，我们是永远前进的。不断探讨，继续追寻，是一个健全民族的健全态度。"

"（三）在未尝试新的以前，一定先要有旧的作基础，才不会盲目的摸索。普罗科菲耶夫（Prokofieff）为堵上反对派的口，写了他那著名的古典交响乐（Classical Symphony），证明他不是没有旧的作曲理论和技术。他的尝试只是根据自己的远象要继续前进，而不是要标奇立异。"

"（四）尝试精神我们虽然应当鼓励，但尝试的结果并不一定都好，都对。我们不必顾虑这点，因为时间的过滤会把麦子和糠分开的。"

"（五）人类的语言是先有语言，后有文法。语言在应用了多少年以后，才有文法家根据活的语言归纳出多少条文法来。音乐也是如此。作曲家先本着他们的心声，远象，作出多少多少乐曲来以后，才有理论家根据已有的乐曲归纳出作曲的理论来。不是先有对位法与和声学才有的对位乐曲与和声乐曲；是先有对位乐曲与和声乐曲才有对位法与和声学。从上面第一段里算的那篇总帐上，我们看出来人类对于和声的欣赏是随时在演进；是由简单渐趋复杂；原来认为大逆不道的，现在升堂入室，甚至已成过去。人对音乐的爱好与欣赏也靠先天的赐予，更靠后天的修养。先天的赐予我们没法操纵，但后天的修养我们却有办法。修养愈高，欣赏的能力也愈高。'先天不足'是我们所不能管——因此也不必管——的事情；若再'后天失调'，就是乐教的事情，本人的损失了。"

"听音乐有三种听法：一种是用'脚'听，一种是用'心'听，一种是用'脑'听。只用'脚'听音乐的人音乐给予他的只是节奏的刺激。听到音乐，立刻手舞足蹈，筋肉方面得到紧张松弛，松弛紧张的调和；这是音乐给予他的快乐。用'心'听音乐的人最注意音乐流露出来的感情。他从节奏、旋律、音质、音色各方面的美，得到鼓励和安慰，引起共鸣或回忆。音乐可以使他'静如处女'，也可以使他'动如脱兔'；可以使他慷慨激昂，也可以使他黯然销魂；音乐是他的生活良伴，是他的精神食粮。用'脑'听音乐的人喜欢推敲曲体构造，理论背景；愿意知道哪里转调，哪里换拍；第一主题在那里出现，怎样展开，哪里再现等等理智方面的细节。他一定要在一个乐曲的这些地方下过功夫才能欣赏这个乐曲，否则总觉得不能充分的领略。简单的说，第一种欣赏是筋肉的反应，第二种是情感的反应，第三种是理智的反应。只用'脚'听是最原始的反应，虽然可以解除疲乏，调剂生活，但还不能收怡性陶情之效。我们有如此丰富的音乐遗产，不应当只停在这个阶段。专用'心'听，容易有只求效果，不求甚解的缺点。我们对一个乐曲的认识愈清楚，对他的欣赏愈深刻。仅用'脑'听，又走向了拿音乐当做教学的极端；过于理智的人不知道要牺牲多少情感方面的快乐！所以，最好是三种方法都用。用'脚'听不是什么可耻的事情。我们在高兴的时候为什么不可以抱起孩子来，在屋子里随着音乐的节拍转几个圈子呢?! 音乐若能有时候使我们忘了礼教，拿出我们的'赤子之心'来做一个孩子头儿，音乐在我们身上已经发挥一部分力量了。成问题的是我们只用'脚'听，不求再进一步的发展。总结起来，我的音乐欣赏公式是：

> 常常用'心'，
>
> 不忘用'脑'；
>
> 偶尔性来，
>
> 无妨用'脚'!"①

为于右任词谱曲作《歌声》。②

将抗战时期创作的《离别歌》改编为合唱，由自己任主任的美国国防语言学院中文国语系的同事林慰君重新作词，取代陈果夫原词。③

认郑琼珠为义女。④

在台湾汇总家人的圣诞信内容，分别寄给亲友。⑤

1959 年（52 岁）

1 月 6 日，指挥高雄中学、高雄女中、市立二中联合演唱会。⑥

7 日，应校长阎振兴邀请，在台南成功大学演讲《语言学与音乐》。"以学音乐出身，及旅美期间从事语言教学多年的经验，对语言与音乐之密切关系，讲述甚详。列举实例证明，均具独特见解，历时四十余分钟始毕。当场获得全场听讲学生热烈

---

① 李抱忱：《和声史话》，李抱忱著、吴心柳编校：台北，《李抱忱音乐论文集》，乐友书房出版，1970 年 1 月 10 日再版，第 53～65 页。

② 赵琴：《李抱忱词曲作品一览表》，赵琴撰文：《李抱忱——余音嘹亮尚飘空》，台北，时报文化出版企业股份公司出版，2003 年 12 月 20 日初版，第 183 页。

③ 李抱忱：《离别歌》，李抱忱著：《炉边闲话》第四部《作歌度曲记往》，台北，东大图书有限公司出版，1975 年 7 月初版，第 377～378 页。

④ 李抱忱：《不知老之将至》，李抱忱著：《炉边闲话》第一部《正文》，台北，东大图书有限公司出版，1975 年 7 月初版，第 91 页。

⑤ 李抱忱：《历年来的圣诞信》，李抱忱著：《山木斋话当年》附录（五），台北，传记文学出版社出版，1979 年 6 月 1 日再版，第 225～227 页。

⑥ 赵琴：《播下合唱的种子》，赵琴撰文：《李抱忱——余音嘹亮尚飘空》，台北，时报文化出版企业股份公司出版，2003 年 12 月 20 日初版，第 160 页。

鼓掌"。①

9日，晚七时在南师大指挥台南市中小学合唱音乐会，演唱了《游子吟》、《常常在静夜里》、《唱啊同胞》等歌曲，反响热烈。②

10日，离台南返台中。③

11日，抵高雄。

12日，虽患感冒，但仍抱病至省立高雄中学作音乐示范教学。下午五时半至六时半，接受高雄《新生报》记者杨宁采访。在采访中对音乐教育提出建议：1. 鼓励中小学音乐教材中多增加本国民歌；2. 初高中音乐教材不同，因此不能连贯，而影响教学；3. 国省县市教育机构既定有督学职务，似乎音乐亦可"督学"一番；4. 一般科任音乐老师很够水准，可是有许多是级任老师包办，自己对音乐也外行，这是限于人力财力，可是有关方面应该编一部《音乐教学手册》之类的书，使级任老师至少能有一个自修和教学的依据。在谈到发展中国国乐时，强调国乐有其丰富的资产，但是首先需要"整理"，将"优美的过去"尽量发掘整理出来；第二步应该"学习"，学习西洋音乐在作曲、乐器改进上的成就；然后在本国文化的基础上"创作"合于世界水准的音乐。并指出我们最需要能创作有本国音乐风格的作曲家，同时乐器亦应改进，甚至采用西洋乐器。他说："这一点也许国家要反对，我的理由是所谓国乐，重要的是音乐内容，而不是音乐演奏的方式。当然，在演奏古曲仍以用古乐器为宜，因为那时曲调是配合那时的乐器而作的。"在回答记者关于"对于爵士音乐的看法如何？"的问题时，认为"听音乐可分为用心、用脑、用脚三方面来听。用心去听是接受音乐所表现的情绪，沉醉于乐曲的感情旋律中，那是情感的听法；用脑去听，是要了解音乐的主题，要研究出他的风格和意境，那是理智的听法；用脚去听，那是音乐基础的反应，听了音乐的节奏会手舞足蹈，那是原始的听法。

---

① 赵琴：《李抱忱年表》，赵琴撰文：《李抱忱——余音嘹亮尚飘空》，台北，时报文化出版企业股份公司出版，2003年12月20日初版，第171页。
《李抱忱昨莅临成大讲演语言学与音乐　明晚在南师举行合唱会》，李抱忱著、吴心柳编校：《李抱忱音乐论文集》，台北，乐友书房出版，1970年1月10日再版，第171页。原载1959年1月8日台南《中华日报》。
② 同上，《博士指挥大合唱团员如受神感应　抑扬顿挫恰到好处　观众掌声历久不歇》，李抱忱著、吴心柳编校：《李抱忱音乐论文集》，台北，乐友书房出版，1970年1月10日再版，第172页。原载1959年1月10日台南《中华日报》。
③ 《李抱忱昨莅临成大讲演语言学与音乐　明晚在南师举行合唱会》，李抱忱著、吴心柳编校：《李抱忱音乐论文集》，台北，乐友书房出版，1970年1月10日再版，第171页。原载1959年1月8日台南《中华日报》。

爵士音乐便是最易使人有原始反应的音乐。"

"并不是人人有用心、用脑接受音乐的能力或训练的机会，但是爵士音乐是最易为人接受的，那便是它之所以流行的原因。"

"我们应当承认爵士音乐的节奏很成功，世界第一流的作曲家常常参考爵士音乐的节奏。古典音乐卫道者一样不喜欢这种音乐，不过虽然它的乐曲内容是贫乏、结构是简单，但是爵士音乐不需用脑用心，轻松自然的节奏对一般人确可调剂生活，解除疲劳，在娱乐上仍有其价值。"①

至16日，在高雄示范指导合唱等音乐活动。在高雄五天，每天上午在市立图书馆召集全市音乐教师座谈，就音乐教学及合唱指挥，作广泛、深入之研讨及指导，每日到场执教时极为踊跃，并在省立高雄中学及大同国校参观教学。下午在高雄省立中学训练合唱团。此外，作公开演讲四次，内容均为语言与民族国家之关系。还临时筹备了高雄市音乐演奏观摩会，亲自训练了三百人的大合唱团在观摩会上演唱。②

17日，返回台北，晚间在台湾省立第一女子中学（北一女）举办的欢迎赵元任音乐会中指挥合唱并亲自伴奏。会上演唱了赵元任作曲的《叫我如何不想她》、《海韵》、歌剧《茶花女》中的《饮酒歌》、黄自作曲的《渔阳鼙鼓动地来》、《山在虚无飘渺间》；谱主作曲的《汨罗江上》、《旅人的心》及改编为四部女声合唱的《游子吟》。③

———————————

① 杨宁：《音乐博士谈音乐　留美音乐家李抱忱访问记》，李抱忱著、吴心柳编校：《李抱忱音乐论文集》，台北，乐友书房出版，1970年1月10日再版，第173～176页。原载1959年1月13日高雄《新生报》。

② 郑铁梅：《诲人不倦的李博士》，李抱忱著、吴心柳编校：《李抱忱音乐论文集》，台北，乐友书房出版，1970年1月10日再版，第139～140页。

③ 郑铁梅：《诲人不倦的李博士》，李抱忱著、吴心柳编校：《李抱忱音乐论文集》，台北，乐友书房出版，1970年1月10日再版，第139页。
《一女中今演奏会　欢迎赵元任博士　李抱忱博士客席指挥》，李抱忱著、吴心柳编校：《李抱忱音乐论文集》，台北，乐友书房出版，1970年1月10日再版，第177页。原载1959年1月17日台北《中央日报》。
《北一女昨音乐会千余嘉宾聆佳音　李抱忱亲自登台伴奏》，李抱忱著、吴心柳编校：《李抱忱音乐论文集》，台北，乐友书局出版，1970年1月10日再版，第178页。原载1959年1月18日台北《中央日报》。
1959年1月17日台北《中央日报》：《一女中今演奏会　欢迎赵元任博士生 李抱忱博士客席指挥》，《李抱忱音乐论文集》附录，李抱忱著、吴心柳编校，台北，乐友书房出版，1970年1月10日再版，第177页。

19 日，上午参加屏东中学的周会并演讲，内容包括在美主持陆军语言学校中文系概况，勉励该校同学注意康乐生活，以促进身心健康。然后参观屏东中学的合唱练习，并予以指导。还和该校教师数人合影留念。随后参观屏东女子中学的音乐教学及设备，后又参观仁爱国校，对该校张由贵音乐课教学倍加赞赏。下午参观省立屏东农业职业学校音乐教学及设备，后再至仁爱国校指挥由六所中等学校合唱团员二百人所混合组成的联合合唱团第一次练习，中小学音乐教师旁听参观。晚上在县府大礼堂做第一次公开演讲，并有录音机及电影等视听教育资料辅佐，演讲后由屏东业余国乐团体中兴国乐社演奏国乐助兴。①

20 日，晨八时半重莅屏东中学，利用朝会时间补播美国陆军语言学校中文系学生以中文唱《满江红》及中文演讲比赛时的录音。谱主告诉有关人员："美国陆军语言学校中文系合唱团是美国千千万万合唱团中之一，其特点是一般合唱团系美国人指挥美国人用英文唱英文歌，该合唱团则系中国人指挥美国人用中文唱中文歌。""陆军语言学校中文系学生，都是未曾到过中国的美国青年，该系主要任务除教给学生于短期内学会说中国话和认写中国字以外，并介绍中国文化，让他们对中国有更深切的了解，以促进中美两国国民的情感。"

上午九时起在县府大礼堂主持全县中小学音乐教师第一次研习会，讲述《合唱八要》，参加演习会的教师计中等学校音乐教员二十五人，小学音乐教员一百一十五人。

下午一点二十分起指导由省立屏东师范学校主办的救国团屏东县支队举行的首次音乐会报。会场全部用谱主的词曲作品布置四壁，并展览了几十份谱主二十多年前的论著、词曲、讲义和修改过的笔记。

这次会报的内容是①参观刘天林先生有计划的一节完整的音乐教学；②参观屏师课外音乐活动——合唱团练习，国乐团练习，管乐队练习，口琴队练习；③观摩检讨及问题讨论。谱主即席讲评，并且对于出席音乐教师所提问题，解答颇详。

晚七时参观省立屏师期末音乐演奏会，该会的特色是几乎全部演奏谱主的作品。②

21 日，上午主持全县中小学音乐教师第二次研习会，下午参观省立屏东师范学校附属小学音乐比赛，并参观该校音乐教学及设备，对该校音乐设备之充实，中低

---

① 张效良：《李抱忱博士给屏东的冬天带来了春意》，李抱忱著、吴心柳编校：《李抱忱音乐论文集》，台北，乐友书房出版，1970 年 1 月再版，第 131～132 页。

② 同上，第 132～133 页。

92

年级每班能有风琴一架，深加赞许。三时半继续指挥联合合唱团做第二次练习。晚七时半应省立屏东师范学校之邀请，对全体学生演讲，对乐教之重要，阐释甚详，对师范生之宣扬乐教，希望甚殷。并对曾于前二十年在他门下受教现任屏师的张校长奖誉备至，认为"昨晚音乐会中，有校长的作品演奏，而且亲自参加国乐团演出，不但是在我国很少看到，就是其他各国也很少看到"。①

22 日，上午主持全县中小学音乐教员第三次研习会。下午参观县立明正中学音乐设备及教学，并予指导。三点半起指挥联合合唱团作第三次练习。晚七时半假屏东师范大礼堂作第二次公开演讲，各界慕名而来听讲的人非常踊跃，有自乡间骑单车来回三小时来听讲的。屏师礼堂虽大，可是座无虚席，盛况真是空前。演讲毕由屏东业余音乐团体有忠管弦乐团演奏助兴。②

23 日，上午主持全县中小学音乐教师第四次研习会。下午参观中正国校音乐教学。三时半指挥联合合唱团作最后一次练习。晚七时由救国团屏东支队及县政府教育科联合主办音乐观摩会，亲任联合合唱团指挥，并向观众作简短致辞。对救国团屏东支队所主办之音乐业余团体幼狮合唱团之演出效果深加赞许，最后与该团团员合摄一影，以留永念。③

在 19～23 日几天中，在屏东县参观中等学校五所，小学三所，示范指挥合唱练习四次，参加音乐会四次，主持中小学音乐教师研习会四次，参加音乐汇报一次。演讲三次，题目有：《如何教学合唱》、《歌词与歌曲》、《唱名法教学问题》、《美国音乐概况》。在《如何教学合唱》一讲中，详细分出"音高"、"音质"、"音色"、"音量"、"吐字"、"节奏"、"读谱"、"表情"等八项，每项都有生动的讲解，恰当的举例。并强调说："音高要在准确中求自然，节奏要在准确中求生动，至于表情更是要进入化境，要适当地传达作曲者的灵感。"指出了当时台湾一般学校练习合唱时所忽略的问题。④

"在讲到《歌词与歌曲》时，他说：'目前我们缺乏歌曲，作曲的人，也应负责

① 张效良：《李抱忱博士给屏东的冬天带来了春意》，李抱忱著、吴心柳编校：《李抱忱音乐论文集》，台北，乐友书房出版，1970 年 1 月再版，第 133 页。

② 同上，第 134 页。

③ 同上。

④ 张效良：《李抱忱博士给屏东的冬天带来了春意》，《李抱忱音乐论文集》附录，李抱忱著、吴心柳编校，台北，乐友书房出版，1970 年 1 月 10 日再版，第 131 页。

张效良：《李抱忱博士给屏东的冬天带来了春意》，李抱忱著、吴心柳编校：《李抱忱音乐论文集》，台北，乐友书房出版，1970 年 1 月 10 日再版，第 135 页。

一半。'提到作曲，他主张歌曲应注意语言的旋律。他说：'我们中国的语言是音乐的语言'，并以唐朝贺知章的《回乡偶书》及《大道之行也……》句为例讲述，也举出抗战时流亡曲中的'九一八'唱成'揪尾巴'等不注意语言旋律的笑话。并呼吁说：'希望一流的词人，把我们民族意识编成诗篇，让作曲的人，引起灵感，谱成伟大的歌曲。'"

"研习会中大家发言最踊跃的要算《唱名法的教学问题》了。李博士把三种唱名法（首调、固定、和废除唱名法）的利弊都解释得很清楚。他说：'首调唱名法适于教大众，便于移调；固定唱名法适于深造，及他种调性音阶，最大好处在于勉强学者深明乐理。'又说：'一般人由首调唱名法改固定唱名法感到困难的原因，乃是学者脑中的大音阶印象（三—四、七—八半音）太深的缘故。'他说：'第三种废除唱名法（即无调唱名法）比较其它两种方便，且有效果。'而最使我们感到兴奋的，是李博士告诉我们以上三种唱名法在我国很早就已经应用了：如带谱的诗经，是用固定唱名法；五音'宫商角徵羽'是首调唱名法；其他京戏中的琴、锣鼓谱和号谱，均为废除唱名法。李博士充实了我们音乐的学问，同时也唤回了我们这一方面的自省。"

"'他山之石，可以攻错。'李博士在讲授了各种乐教问题之后，接着介绍美国音乐教育的历史，以他们开发新大陆时代的的音乐教育及现在的音乐教育的发达情况做一系统介绍比较，深深地给予我们一个启示：一个国家一个民族的生存，必然要有与之共同生存发展的因素，这因素就是'民族精神'，也就是'民族文化'。音乐教育正是发扬民族精神民族文化的不二法门，乐教的重要可以想见。"[①]

在示范指挥联合合唱团的过程中，"李博士真是一位神奇的合唱教学家，他能把一群嘈杂粗糙的声音，顿时整理成非常美妙动听的音乐。起先把一些短句的和音教各部习唱，然后用无唱名的'ㄉㄨ'教大家唱，略一整理就有一股奇妙的柔美的音响出现。尤其在第一天的教学中，乍一看来，他似乎很零碎的教；事实上他在每一个有问题的地方从事整理，以后他再来有系统地教学，第二天他就分段分部给人一种新奇的步骤。一般在合唱教学上，发现某音不准时，就反复地在那一个音上磨来磨去，弄得头昏脑涨。如《唱啊同胞》第二句第四音原来是降ㄉㄚ，而学生唱成比原音高半音的还原的ㄉㄚ音，他却以下行句的唱法，来改正上升的错误。这虽是一个小的例子，然而关键却在此。因为李博士说：'在教学中不要放

————————

① 张效良：《李抱忱博士给屏东的冬天带来了春意》，李抱忱著、吴心柳编校：《李抱忱音乐论文集》，台北，乐友书房出版，1970年1月再版，第135～136页。

过任何一个音'，意思是说我们要以忠实的态度，来学习或教学任何一位作曲者的乐曲"。①

"李博士在屏东的示范指挥，给予屏东人们的印象，正如研习会一样，是那么使人惊奇与崇敬。由屏师、屏中、屏女、屏农、屏商、明正等六所中等学校学生所组成的联合合唱团，在李博士的双手指挥下，真是发出了不同凡响的歌声。《常常在静夜里》一曲，是那么娓婉、宁静、舒畅、安详，一丝缠绵的情怀，一缕飘渺的幽思，沁人肺腑，涤人凡思。第二个曲子是《唱啊同胞》，他的双手挥动，不是单纯的节奏，而是一种浓密的民族感情。歌词是李博士亲自撰写，其中'……誓与同胞齐相约：共同奋斗，无尽无休，为民族争光荣，为国家争自由'的词句，给人无比的亲切，无比的力量。尤其最后两句的指挥，在他的手慢慢地高抬的时候，真不知是一股什么力量在掀动，在舒展，在集结，在壮大。演唱者，听赏者，在他热忱的双手召唤下，振起了共鸣。"

"'这是祖国之声！'他说：'我要将它带到国外去，让友邦的人士听听自由中国的心声。'他又说：'人类总是这样的，多一层的了解，就会少一层误会。'"

"这位音乐教育的导师，却正好做了我们的音乐大使。在屏东虽然短短只有五天，然而给屏东的人们却留下了永远不会磨灭的印象。我们感谢他，同时更祝福他：永远年轻永远坚实，正如他所写的《旅人的心》里的词句：'走啊，走啊，坚实的脚，是不怕泥塘和乱石的。'"②

24 日，在屏东的辅导工作告一段落，在多少人的依依不舍中挥手离开屏东。③

31 日，晚八时，国立音乐研究所主办联合合唱会，在中山堂指挥五团体三百名团员联合大合唱演唱《中华民国国歌》、《自由神歌》、《夜尽天明》、《上山》、《海韵》，并有省教育厅交响乐团合唱队，国立艺术专科学校合唱团、台湾省文化协进会合唱团，中华青年合唱团，省立台北师范合唱团分别演出黄自的清唱剧《长恨歌》共七章，黄友棣的清唱剧《我要归故乡》共四章，汤姆逊的《争取最后胜利》和舒伯特的清唱剧《罗莎曼》等作品。由台湾音乐家隆超，吕泉生，计大伟，康讴，分别担任指挥，由台湾著名声乐家申学庸担任女高音独唱。胡适、赵元任应邀

---

① 张效良：《李抱忱博士给屏东的冬天带来了春意》，李抱忱著、吴心柳编校：《李抱忱音乐论文集》，台北、、乐友书房出版，1970 年 1 月再版，第 137 页。

② 同上，第 137～138 页。

③ 同上，第 134 页。

上台致词，规模盛大。赵元任、胡适都做了即兴讲话。梅贻琦、张群等出席。①

国立音乐研究所所长邓昌国于演出前作简短致词，并以"宣扬乐教"锦旗一面赠送，中华青年合唱团指挥计大伟亦当场赠送"愿勿相忘"锦旗一面。②

同日，台湾《联合报》对谱主在台湾五个多月的音乐活动，作了总结性报道。谱主谈到在台湾讲学的观感时认为，最感满意的是接受讲习的学生们学习情绪极高，许多中小学的音乐老师也态度谦冲，虚怀若谷，而且台湾的音乐水准并不低。他说："祖国具有各种发展音乐教育的条件，但需要政府和社会各方面的积极提倡。音乐的蓬勃生命，象征一个民族的盛衰。"他除了引证蒋总统重视"育乐"的谠论以外，并且引用美国故罗斯福总统的一句话："凡认为音乐是不必须的奢侈品的态度，是危害民族的态度。"

他还认为天才的乐教，是培养第一流的作曲家和演奏家，可以提高国家在国际间的地位。但大众的乐教则是培养听众，发扬蓬勃的民族朝气。而大众乐教的先决条件，是在一般中小学校里灌输学生的音乐欣赏知识和提高对音乐的兴趣。所以音乐师资培养是目前最重要的事。同时指出，目前的确有许多音乐老师是外行，所以要求政府能印纂一些有关音乐的参考书。他特别强调政府积极推动乐教的重要性。比如说乐教工作者在业余举办音乐会，可以发展大众欣赏音乐的能力，税收机关把

———————————

① 赵琴：《李抱忱年表》，赵琴撰文：《李抱忱——余音嘹亮尚飘空》，台北，时报文化出版企业股份公司出版，2003 年 12 月 20 日初版，第 171 页。

邓昌国：《李抱忱博士给我们的帮助》，李抱忱著、吴心柳编校：《李抱忱音乐论文集》，台北，乐友书房出版，1970 年 1 月再版，第 157 页。

《中国乐坛的新声 三百人合唱团昨晚盛大演唱 由李抱忱博士指挥》，李抱忱著、吴心柳编校：《李抱忱音乐论文集》，台北，乐友书房出版，1970 年 1 月再版，第 184～185 页。原载 1959 年 2 月 1 日台北《联合报》。

《五团体昨晚联合演出 青年大合唱获普遍赞赏》，李抱忱著、吴心柳编校：《李抱忱音乐论文集》，台北，乐友书房出版，1970 年 1 月再版，第 186 页。原载 1959 年 2 月 1 日台北《中华日报》。

《李抱忱即将离台 音乐界举行盛大音乐会》，李抱忱著、吴心柳编校：《李抱忱音乐论文集》，台北，乐友书房出版，1970 年 1 月再版，第 179 页。原载 1959 年 1 日 24 日台北《联合报》。

网络来源：《大爱无藏：计大伟人生纪实》，http：//baike. soso. com/v7132011. htm。

赵琴：《播下合唱的种子》，赵琴撰文：《李抱忱——余音嘹亮尚飘空》，台北，时报文化出版企业股份公司出版，2003 年 12 月 20 日初版，第 162 页。

赵新那、黄培云编：《赵元任年谱》，北京商务印书馆，2011 年 4 月第 2 次印刷，第 360 页。

② 网络来源：《大爱无藏：计大伟人生纪实》，http：//baike. soso. com/v7132011. htm。

这种音乐会当做娱乐，征收重税，是错误的。他还精辟地指出，若只注意天才乐教，训练出来的天才就会"曲高和寡"，没有听众，只好往外国跑；若只注意大众乐教，就要靠外来的音乐家来替我们作曲或演奏，而使自己的乐坛充满自卑感。所以这两种音乐教育是相辅相成的，缺一不可的。

他还认为：音乐的爱好是先天的，但欣赏音乐的能力可以发展，水准也可以藉多听而提高。对于目前所谓"靡靡之音"的流行歌曲，虽然感到幼稚和低级趣味，但乐教工作者若是只顾提高听众水准，而一味介绍超过他们欣赏能力的乐曲，反而是欲速则不达。同时，严肃紧张的歌曲是需要的，可是也不能百分之百的只注意这时代的使命而忽略了听众兴奋以外的"调剂"。他认为在排音乐会或广播节目的时候，无妨先从一方面迁就听众的趣味，一方面提高听众的水准着手，因为一定要听众肯听，才能使乐教推动者和听众发生关系。其结尾是谱主的结论："总之，要费多少年的功夫才能培养好的大众音乐欣赏能力，不能希望广大的听众一天就追上。"①

2月1日，台湾《联合报》、《中华日报》、《中央日报》等媒体陆续发文赞誉这场音乐盛会。②

2月5日，晚九时，中华青年合唱团，在救国团台北市青年服务社"邹容堂"，举行茶会欢送谱主离开台北，由团员陈文蘅小姐代表全体赠送"良师益友"锦旗一面，即席致词，对该团参加"联合合唱音乐会"演出成绩给予赞赏，并对计大伟的指挥才华当面嘉许。③

2月9日，在台湾辅导乐教届满半年，离台赴香港，音乐界人士暨各合唱团代表百余人至松山机场欢送，由计大伟领导合唱《骊歌》与之惜别。④

13日，在台北《中央日报》上发表启事："抱忱此次返国讲学期间，遍历环岛。所至各处备承各公私团体殷勤招待，热诚指导。高谊盛情，五衷铭感。兹以行期迫促，未能趋谒拜辞，至为歉仄。仅此佈谢诸维鉴谅。此后自当本各方爱护之忱，益

---

① 《联合报》记者姚凤磐：《李抱忱博士谈音乐教育》，李抱忱著、吴心柳编校《李抱忱音乐论文集》，台北，乐友书房出版，1970年1月10日再版，第181～183页。原载1959年1月31日台北《联合报》。

② 赵琴：《祖国乐教的召唤》，赵琴撰文：《李抱忱——余音嘹亮尚飘空》，台北，时报文化出版企业股份公司出版，2003年12月20日初版，第91页。

③ 网络来源：《大爱无藏：计大伟人生纪实》，http：//baike.soso.com/v7132011.htm。

④ 《李抱忱昨赴香港》，李抱忱著、吴心柳编校《李抱忱音乐论文集》，台北，乐友书房出版，1970年1月10日再版，第196页。原载1959年2月10日台北《中央日报》。

加奋勉，以期对祖国乐教略尽绵薄，并祈垂察。"①

3月1日，在途经香港、曼谷、开罗、罗马、日内瓦、巴黎、阿姆斯特丹、伦敦和纽约走马观花地旅行两星期后，于凌晨回到佳美城寓所。②

2日，即返校办公，此后的三星期里，除每周工作四十小时外，还要应酬、演讲、编报告、作文章、写书信，处于极度繁忙中。③

3月6日，在美国加州佳美城山木斋为张人模编著的《音乐手册》作序。认为在台湾的半年讲学过程中，最有意义的一件事是得到机会和各地六百二十几位中小学音乐教员同处了一周到三周。也了解了他们的意见和共同的需求——进修参考书。而张人模根据教学十余年的经验，编写了这本《国校教师音乐手册》，正好响应了许多小学音乐教员上面的要求。尤其难能可贵的是张人模不只是中等学校一位有经验的音乐教员，还是师范学校一位有经验的音乐教员。因此，他的出发点并不是协助音乐专家推动天才教育，而是帮忙音乐教员推动大众乐教。他所注意的是培养教员"诲人不倦"的精神，引导每一万人里那九千九百九十九个人进入音乐的乐园，接受音乐的熏陶，欣享音乐所给予我们的乐趣。因此，本书不仅介绍些教员不知如何处理的纯音乐理论，而是强调合乎教育原理的教授法。不仅注意教员的教授法，（这只是灌注式的教育），而更注意儿童的兴趣（这是启发式的教育）。④

4月5日在《联合报》发表《音乐节写给音乐同工》。文中写道："在台湾这五个月，好像做了一场好梦——一场不愿意醒的好梦。二月九日在送行者无上的温情里，带着沉重的心情上了飞机，依依不舍的离开台湾。当飞机飞向天空的时候，虽然亲友的面孔，整个的台湾，在我眼里由模糊而渐消失，但我心里却感到距离只会更增加怀念时的亲切，暂别指挥加重重聚的信心，不会从此只生活在彼此的回忆里。"

"香港停了五天以后，经过曼谷、开罗、罗马、日内瓦、巴黎、阿姆斯特丹、伦敦和纽约，走马看花的旅行了两星期，二月二十八日深夜（其实是三月一日的清晨了）回到离金山一百多英里的佳美城舍下，第二天就返校起始办公了。刚一回

---

① 《李抱忱启事》，李抱忱著、吴心柳编校《李抱忱音乐论文集》，台北，乐友书房出版，1970年1月10日再版，第197页。原载1959年2月13日台北《中央日报》。

② 李抱忱：《一九五八年第二次返台，离后写给各位音乐同工》，李抱忱著：《山木斋话当年》附录，台北，传记文学出版社，1979年6月1日再版，第211页。

③ 同上。

④ 李抱忱：《张人模编著〈音乐手册〉序》，李抱忱著：《炉边闲话》第一部《正文》，台北，东大图书有限公司出版，1975年7月初版，第279～280页。

来，除了每周办公四十个小时外，还加上应酬、演讲、编报告、作文章、写书信，大忙了三个星期才稍为就绪。在这三周的六次演讲里，每次都放送这次在台各处大合唱的录音。本系同人听的时候，多少人都感动得流泪。会后并谢谢我给他们带回来这多年没听到的祖国之声。我每次听的时候，脑里也重现出这些可爱的青年们那注意的神情和会心的笑容。美国听众听了我们这大汉天声，也表示十分惊异。他们没想到今日的台湾会有这样的精神，这样的心情，这样的成绩。我深信让听众听到台湾三百位充满了热情的青年高歌一曲'唱啊中华同胞，唱个爱国歌'，或'……明天绝早，跑上最高峰，去看那日出的奇景'，是祖国最好的一个宣传方式。台湾之声应该震荡全球，我们要联合起来使全世界都知道我们是一个歌唱的民族。"

先写给乐教前锋

"在台北、台中、台南、高雄、屏东、台东和花莲这七个地方的中小学音乐教员研习会里认识了你们这六百二十几位乐教前锋，是我极可珍视的一个经验。我们或是围桌座谈，或是发表意见，或是围着钢琴研究诸位强调歌词与歌曲关系的大作，或是推敲合唱指挥与训练的细节。不论在一起做什么，诸位那诚恳谦虚的态度，求知若渴的精神，使我们研习会里的每一分钟都很愉快——愉快到有时三小时还不够，还要再延长的程度。各处参观诸位教学的时候，发现有人常用自己的时间准备学校的音乐会，不计较聘书上写的是一星期教多少小时的课。这种精神实在可佩服。只要我们对音乐有兴趣，认为推动乐教是我们的天职，为了学生的爱好，学校精神的发扬，在必要时多用上几个小时的时间是很值得的事情，何况学校当局不会不欣赏我们的努力呢！

在这里我要重述我们在研习会里所讨论的，我认为最重要的两点，供给诸位作参考。无论是独唱、合唱、独奏或合奏，第一要注意的是音高准确。第一次我到某厂去演讲，厂长说他最怕听他们乐队的演奏，一听起来就令人'毛骨悚然'。我很同意这位厂长这个爽直的意见（但是我听的时候，他们的乐队已经大有进步），因为音高若是不准确，唱奏出来的结果就不是音乐，并且有时还真令人'毛骨悚然'的。第二要注意的是音质优美。将音高唱奏准确，那才仅仅及格，及格后再进一步的注意音质美不美。合唱合奏的时候要更注意到音质调和不调和，因为团体演出的时候，团员不是在那里独唱独奏，而是要磨去自己的棱角来求得一个整个的美，要调节小我来成全大我。这不但是在唱奏上的一个大原则，同时也是在社会上的一个做人的大道理。这两点若能在练习和演出的每一秒钟都在注意，其余各点就都是小节了。

中国乐教复兴的时机来临，但是'要收的庄稼多，做工的人少'。我们这些乐教前锋要以一当十的继续努力，领导青年走向音乐乐园，发扬民族蓬勃精神。"

再写给民族歌手

"这次在台湾环岛讲学，最感动我的是你们这些我曾指挥过的合唱团员对唱歌的热爱和给予我的热情。我在各地一共指挥了四十三个合唱团，两千七百个青年，举行了七十五次练习，八次音乐会。每次和你们在一起的时候，心里总有一种说不出的愉快，觉得自己还像二十几岁的样子。我曾和你们说：'我若是给你们带来了一点快乐，那实在算不了什么，因为你们给予我的更多'。你们那感人的离歌，惜别的眼泪，和写给我的那几百封充满了人情的信，是我有生以来最宝贵的一个收获。你们的信，虽然一直到现在我只答复了十分之九，但最近一定可以全部答复，绝不辜负你们这些可爱青年的热情。还记得不记得我告诉你们怎样把'销魂'的'魂'字最后的尾音唱出来，如此即可'余音绕梁'，又可更为销魂？还记得不记得我们怎样尽力的把几个'回家吧，女郎'的情绪唱出？还记得吗？我用半开玩笑的口气向只看谱不看指挥的同学们说：'好合唱团将谱记在头里，不好的合唱团把头埋在谱里。'还记得吗？我常恳求——有时简直是哀求——你们在唱的时候多'赏'我几眼，别总是'埋头苦干'，因为在演出时我们不能说话，只能彼此'眉来眼去'。啊！我们在一起的努力同欢笑已经在我心里留下了一个永久不能磨灭的印象。我不必再'灭孤灯听细雨'的时候就能常常的'忆从前快乐光阴'！你们对唱歌的热爱感动了我；我对你们的欣赏感动了你们。因此，我们感觉到一见如故，格外亲热；因此，我们的音乐生活起了共鸣。"

"在每个地方临走的时候，我常给你们写这几个字：'我们是民族的歌手。'唱吧，你们这些可爱的民族歌手，中国需要你们来唱出我们这伟大民族的蓬勃朝气！"[1]

同日，在《中央日报》发表《音乐节谈音乐教育》。文中写道"我国的文化基础是孔子学说，而孔子学说所倡导的一个重要部分是音乐教育。'在齐闻韶，三月不知肉味'和'闻絃歌之声，夫子莞尔而笑'的故事证明孔子如何喜欢音乐，提倡音乐。孔子能'取瑟而歌'，并且听见别人唱得好的时候，'必使反之，而后和之'，证明孔子不但提倡音乐，并且对于唱奏方面也很有修养。孔子认为音乐是教育的最

---

① 李抱忱：《音乐节写给音乐同工》，李抱忱著、吴心柳编校：《李抱忱音乐论文集》，台北，乐友书房出版，1970 年 1 月 10 日再版，第 71 ～ 74 页。

高峰，因此才说'兴于诗，立于礼，成于乐'，因此'子路问成人的时候，'孔子说在'知'，'不欲'，'勇'，和'艺'以外，还要'文之于礼乐'才能算是一个完全人！"

音乐教育不可缺少

"我国教育一向是三育并进的教育。六艺里的'礼乐'可以说是德育，'射御'是体育，'书数'是智育。不幸，我国现在过分偏重知识教育，而忽视了这完全人的教育，使人身心健全发展的教育。大多数学校为了准备升学，在小学和中学的最后一年停止小'四门'（音乐、体育、美术、劳作），加强所谓'主科'的学习。学校既然称升学考试科目为'主科'，学生们当然认为一切非'主科'都不主要了。这是非常令人担心的一件事。学生若是只装了一头知识，而忽略了其他方面的教育，身心没能健全发展，如何能运用脑子里所装的知识！学校教育的最大目标是做人教育，知识教育仅是其中一个部门而已。现在的青年是中国将来的主人翁。我们要供给他们完整的教育，做人的教育，才能希望他们担负得起来这样的大责重任。一个完美的教育，做人的教育里，决不能缺少这修心养性，蓬勃奋发的音乐教育。"

现在提出几项建议，供给一切对乐教有责任或有兴趣的人士作参考：

确定音乐督学制度

（一）乐器并不都是奢侈品，父母为子女练习用的乐器，教员和专家教学进修用的乐器，音乐教室里的教具，乐团里用的乐器都决不是奢侈品，希望政府予以购置的便利。

（二）音乐会不应视为娱乐。音乐会是供给人民欣赏音乐，提高音乐水准，发扬民族文化，鼓励乐人唱奏创作的社教活动，希望政府取消那百分之三十的娱乐捐，使音乐界有勇气多举办这种与民族文化有关的音乐会。

（三）从速确定音乐督学制度，使各地音乐教学能得到指导，同时也可使教育当局知道各地音乐教学的问题和需要改进的地方。有些学校在小学、初中或高中同一的阶段里用好几种不同的音乐教材（初中一用一套，初中二用另外一套……）只为应付出版商或编书人而不顾教材的衔接、学生的学习。某地一位音乐教员感慨的说，他教书这十四五年里从来没有一位督学听过他的课，这都是因为音乐督学制度没有建立起来的缘故。"

师范学校设音乐科

"（四）现在全省十个师范学校里只有一个台北师范有音乐科。根据全省这一千五百多所小学的需要，至少应当在中部、南部和东部增设三个师范音乐科。所有音乐师范学校的普通科音乐课程，也要多注意到级任教员教音乐所需要的知识和训练。这是迫不及待的工作，否则教员愈教愈不爱教，学生愈学愈不爱学，不但音乐这门课程形同虚设，还会摧毁学生们对音乐的爱好，消灭一个怡性陶情的最好方式。全省各地的青年是那样的爱好音乐，他们多少次感动得我眼泪夺眶欲出。他们都是我们要收的庄稼，但是'要收的庄家多，做工的人少！'这是乐教当前一个极严重的问题。

（五）大众乐教的人才训练以外，还要有天才的乐教训练。现在的艺校音乐科是一个天才乐教训练机关，应当扩大为一个音乐院或专科学校。现在国家经费困难，我们不应当希望过奢。但是'麻雀虽小，五脏俱全。'天才乐教机关至少应当有一个，以免埋没天才。"

一直唱回神州大陆

"蒋总统曾说：'我的教育思想，第一是音乐……'并在民生主义的育乐两篇里说：'音乐对于个人之修养是如此重要，国家为了民族文化及国民教育，千万不能稍为忽视。'罗斯福总统也曾说过：'认为音乐是一种不必须的奢侈品的态度，是伤害国家的态度。'这两位贤明领袖的主张，可以说是不谋而合。蒋总统鼓励我们，启示我们注意那些看不见摸不着的'齐家治国平天下'的工具，我们实在不应稍为忽视。试看世界各国，凡是音乐发达的国家，一定是蓬勃有朝气的国家；凡是蓬勃有朝气的国家，一定是音乐发达的国家。他们的音乐之深入民间和工业；歌剧、乐团、合唱及学校音乐之发达；以及在旅行、野餐或交际会里那种一唱百和的精神，实在值得我们迎头赶上。而且要一直唱回神州大陆！"①

6月15日，赵元任在日本京都为新版《李抱忱音乐论文集》写序，简述了对谱主了解和与之相识的经过及感受。②

19日，在美国加州佳美城山木斋为林海音主编的《李抱忱博士回国讲学纪念

---

① 李抱忱著、吴心柳编校：《李抱忱音乐论文集》，台北，乐友书房出版，1970年1月10日再版，第75～78页。
② 赵元任：《赵元任博士序》，李抱忱著、吴心柳编校：《李抱忱音乐论文集》，台北，乐友书房出版，1970年1月10日再版。

集》撰《写给读者，作者和编者》。记叙了第二次返台的音乐活动。介绍了为台中、台南、高雄、屏东、台东选唱的两首合唱曲：《常常在静夜里》和《唱啊同胞》。为台北联合合唱团选唱的四首歌曲：《自由神歌》、《夜尽天明》、《上山》和《海韵》。对在台时给予谱主各种帮助的人们表示谢忱。①

7月5日，在美国加州佳美城山木斋为《李抱忱音乐论文集》初版写序《写在书的前面》。②

19日，为《于右任诗歌曲集》作题为《禁唱坏歌与产生好歌》的代序。文中记叙道："去年（一九五八年）九月到今年二月这五个月的期间，我得到一个非常好的机会回到祖国服务乐教。在环岛讲学的时候，常听见人感慨的说，国内非常缺乏振奋人心、代表时代的歌曲；充斥市面、电台、以及音乐晚会的都是些有伤风化的黄色歌曲。因此有人提议请求取缔禁唱这些歌曲。海淫歌曲固然应当禁唱——政府不但有权禁唱，同时还有这个义务——但在这好歌寥若晨星的阶段，若再将一切不振奋人心、不代表时代的所谓轻松歌曲也一律禁唱，就会造成一个歌曲真空或近真空的现象。禁止作这个，不许作那个，是消极的处理；鼓励作这个，提倡作那个，才是积极的办法。与其消极的禁唱坏歌，不如同时更积极地产生好歌；否则，就很难怪群众了。大多数人喜欢唱歌，至少喜欢听歌。没有好歌来唱和听，还能怪他们不得已而求其次吗？"并提及为于右任诗谱曲的简况。③

台湾四海出版社出版《李抱忱歌曲集》。④

为美国国防语言学院中文系合唱团将中国古调《满江红》改编为男声四部合唱。⑤

————————————

①　李抱忱：《〈李抱忱博士回国讲学纪念集〉——〈写给读者，作者和编者〉》，李抱忱著：《炉边闲话》第三部《序言》，台北，东大图书有限公司出版，1975年7月初版，第283～303页。

②　李抱忱：《写在书的前面》，李抱忱著、吴心柳编校：《李抱忱音乐论文集》，台北，乐友书房出版，1970年1月10日再版。

③　李抱忱：《〈于右任诗歌曲集〉代序——禁唱坏歌与产生好歌》，李抱忱著：《炉边闲话》第三部《序言》，台北，东大图书有限公司出版，1975年7月初版，第275～278页。

④　赵琴：《李抱忱著作表》，赵琴撰文：《李抱忱——余音嘹亮尚飘空》，台北，时报文化出版企业股份公司出版，2003年12月20日初版，第185页。

⑤　李抱忱：《作曲回忆》，李抱忱著：《炉边闲话》第一部《正文》，台北，东大图书有限公司出版，1975年7月初版，第121页。

李抱忱：《满江红》，李抱忱著：《炉边闲话》第四部《作歌度曲记往》，台北，东大图书有限公司出版，1975年7月初版，第252～253页。

赵琴：《李抱忱词曲作品一览表》，赵琴撰文：《李抱忱——余音嘹亮尚飘空》，台北，时报文化出版企业股份公司出版，2003年12月20日初版，第182页。

宋寿桐委作《台东商职校歌》。王琇委作《高雄国光中学校歌》。① 得到美国在华基金会的津贴。②

给亲友写圣诞信。③

1960 年（53 岁）

1 月 15 日，台湾文星书店出版《李抱忱音乐论文集》。④

3 月 14 日，续完《〈李抱忱博士回国讲学纪念集〉——写给读者，作者和编者》。对出版讲学纪念集给予了帮助的张继高、夏承楹、林海音及陈立峰表示深深地谢忱。文中叙述到：

一、出版经过

"今年三月初我从祖国回到美国的时候，几位朋友在看见我带回来的一些相片，各地对我这次回国推动乐教所写的反应文章，和热情的青年们给我写的那些极感动人的信以后，都劝我整理这次带回来的材料出一本集子。同时，台湾的几位朋友也这样建议。我没敢接受他们的盛意，因为我觉得这未免太招摇。记得在复他们的信上我曾说：'这不是有点"老王卖瓜，自卖自夸"吗？很多材料只是增加我个人回忆时的安慰，何必公布呢？'朋友又来信告诉我说，这些材料不仅是增加我个人回忆时的安慰，台湾有很多人也希望'分一杯羹'。同时这些材料反应台湾音乐界的心情和问题，具有时代意义，应当印出来作为参考资料。不久，又有人来信说，文星书店愿意出版这本集子，请我整理有关这一次回国讲学的材料，在六月底以前交卷。于是'丑媳妇'禁不住夸，就大胆的这样做了。"

二、工作简报

"四十七年一月间，承教育部与国防部给了我一个机会回国观光了三周。祖国

① 李抱忱：《作曲回忆》，李抱忱著：《炉边闲话》第一部《正文》，台北，东大图书有限公司出版，1975 年 7 月初版，第 121 页。

② 《1959 年的圣诞信》，《历年来的圣诞信》，李抱忱著：《山木斋话当年》附录（五），台北，传记文学出版社出版，1979 年 6 月 1 日再版，第 230 页。

③ 李抱忱：《历年来的圣诞信》，李抱忱著：《山木斋话当年》附录（五），台北，传记文学出版社出版，1979 年 6 月 1 日再版，第 228～230 页。

④ 李抱忱著、吴心柳编校：《李抱忱音乐论文集》，台北，乐友书房出版，1970 年 1 月 10 日再版，版权页。

克难的精神，蓬勃的发展，以及人情的温暖，亲友的厚谊，都使我非常感奋，并给我留下永远不能磨灭的印象。同年四月间又蒙教育部张部长再度邀请回国协助推动乐教的工作，并代向美国在华教育基金会申请旅费及生活费。七月间由美国国务院批准后，就向美国陆军语言学校请假半年，九月十七日又回到祖国的怀抱里。一年两次回国，非常兴奋，特别是第二次；因为第二次回国不是为观光，而是要做事。究竟能做多少事虽然预先不知道，但是这个新任务已经给了我很大的'挑战'和安慰。"

"九月十七日到台北后，当天上午十时四十五分去拜访教育部梅部长。梅部长表示绝对继续赞助支持我这次回国讲学的工作，并指派国立音乐研究所协助推动。这次的工作在回国第一天就顺利地展开了。十七日到二十日这四天，除了必要的应酬和拜访外，见到了音乐界的朋友就谈工作计划。二十一日中午又和教育部的老朋友们与我的工作有关的中教司王亚权司长，国教司叶楚生司长，社教司刘先云司长和督学室周或文督学在吃午饭的时候又讨论工作进行问题。二十二日上午由国立音乐研究所邓昌国所长为我召集了一个台北音乐界人士座谈会，听取各方面的意见。当日中午由我汇集各方面的建议草拟了一个工作计划及日程，下午在美国在华教育基金会为我举行的工作推动会议里讨论通过。回国后，六天以内就将半年的工作计划及日程定好，使我觉得又轻松、又愉快。"

"大家都认为不应当以讲学惯例的只在一个学校教课，我很同意这个见解。因此，替我定好的讲学工作日程是环岛性的：

九月十七日至十月十八日（四周半）	台北
十月十九日至十一月八日（三周）	台东
十一月九日至十五日（一周）	花莲
十一月二十三日至一月三日（六周）	台北
一月四日至十日（一周）	台南
一月十一日至十七日（一周）	高雄
一月十八日至二十四日（一周）	屏东
一月二十五日至二月十四日（三周）	台北

（后来因为台北各校已放寒假，同时香港要求提前讲学一周，所以改在二月九日离台。）"

"我在台北的时间最长（前后三次一共十二周半），并不是因为台北是首都，而是因为一些音乐训练、演出及行政机构，差不多都集中在台北。各地工作日程大致相同：

（一）先参观当地音乐教学情形及设备，收集音乐教员座谈会的讨论资料。

（二）为当地音乐教员举行专题演讲和座谈会。

（三）为各校及社会人士举行专题演讲。

（四）联合当地合唱团举行合唱练习，一方面为音乐教员示范合唱指挥及训练，一方面准备联合合唱音乐会大合唱节目（因为我不知道各地合唱组织的情形，所以合唱团的选择或指定总是由各地的教育局或教育科负责——在台北是由国立音乐研究所负责。因为时间限制，各地所有的合唱团没能都约请进来，非常抱歉。）

（五）在各地的最后一天（只有在台北是行前一周），举行联合音乐会。各团体单独表演外，并举行联合大合唱（只有在花莲没能举行联合练习和联合音乐会，因为据说该地教育科事先没收到教育厅的命令，我到的时候正赶上各校都在举行期中考试。）"

"在这五个多月环岛讲学期间，（一）参观了四十多个中小学的音乐教学及设备；（二）为中小学音乐教员举行了四十几次座谈会和专题演讲，参加人数共六百二十多位；（三）为各校及社会人士举行了七十多次专题演讲，听众近十万人；（四）指挥了四十三个合唱团团员共两千七百多人，练习了七十五次；（五）举行了八次联合合唱音乐会。最后，再加上一个第六项，就是参加了与工作有关和无关的应酬一百五十多次。说实话，累是真累！但是祖国乐教同工和爱好音乐的青年给予我这样的热情，对我有这样的期望，于是精神上的收获和安慰远胜过了身体上的劳累。这种'乐在其中'的感觉，使人感奋的机会，实在是千载难逢，万金不换！说也奇怪——也不奇怪——人在痛快的时候，做自己喜欢做的事情的时候，愈忙愈有精神！回到美国以后，曾找医生做了一次体格检查。医生说：'什么毛病都没有！你可以打网球打到九十五岁，活到一百岁！'这很够了，谁愿意活过了一百岁？！"

三、合唱歌曲

"我为台中、台南、高雄、屏东、台东（本来也有花莲）这几个地方的联合合唱团选了两首比较简易的歌曲，因为各地停留时间很短，练习时间太少。第一首是十九世纪爱尔兰名诗人穆尔（Thomas Moore）作词并曲，由我在中学大学同班十年的老朋友郑因百先生（现任台大诗词教授）译词。本来为了记录的完整，应当连词并谱都在本集里刊印出来，但那就太增加了出版人的负担，所以只在本集里发表歌词，使读者知道我们这次在各处唱的都是一些什么情绪的歌曲：

106

常常在静夜里

（Oft in the Stilly Night）

一、常常在静夜里，　　　　　当睡神尚未来临；

　　灭孤灯听细雨，　　　　　忆从前快乐光阴。

　　童年哀乐依然如昨，　　　情话缠绵诉衷肠；

　　眼波流盼而今暗淡，　　　欢心已碎剩悲伤。

　　因此在静夜里，　　　　　当睡神尚未来临；

　　灭孤灯听细雨，　　　　　从前事反作销魂。

二、情感浓来往密，　　　　　想当年多少良朋；

　　尽凋零都逝去，　　　　　似黄叶不耐秋风。

　　时常觉我如同行过，　　　旧时堂宇静无人；

　　灯光已灭花冠久谢，　　　空余孤客自伤神。

　　因此在静夜里，　　　　　当睡神尚未来临；

　　灭孤灯听细雨，　　　　　从前事反作销魂。

　　第二首是故去不久的一位美国作曲家嘉本特（John Alden Carpenter）第一次世界大战时期的作品，原名 Home road。我根据原歌词曲的精神在我国抗战期间另做了一首词。

唱啊同胞

一、唱啊中华同胞，　　　　　唱个爱国歌；

　　文化灿烂好山河，　　　　地大物产博；

　　我们还有四万万的人民，　精诚团结共一心；

　　无论祸福，无论荣辱，　　我爱我的国家，我爱我的民族。

二、每当深夜寂静，　　　　　繁星布满天，

　　想起半壁好河山，　　　　沦陷尤未还；

　　不由心中意志更加坚决，　誓与同胞齐相约：

　　共同奋斗无尽无休，　　　为民族争光荣，为国家争自由。

　　选的这两首歌，一首缠绵，一首激昂，为的是取得情绪上和演出效果上的对较和变化。在紧张的生活里有时候唱一唱心里喜欢唱的歌曲，在文学上，音乐上有趣味的歌曲，即或那是迹近凄凉的，唱者也从里面得到不少的安慰，和人人所需要的

松弛。希望没人觉得我选的第一首《常常在静夜里》过于颓唐凄凉。"

"因为在台北前后三次，一共工作了三个月，停留时间比别的地方都长得多，所以为台北联合合唱团选了四首比较长的歌曲，同时也比较难一些。第一首是艾文柏林（Irving Berlin）作曲，拉撒路（Emma Lazarus）作词的《自由神歌》，原名是 Give Me Your Tired，Your Poor。在纽约港外的一个小岛上耸立着一个高三百英尺的自由铜神像，基石上刻着一首十四行诗。里面有这样几句话是这位高举明灯的自由神向欧洲大陆人士说的：

　　一切劳苦贫穷，无家可归，渴望自由的人，

　　要抬起头来振作精神，

　　携手并肩一齐到新大陆，

　　高举明灯，我在乐土金门。

我翻译这几句话的时候，特别不满意最后一句，因为颇有受了英文文法影响的嫌疑。同老朋友因百兄研究了半天，也没有更好的处理。我觉得虽然有些生硬，但是一来因为我国也有这种倒置的方法（如同为了强调某字，可以说：'书，我买；笔，我不买。'特受词放在前面），二来为了合于旋律的抑扬和乐曲的表情，这样排列最合适，所以只能如此交卷了。十年前百老汇演出了一个极为成功的音乐歌舞剧"自由小姐"（Miss Liberty），演的就是这段法国爱好自由人士如何捐款送给美国这个自由神像的故事。上面这几句话就是这个歌舞剧里的主题歌。"

"第二首台北联合合唱歌曲也是百老汇十几年前轰动一时的一个音乐歌舞剧里面的主题歌，差不多通俗到家喻户晓，无人不唱的程度。美国各大学中学的合唱团也差不多都曾唱过或是还正在唱这首歌。这个歌舞剧是《儿童乐园》（Car - rousel）。两位作者是在美国乐坛同享盛名多年的老搭档拉哲斯（Richard Rodgers）与韩慕斯天（Osear Hammerstein Ⅱ）——前者作曲，后者作词（根据我国名作家黎锦扬先生的名作改编为音乐歌舞剧，现在正在百老汇演出的《花鼓歌》，也是出于这二位的手笔。）我们唱的中文歌词是由陆军语言学校中文系的一位同事林慰君女士译的。本歌原名是"You'll Never Walk Alone"，林女士根据大意，译为《夜尽天明》：

夜尽天明

　　当你在风雨里独自向前行，　要抬起头来挺起胸；

　　暴风雨过去后，天空会晴朗，霎时间花又香鸟又鸣；

　　前行，向前行，不怕雨和风，虽然前途不坦平；

　　前行，前行，心中抱希望，　夜尽必定天明！

在人生的艰险路途上，民族的克难时期里，谁都需要这样美丽的旋律，动人的词句，来培养鼓励自己百折不挠的精神。"

"第三首台北联合合唱歌曲是胡适博士作词，赵元任博士一九二六年作曲的这个珠联璧合的《上山》。本来，胡博士四十年前写这首诗的时候是为鼓励自己的。但是这些年来千千万万的唱者和听众也得到'跑上最高峰，去看那日出的奇景'的鼓励和启示。我非常爱这首歌曲。二十年前指挥国立音乐院合唱团的时候，将这首歌曲改编为四部合唱。这次唱的就是我那时候锦上添花的尝试。

上　山

'努力，努力，努力向上跑！'
我头也不回呀，汗也不擦，
拼命地爬上山去，
'半山了，努力！努力往上跑！'

上面已没有路，
我手攀着石上的青藤，
脚尖抵住岩石缝里的小树，
一步一步地爬上山去。

'小心点！
小心点
小心点，努力，努力！
努力往上跑！'
树椿扯破了我的衫袖，
荆棘刺伤了我的双手，
我好容易打开了一条线路，
爬上山去。
'好了，好了，
上面就是平路了；
努力，努力！
努力往上跑！'

上面果然是平坦的路，

有好看的野花，有遮阴的老树。

但是我可倦了，衣服都被汗湿遍了，

四肢都觉软了，我在树下睡倒，

闻着那扑鼻的草香，便昏昏沉沉的睡了一觉。

睡醒来时，

天已黑了，

路已行不得了，'努力'的喊声也灭了。

猛省！猛省！

我且坐到天明，

明天绝早跑上最高峰，

去看那日出的奇景！"

"台北联合合唱音乐会里最后一个大合唱是已故名诗人徐志摩先生作词，赵元任博士作曲的《海韵》。赵博士这个作品自从一九二八年问世以来，各合唱团都以会唱《海韵》为乐为荣。只要在音乐会的节目单上出现，一向是'压轴戏'。这次选了赵博士这两首杰作，略表祖国音乐界对于这两位中国新音乐先进的崇敬。

海　韵

（一）「女郎，单身的女郎，　　　　你为什么留恋

这黄昏的海边？　　　　　女郎，回家吧，女郎！」

「阿不；回家我不回，　　　我爱这晚风吹。」

在沙滩上，　　　　　　　在暮色里，

有一个散发的女郎，　　　徘徊，徘徊。

（二）「女郎，散发的女郎，　　　　你为什么彷徨

在这冷清的海上？　　　　女郎，回家吧，女郎！」

「阿不；你听我唱歌，　　　大海，我唱，你来和。」

在星光下，　　　　　　　在凉风里，

清荡着少女的清音，　　　高吟，低哦。

（三）「女郎，胆大的女郎！　　　　那天边扯起了黑幕，

这顷刻间要有大风波，　　　女郎，回家吧，女郎！」

110

「阿不；你看我凌空舞，	学一个海鸥没海波。」
在夜色里，	在沙滩上，
旋转着一个苗条的身影，	婆娑，婆娑。

（四）
「听呀，那大海的震怒，	女郎，回家吧，女郎！
看呀，那猛兽似的海波，	女郎，回家吧，女郎！」
「阿不，海波他不来吞我，	我爱这大海的颠簸。」
在潮声中，	在波光里，
啊，一个慌张的少女在浪花的白沫里，	
蹉跎，蹉跎。	

（五）
「女郎，在哪里，女郎？	哪里是你嘹亮的歌声？
哪里是你窈窕的身影？	在哪里，啊，勇敢的女郎？」
黑夜吞没了星辉，	这海边再也没有光芒；
海潮吞没了沙滩，	沙滩上再不见女郎！

这次环岛讲学推动了以上这六首歌曲。因为要特别避免情绪上的单调呆板，所以所选歌曲，有慷慨激昂的，也有情绪缠绵的；有明显的鼓舞，也有含蓄的启发；有克难的发扬，也有文艺的提倡。生活里的音乐食粮需要不同的口味。刺激性的作料放得太多，会影响消化；若什么菜都放糖，也会影响健康。这个看法还要向读者们请教。无论如何，在各地和两千七百多青年一起练习演出了这六首歌曲，使我得到很多的安慰和鼓励。我不必在'灭孤灯听细雨'的时候，就可以时常的'忆从前快乐光阴'！"

四、感谢的话

"这次回国讲学，收到几百封各地爱好音乐的青年朋友们给我的信。返美后还是继续的收到。这种热情，实在可感。我虽然时间有限，但总是尽力不辜负诸位的盛意，在'百忙'中抽暇，一封一封的答复。虽然仅仅数行，但相信同我在音乐的心弦上已经起了共鸣的青年们，一定会在字里行间领会到我那些没能写出的话。自从返美以后，每天在学校办公八小时，回来已经很累了。现在晚饭后，七点钟就睡觉；夜里十一时起来，写作四小时，再接着睡；早晨六时半再起来到学校去办公。好在我是一个头一靠枕就能入睡的人，所以并不感觉痛苦。我所以把我的工作日程告诉诸位的缘故，是希望我一切不周到的地方能得到诸位的原谅。我收到的信，我相信已一一作复了。若是有人还没有收到，那恐怕是因为将一切书物（诸位的信件在内）海运回来的时候，有的在路上遗失了。

你们给我的信每封我都珍视。但是因为篇幅的限制，只能选出四十一封来发表，动态剪影部分也有这种情形，事出无奈，请原谅。"

"各地写的关于这次推动乐教反应的文章及报道，使我极为感激。蒙各位夸奖，实在愧不敢当。不是谦虚，我真没有什么特别本领。只因为各地所给予我的热情，使我仅有'傻干'，才能稍为报答而已。

五月环岛演讲，各地惊动了很多人。为了安排座谈会，专题演讲，筹备音乐会，以及参观接洽种种琐细事情，若没有这些朋友们这样出力，工作推动绝不会如此顺利。因为惊动的人太多了，恕我不一一指名致谢了。

为了举行这八次联合音乐会，各地合唱团的音乐教师除了协助练习以外，还帮忙很多前台后台的工作。举行音乐会的时候，更有很多专家热心参加独唱和伴奏的工作。一切演出的成功，都是他们的功劳。也藉这个机会深深的谢谢他们。

各地讲学的时候，多少公私机关和亲友们破资招待，使我深觉既'却之不恭'又'受之有愧'。回来后和同事们说起我的口福，害得他们'垂涎三尺'！环游世界，只有祖国的人情如此温暖！千言万语也说不完我的感激。请接受我这'尽在不言中'的谢忱。

文星书店萧孟能先生肯不计盈亏的为我出版这本专集，这在出版界里是很少见的事情。感激之余，'打'了三个星期的'夜作'，才把各项资料整理出来。诚恳的希望在资料方面不致使他们过于失望。

最后——但不是最少（恕我把英文里常说的一句话直译过来）——见如故的知交，编者张继高兄，肯于赴港履新的行前最后几日，在溽暑中，百忙里，代为编辑这本专集，这种友情是不可——也不必——言喻的。记得去年在我们讨论《音乐杂志》前途问题的信件里，我曾说：'我佩服你这"傻小子睡凉炕，全凭火力壮"的勇气！''傻小子'总是喜欢'傻小子'！希望这位'傻小子'虽然调到香港去工作，还能用他那对于音乐的'火力'，勇气，文章和造诣，继续的培养祖国乐教复兴的幼苗。

四十八年六月十九日夜四时
于美国、加州、佳美城、山木斋。"

"去年六月间把上面这篇东西写完以后，发生了几个变化，这本专集没能按原来计划出版。但为存真起见，决定还是把上面这篇发表，只在下面说明变化情况。

第一个变化是决将这本专集分两册出版，一本是论文集，一本是纪念集。论文集还是由继高兄主编；纪念集由老朋友夏承楹兄主编。继高兄早于离台赴港前将论文集编好，并且在一月间已经由文星书店出版了。

　　第二个变化是承楹兄因工作太忙，请了他的太太林海音女士代工。海音也是北平时代的朋友，她在最近的信上说：'为您编这本纪念集是愉快的，因为它时时牵引起我的回忆。我很想北平，想回到我那愚駿而神圣的童年！'但究竟难免因此耽误了她的写作，这是使我感愧交加的。虽然如此，承楹兄还是没能完全'洗手'。海音的信上说：'我负起责任来，也许比楹快当些。他可以当老爷，发号施令，如何形式，如何字体，如何题目等等，我当他的丫头好了！最后的光荣全属于他，还不行吗？'还有文星陈立峰先生，'动态剪影'是由他主持编排的。编这本集子当然只有劳累，没有光荣，我只有对这些老朋友们，在太平洋遥远的这边，深致谢忱了！

抱忱又及

四十九年三月十四日"①

　　5月，出席美国政府组织的"中美文化圆桌会议"。②

　　台湾文星书店出版林海音主编的《李抱忱博士回国讲学纪念集》。③

　　9月3日，宴请路过 Carmel（佳美城）的赵元任。④

　　10月10日，在美国加州佳美城山木斋为康讴编著的《基础和声学》作序。充分肯定了康讴（乐牧）著作力求简化、应用化、本位化的正确性。因为"一般学音乐和爱音乐的人所以视和声学为畏途的缘故，就是因为一般入门的书籍太复杂。刚入门的人看见里面五花八门，使他们望而生畏！本书特点在去繁就简，以渐次深入，具体说明和分析，列为学习的步骤，并注重使学者学一点，就可以应用一点，随时欣赏自己一点点耕耘的收获。这种收获和征服的感觉，在学习过程上是不可少的因素"。

---

　　① 李抱忱：《〈李抱忱博士回国讲学纪念集〉——〈写给读者，作者和编者〉》，李抱忱著：《炉边闲话》第三部《序言》，台北，东大图书有限公司出版，1975年7月初版，第283～302页。

　　② 赵琴：《李抱忱年表》，赵琴撰文：《李抱忱——余音嘹亮尚飘空》，台北，时报文化出版企业股份公司出版，2003年12月20日初版，第172页。

　　③ 赵琴：《李抱忱著作出版表》，赵琴撰文：《李抱忱——余音嘹亮尚飘空》，台北，时报文化出版企业股份公司出版，2003年12月20日初版，第185页。

　　④ 赵新那、黄培云编：《赵元任年谱》，北京商务印书馆，2001年4月第2次印刷，第379页。

"什么是本位化的和声？怎样去寻求本位化的和声？这需要许许多多有本位文化的意识的我国作曲家，在不停的写作尝试了多少年以后，才能由音乐理论家分析他们的作品，写出一本中国和声学来。西方的和声学就是这样分析归纳复音音乐时代多少名曲的和声效果而产生出来的。自从一位法国音乐理论家拉谋（Rameau）在一七二二年出版了《和声学基本原理》这本名作以后，和弦的分类、构造、性质、转位、以及相互关系这些和声的重要原则，才奠定了和声理论的基础。这不像'鸡生蛋，还是蛋生鸡？'那样模糊的一个问题。音乐史告诉我们：是乐曲生理论，而不是理论生乐曲"。

"但尝试写作中国和声的乐曲的时候，决不是标奇立异，胡写乱作，或只要与众不同，就可以产生出来中国和声。必须有名家的尝试的结果为参考，再加上自己的努力探索，才会收到事半功倍的效果。本书作者在这方面供给了很多宝贵的材料，更增加了本书的价值"。

"乐牧兄是一位音乐理论家兼实践家。平素细心研究，彻底推敲，尤其是稳健热诚，教法新颖。所以甚受学生们的欢迎。我现在郑重的将他这本教学心得，介绍给一切愿升音乐之堂，入音乐之室的朋友们"！①

出席纽约"中国语文会议"。②

给亲友写圣诞信。③

1961 年（54 岁）

10 月 12 日，女朴虹诞子蔡明曦，为第一个外孙，做外祖父。④

给亲友写圣诞信。⑤

---

① 李抱忱：《为康讴编著〈基础和声学〉序言》，李抱忱著：《炉边闲话》第三部《序言》，台北，东大图书有限公司出版，1975 年 7 月初版，第 309～311 页。

② 赵琴：《李抱忱年表》，赵琴撰文：《李抱忱——余音嘹亮尚飘空》，台北，时报文化出版企业股份公司出版，2003 年 12 月 20 日初版，第 172 页。

③ 李抱忱：《历年来的圣诞信》，李抱忱著：《山木斋话当年》附录（五），台北，传记文学出版社出版，1979 年 6 月 1 日再版，第 230～232 页。

④ 同上，第 233 页。

⑤ 同上，第 233～24 页。

1962 年（55 岁）

作四部合唱《闻笛》（唐·赵嘏词）。①

指挥美国陆军语言学校中文系合唱团灌制唱片，录制了十三首中文合唱曲。②

10 月 1 日，撰《李抱忱诗歌曲集自序》。简述了诗歌曲集第一集的出版情况，第二集的准备情况，第三集的计划情况。③

12 月，香港《中外画报》刊登美国陆军语言学校中文系合唱团演出报导。④

改编中国儿歌《雁群》。⑤

给亲友写圣诞信。⑥

1963 年（56 岁）

1 月，在美国加州佳美城山木斋为王沛纶编纂的《音乐辞典》作序。本序言写道："世界上第一本音乐字典，是四百八十多年前在意大利出版的。这本字典叫做《Terminorum Musicae（Tinctoris）》，只是一本有拉丁文定义的一些拉丁音乐名词而已。几百年来，欧西国家大量的陆续出版了很多种音乐字典或音乐词典，种类之多，内容之丰，可以和学术的任何一个部门比美。"

"我国在乐教刚刚复兴的时候，这种书籍实在少得可怜。从前曾看见过两种简易的音乐'字'典（一为上海梁某编，一为广西林某编），但是音乐'词'典却一

---

① 李抱忱：《闻笛》，李抱忱著：《炉边闲话》第四部《作歌度曲记往》，台北，东大图书有限公司出版，1975 年 7 月初版，第 350～351 页。

赵琴：《李抱忱词曲作品一览表》，赵琴撰文：《李抱忱——余音嘹亮尚飘空》，台北，时报文化出版企业股份公司出版，2003 年 12 月 20 日初版，第 179 页。

② 赵琴：《李抱忱年表》，赵琴撰文：《李抱忱——余音嘹亮尚飘空》，台北，时报文化出版企业股份公司出版，2003 年 12 月 20 日初版，第 172 页。

③ 李抱忱：《〈李抱忱诗歌曲集〉自序》，李抱忱著：《炉边闲话》第三部《序言》，台北，东大图书有限公司出版，1975 年 7 月初版，第 307～308 页。

④ 同②。

⑤ 赵琴：《李抱忱词曲作品一览表》，赵琴撰文：《李抱忱——余音嘹亮尚飘空》，台北，时报文化出版企业股份公司出版，2003 年 12 月 20 日初版，第 179 页。

⑥ 李抱忱：《历年来的圣诞信》，李抱忱著：《山木斋话当年》附录（五），台北，传记文学出版社出版，1979 年 6 月 1 日再版，第 230～231 页。

本都没见过。二十几年的老朋友沛纶兄如此埋头苦干，不辞劳苦的编出了我国第一本音乐词典来，为我国乐教开辟了一个新纪元，真是一件极有价值，极可庆祝的盛举。"

"这部八十万言的音乐词典，共分人名、乐语、歌剧三编。除了若干年谱乐语等部分极为实用的参考资料之外，还有名曲说明，歌剧介绍等供浏览的文字，可以说包罗万象，美不胜收。现在郑重的向下列各方面的朋友介绍这部名著：（一）音乐教师，（二）音乐学生，（三）音乐专家，（四）音乐爱好者，（五）音乐工作者，（六）音乐评论家，（七）学术各部门的学人——特别是文学、美术、社会、历史、人文、哲学等部门。如同欧美国家在日常用语里常引用圣经和莎士比亚，我国在白话里常引用典故一样，这些学术的部门常谈到和音乐有关的事情。"

"这部书，除了上述各种用处以外，还有一个任务，就是引起政府方面、社会方面，学术界和出版界普遍的注意，使像沛纶兄这样的'护花童子'，能更竭心尽力的浇灌我国这块正在发展的音乐园地。"①

2月，台湾正中书局出版《李抱忱诗歌曲集》。②

美国陆军语言学校改名为国防语言学院。③

被授予美国陆军语言学校服务十年纪念章。指挥国防语言学院中文系合唱团灌制唱片，录制十一首中文合唱曲。④

任道格拉斯超时代研究所咨询，与戴湛勤合著论文两篇：《国语单调复词之语言实验研究》、《国语与英语使用效率之比较研究》。⑤

作《安睡歌》歌词（勃拉姆斯曲）。⑥

———————————

① 李抱忱：《王沛纶编〈音乐辞典〉序言》，李抱忱著：《炉边闲话》第三部《序言》，台北，东大图书有限公司出版，1975年7月初版，第305～306页。

② 赵琴：《李抱忱年表》，赵琴撰文：《李抱忱——余音嘹亮尚飘空》，台北，时报文化出版企业股份公司出版，2003年12月20日初版，第172页。

③ 李抱忱：《国防语言学院十四年的回忆（1953～1967年）》，李抱忱著：《山木斋话当年》，台北，传记文学出版社出版，1979年6月1日再版，第151页。

④ 李抱忱：《历年来的圣诞信》，李抱忱著：《山木斋话当年》附录（五），台北，传记文学出版社出版，1979年6月1日再版，第238页。

⑤ 李抱忱：《国防语言学院十四年的回忆（1953～1967年）》，李抱忱著：《山木斋话当年》，台北，传记文学出版社出版，1979年6月1日再版，第172页。

⑥ 赵琴：《李抱忱词曲作品一览表》，赵琴撰文：《李抱忱——余音嘹亮尚飘空》，台北，时报文化出版企业股份公司出版，2003年12月20日初版，第176页。

给亲友写圣诞信，本年发出八百多封。①

1964 年（57 岁）

3 月 29 日，女朴虹诞子蔡明昊，为第二个外孙。②

夏，在印第安纳大学暑期学校任教授，费时十多个晚上为该校音乐教授考夫曼（Walter Kauffmann）校改学术论著《东洋记谱法》（Oriental Musical Notations）。③

10 月 20 日，在美国加州佳美城山木斋为康讴编著的《键盘和声学》作序。序言记叙道："键盘和声学是和声学在键盘上的应用。学和声学的人，若忽视了键盘和声学的学习，就只能将所学的理论应用在这纸上，只会'纸上谈兵'，不会'冲锋陷阵'。"

"这是一件很可惜——至少是美中不足——的事情。三十年前我在欧柏林音乐院研究音乐的时候，常看见一些同学，理论学的不错，并且弹一手好钢琴。但是在键盘和声班上，一坐在琴旁边，就什么也弹不出来了。后来在抗战期间，我担任重庆国立音乐院教务主任的时候，也同样的发现，学生们在键盘和声学这方面，多半是'得心'而不'应手'，也可以说是'眼高手低'。"

"在五线谱纸上作和声练习是'得心'的追求；在键盘上只看着旋律或低音部，便能将四部和声弹奏出来，或只看着旋律，便能将适当而正确的和声伴奏弹出来，是'应手'的表现。二者相辅而行，缺一不可。'得心'的追求这部分工作，等于笔算；'应手'的表现这一部分工作，等于心算。笔算费时间，心算省时间。和声的笔算，可以改来改去，并且在写或改的时候，两手可以在键盘上摸来摸去——这不是和声的好方法。和声的心算，没有这些方便（也可以说是弊端），要眼疾手快的，凭着和声学的知识和手指的训练，心里算计好，指上弹出来。一有计划，立刻实行。声响既出，乐局亦定。所以键盘和声这门学问，训练学者眼疾手快，当机立

① 李抱忱：《耶鲁大学七年的回忆》，李抱忱著：《山木斋话当年》，台北，传记文学出版社出版，1979 年 6 月 1 日再版，134 页。

李抱忱：《历年来的圣诞信》，李抱忱著：《山木斋话当年》附录（五），台北，传记文学出版社出版，1979 年 6 月 1 日再版，第 237～239 页。

② 网络来源：2012 年 2 月 14 日，美国副总统拜登和国务卿希拉里设午宴招待到访的中华人民共和国国家副主席习近平，所请掌勺著名美籍华裔厨师即为蔡明昊，现为美国最著名的华裔厨师。东方网：http：//news.eastday.com/c/20120216/u1a6366217.html。

③ 李抱忱：《祖国的召唤——第四次返国沿途音乐见闻》，李抱忱著：《炉边闲话》第一部《正文》，台北，东大图书有限公司出版，1975 年 7 月初版，第 2 页。

断；不鼓励前思后想，优柔寡断。"

"乐牧兄是我二十多年的老朋友，又是抗战期间的教育部和国立音乐院的老同事。我一向非常钦佩他的治学勤慎，以及诲人不倦的精神。现在由他参考西洋名著，并且根据多年研究实验，及教学心得，编了这中国第一本键盘和声学，实在是祖国乐教的一件大事。尤其是他在实验过程上，采用混合研究的方式，在同一单元里，用六七种不同的实验方法，以及多次的提示重点，在各调上予以反复实验的原则。我认为是非常正确的。因为这种'得心应手'的键盘和声技术的培养，必须如此实施，才能使学者增加信心，才能收到彻底了解和十分熟练的效果。使学者研究一日，便有一日的心得，而不会再有一坐在琴旁边，什么也弹不出来的现象了。深愿学者们，善为利用，籍着这本书，而得到键盘和声这享用不尽的珍贵知识和技能。"①

由于太忙，只发了一个圣诞信声明。②

1965 年（58 岁）

开始为台湾《传记文学》、《中外杂志》等刊物撰写回忆文章，后分别收入《山木斋话当年》和《炉边闲话》。③

3 月 22 日，台湾世新合唱团在世界新闻专科学校成立，首任团长及指挥为谢建治。后该团团员以"我就像只老马，带着你们这群小马奔驰在音乐的大草原上"这句李抱忱的名言相互称谓。④

1966 年（59 岁）

2 月 15 日，在美国加州佳美城山木斋撰《山木斋随笔》自序。表述《随笔》是应台湾《新闻天地》社长卜少夫之约写的十一篇文章，有的谈音乐，有的论语

---

① 李抱忱：《康讴编著：〈键盘和声学〉序言》，李抱忱著：《炉边闲话》第三部《序言》，台北，东大图书有限公司出版，1975 年 7 月初版，第 309～311 页。

② 李抱忱：《1959 年的圣诞信》，《历年来的圣诞信》，李抱忱著：《山木斋话当年》附录（五），台北，传记文学出版社出版，1979 年 6 月 1 日再版，第 239 页。

③ 李抱忱著：《山木斋话当年》，台北，传记文学出版社出版，1979 年 6 月 1 日再版。
李抱忱著：《炉边闲话》，台北，东大图书有限公司出版，1975 年 7 月初版。

④ 网络来源：维基百科：世新合唱团。http：//zh. wikipedia. org/zh－hk/% E4% B8% 96% E6% 96% B0% E5% 90% 88% E5% 94% B1% E5% 9C% 98；http：//www. bbs. shu. edu. tw/gmore shuc&F0000J96&1 世新大学　翠谷风情 BBS。

118

言；有的介绍名人，有的打抱不平。真是"随"手信"笔"，没有任何题目体裁等等的限制。由于单薄的可怜，于是又整理出五篇序言和八篇演讲、专文跟报导，作为本书的第二部和第三部。这些文字正好也都是在这个时期写的。第二部纪念台湾友人治学的努力和贡献；第三部纪念自己七年前在台湾的音乐活动。①

香港新闻天地出版社出版《山木斋随笔》。②

8月24日，老舍不堪迫害自沉北京太平湖身亡。后闻老舍含冤去世，深感悲愤。③

11月4日，携夫人崔瑰珍第三次赴台湾观光、讲学，为期五周半。积极进行或参与演讲、座谈、指挥、评论活动。④

结识后成为台湾著名音乐人的赵琴。⑤

19日，在美国加州佳美城山木斋撰写《音乐教育小丛书编辑计划》序。内容如下："二十多年前我曾在抗战期间的教育部音乐教育委员会担任了三年的专任委员兼教育组主任（二十七年～三十年，编者注：指民国纪年，即1938～1941年）。任内曾拟了一个音乐教育小丛书计划，因为缺乏参考书和人力（主任下只有干事二人），三年里只编成二十种小丛书里的两种：歌咏指挥法和战时中小学音乐教育概况。唱名法检讨（第十五种）已经起始，但未如愿完成，已完成部分由文星书店收入我的音乐论文集内及散见王沛伦兄编的音乐辞典。其余各种丛书因为我离教育部就任国立音乐学院教务主任的缘故，不幸没有人继续编下去。

前后返台三次，看见祖国乐教出版物中这类书籍仍然很少，最近整理旧物，意外的找到这个二十多年前草拟的计划。现在一字不改的发表出来（只加附注），希

---

① 李抱忱：《〈山木斋随笔〉自序》，李抱忱著：《炉边闲话》第三部《序言》，台北，东大图书有限公司出版，1975年7月初版，第312页。

② 赵琴：《李抱忱著作出版表》，赵琴撰文：《李抱忱——余音嘹亮尚飘空》，台北，时报文化出版企业股份公司出版，2003年12月20日初版，第185页。

③ 李抱忱：《耶鲁大学七年的回忆》，李抱忱著：《山木斋话当年》，台北，传记文学出版社出版，1979年6月1日再版，第141页。

④ 李抱忱：《一九六六年第三次返台，离后写给各位亲友》，李抱忱著：《山木斋话当年》附录（六），台北，传记文学出版社出版，1979年6月1日再版，第240～248页。
李抱忱：《国防语言学院十四年的回忆（1953～1967年）》，李抱忱著：《山木斋话当年》，台北，传记文学出版社出版，1979年6月1日再版，第170～171页。

⑤ 李抱忱：《花甲后的两年》，李抱忱著：《炉边闲话》第一部《正文》，台北，东大图书有限公司出版，1975年7月初版，第39页。

望能引起祖国乐教人士的注意和兴趣来，共同为乐教编辑出来这套急切需要的参考书。"①

同日，客串指挥康讴组织的乐牧合唱团，演唱个人作品《歌声》和《上山》等。②

20日，在台中音乐研究会为八合唱团演讲后，客串指挥了《锄头歌》。③

24日，参加屏东师专校长张效良在该校校庆校友演奏会前举行的和当地音乐教师的座谈会，与会者有数十人。④

25日，参加台东男中、女中、师范三校长梁惠溥、许俊哲、刘庆廉共同举行的当地音乐教师座谈会，与会者有数十人。⑤

12月8日，应实践家专校长谢东闵之邀参观该校，阅看了谢东闵正在筹备的台北音乐中心的计划和蓝图，为之感动和感慨万千。并提出两点建议：（一）将来可邀请国内造诣深厚的歌咏指挥家们，利用寒暑假环岛讲学，每处停留一、二星期，邀请当地合唱指挥共同切磋琢磨。参加人员组成合唱团，互相观摩，轮流指挥，将三五精选歌曲的歌词和歌曲唱入化境。这样，每人可以举一反三的将三五歌曲的心得应用到三五十个歌曲。每年若有几百位合唱指挥如此观摩，全国将有千千万万的唱者受益无穷。（二）可以发行刊物，供给全国大中小学及社会合唱团体合唱歌曲，从速解决目前的合唱歌曲荒。⑥

12月10日，参加台军文艺活动中心组织的国军音乐座谈会，除台湾著名音乐家萧而化、王沛伦、张锦鸿、康讴等出席外，另有数十位有关人员与会。客串指挥林宽组织的"中广"及"琴瑟"合唱团，演唱个人作品《旅人的心》、《汨罗江上》、《誓约之歌》、《佛曲》、《满江红》等于惜别演唱会。⑦

---

① 朴月寄来的李抱忱资料光盘之《杂文、书信》。

② 赵琴：《李抱忱年表》，赵琴撰文：《李抱忱——余音嘹亮尚飘空》，台北，时报文化出版企业股份公司出版，2003年12月20日初版，第172页。

李抱忱：《一九六六年第三次返台，离后写给各位亲友》，李抱忱著：《山木斋话当年》附录（五），台北，传记文学出版社出版，1979年6月1日再版，第242页。

③ 李抱忱：《一九六六年第三次返台，离后写给各位亲友》，李抱忱著；《山木斋话当年》附录（五），台北，传记文学出版社出版，1979年6月1日再版，第242页。

④ 同上。

⑤ 同上。

⑥ 李抱忱：《音乐教育月刊创刊祝词》，李抱忱著：《炉边闲话》第二部《短文贺词圣诞信》，台北，东大图书有限公司出版，1975年7月初版，第249～251页。

⑦ 同②。

120

12 月 11 日，乘机离台。在台期间应邀到文化学院音乐系和音乐舞蹈专修科、国立艺专音乐科、育英中学、中国语文学会、新竹华语学校、东海大学、台中音乐研究会、台中市一中、台南成功大学、台东男中、女中、师范三校联合、师大夜间部、政治大学、东吴大学、扶轮社等单位演讲。到台湾制片厂、荣星儿童合唱团、复兴剧校、新竹省中合唱团及竹声合唱团、音乐幼年班、台中美国外交学院中国语文学校、高雄加工出口区、屏东师专、中兴大学、台中儿童合唱团、台北语文学院、辅仁大学、一女中、国防语文学校、和实践家专参观，并参加了台东各校特意举办的音乐会，会上演唱了几首谱主的作品，并做了评论。接受台湾中广"音乐风"、"刘秀嫚的话"栏目及大陆部、正声电台、电视公司"艺文夜谈"栏目、台南和台东中广、《中央日报》社、《联合报》社、《大华晚报》社、《新生报》社、《中华日报》社、《台湾日报》社、《国语日报》社、《国魂》杂志社、胜利之光、新中国出版社、《台湾画刊》社、世界新闻专科学校《小世界》周刊社、实践家专月刊及侨务委员会学校教育科等单位的采访。还以工作地点美国蒙特瑞城姐妹城委员会委员的资格访问姐妹城台南市。另游览了著名风景名胜日月潭、台南的延平郡王祠、赤崁楼、安平堡、孔庙、高雄的澄清湖等。还搜集了一些为自己参考的音乐数据，为三十种不同的中国方言录音。①

撰《五十五年音乐节贺词》。积极赞扬了台湾乐教在"不问收获，只事耕耘"的"护花使者"的浇灌下蓬勃发展的动人情形。并祝各位朋友平安顺利！祖国万岁！祖国乐教万岁！②

12 日，到香港，由于过于劳累，到港次日就感冒了，第三天转重感冒，只带病进行了一次清华书院的公开演讲和少数应酬。

17 日，带病飞往曼谷（因天气炎热只能待在旅馆里）。

19 日，到印度首都新德里，由学生印度军官沙望上尉雇车陪同游览了三天，对泰姬陵留下了极为深刻的印象。

23 日，晨，离印度到开罗转赴耶路撒冷，沿着"十字架路"（传说耶苏被定死罪后背着十字架一直走到被钉十字架地点的路），参观了传说中橄榄山耶苏祷告的客西马尼园，耶苏受难、安葬、复活升天的圣墓教堂，耶利哥古城和死海。

---

① 李抱忱：《一九六六年第三次返台，离后写给各位亲友》，李抱忱著：《山木斋话当年》附录（五），台北，传记文学出版社出版，1979 年 6 月 1 日再版，第 241 ～ 243 页。
② 李抱忱：《五十五年音乐节贺词》，李抱忱著：《炉边闲话》第二部《短文贺词圣诞信》，台北，东大图书有限公司出版，1975 年 7 月初版，第 244 ～ 246 页。

25 日，圣诞夜到伯利恒瞻仰传说中耶苏诞生的地方。

26 日，抵希腊首都雅典，因感冒加重，取消罗马之行，夫妇俩在雅典养病四天。

30 日，感冒基本痊愈，由驻希使馆人员陪同参观了雅典卫城后，飞往巴黎。在巴黎的三天里参观了巴黎圣母院、埃菲尔铁塔、凡尔赛宫并在红磨坊观看了一场布景和服装都不同凡响的演出。①

用一封《返祖国　游世界》的报导信代替圣诞信。②

1967 年（60 岁）

1 月 2 日，飞马德里，四天中参观了三十年内战遗址、西班牙故宫阿尔罕布拉宫、西班牙著名画家埃尔·格列柯（El Greco）等人的美术馆。

2 月 4 日，开始写《一九六六年第三次返台，离后写给各位亲友》。

6 日，飞里斯本，四天里参观了辛特拉宫及一些古堡、美术馆等。

10 日，从里斯本飞往纽约，费时七小时。

12 日，飞赴圣路易斯和女儿、女婿及两个外孙欢聚。

15 日，晨乘机飞旧金山，中午抵达，和儿子相聚两小时，再转返蒙特瑞和佳美城寓所。③

4 月 23 日，致函携全家逃到美国的马思聪，表示慰问及邀请其全家到寓所作客，并回忆起二十世纪三十年代在重庆共事的情景，当时马思聪任中华交响乐团指挥，谱主代表中美文化学会兼任该团理事，虽不是至交，但两人经常开会见面，关系尚属融洽。此信后在美国华人创办的《中华联谊会通讯》上发表。④

---

①　李抱忱：《国防语言学院十四年的回忆（1953～1967 年）》，李抱忱著：《山木斋话当年》，台北，传记文学出版社出版，1979 年 6 月 1 日再版，第 171 页。

以上旅途过程见李抱忱：《一九六六年第三次返台，离后写给各位亲友》，李抱忱著：《山木斋话当年》附录（五），台北，传记文学出版社出版，1979 年 6 月 1 日再版，第 244～246 页。

②　《1959 年的圣诞信》，《历年来的圣诞信》，李抱忱著：《山木斋话当年》附录（五），台北，传记文学出版社出版，1979 年 6 月 1 日再版，第 239 页。

③　以上旅途过程见李抱忱：《一九六六年第三次返台，离后写给各位亲友》，李抱忱著：《山木斋话当年》附录（五），台北，传记文学出版社出版，1979 年 6 月 1 日再版，第 247～248 页。

④　李抱忱：《花甲后的两年》，李抱忱著：《炉边闲话》第一部《正文》，台北，东大图书有限公司出版，1975 年 7 月初版，第 25～26 页。

5 月 24 日，收到马思聪回复的致谢信，马氏在信中应允找时间晤谈。①

自美国国防语言学院退休。在美国国防语言学院期间宣读三篇论文：《中国音乐和语言的几个特色》（马里兰大学）、《中国语言里的音乐》（印地安那大学）、《美国对中国在语言方面的影响》（印地安那大学）。②

在该校期间，胡适、林海音、陈立夫、谢东闵、于斌等曾到谱主主持的中文国语系参观或到谱主家中小住。③

6 月 1 日，在美国加州佳美城山木斋撰《山木斋话当年》自序。简述了本书在台湾《传记文学》发行人刘绍唐的催生下写作、出版的经过。④

7 月，举行庆贺六十寿诞活动，张大千夫妇等嘉宾到场，并尽力协助张大千在斯坦福大学办画展。⑤

8 月 1 日，在《中华联谊会通讯》第四期上发表《留学生的两大问题——湾区中国同学会夏令会讨论会中谈话》。本文以亲身经历谈论了留学生的就业和婚姻问题，认为"世界上最苦恼的事情，是对于自己的工作不发生兴趣。人生不过几十寒暑，若用来挣钱吃饭，得不到工作的乐趣，未免太不合算"。"改行而对工作有兴趣，不是失败；不改行而对工作没兴趣，不是成功"。婚姻方面比"郎才女貌"和丈夫的博士头衔更重要的是"性情兼容"，这不是"'性情相同'的意思，而是刚柔相济，你进我退的意思"。⑥

9 月，台湾传记文学出版社出版自传《山木斋话当年》。⑦

撰《音乐教育月刊创刊祝词》。追述了 1966 年应谢东闵之邀参观实践家专学校并提出两点建议等情况，并敬祝该刊前途远大，无限光明。⑧

---

① 李抱忱：《花甲后的两年》，李抱忱著：《炉边闲话》第一部《正文》，台北，东大图书有限公司出版，1975 年 7 月初版，第 27 页。

② 李抱忱：《国防语言学院十四年的回忆（1953～1967 年）》，李抱忱著：《山木斋话当年》，台北，传记文学出版社出版，1979 年 6 月 1 日再版。第 172 页。

③ 同上，第 178 页。

④ 李抱忱：《〈山木斋话当年〉自序》，李抱忱著：《炉边闲话》第三部《序言》，台北，东大图书有限公司出版，1975 年 7 月初版，第 313～314 页。

⑤ 同①，第 14、27～33 页。

⑥ 同①，第 21～24 页。

⑦ 赵琴：《李抱忱著作出版表》，赵琴撰文：《李抱忱——余音嘹亮尚飘空》，台北，时报文化出版企业股份公司出版，2003 年 12 月 20 日初版，第 185 页。

⑧ 李抱忱：《音乐教育月刊创刊祝词》，李抱忱著：《炉边闲话》第二部《短文贺词圣诞信》，台北，东大图书有限公司出版，1975 年 7 月初版，第 249～251 页。

为台湾荣星儿童合唱团成立十周年撰题为《文化复兴的大众乐教》的纪念贺词。认为"荣星儿童合唱团用他们那天使的歌声使听众陶醉在美丽的音乐里——这当然是一个伟大的贡献。但我认为荣星在乐教上有更伟大的两项贡献：（一）荣星十年来所训练出来的儿童当以千计，这些毕业的'老儿童'现在也许已经做了父亲和母亲。他们每人是一支音乐的蜡烛，照亮了他们的家庭，他们的角落。（二）荣星成立十年，成绩斐然，鼓励了几个别的城市也成立了儿童合唱团"。①

认江世珍为义女。②

1968 年（61 岁）

3月12日，专程赴旧金山为张大千祝七十寿诞（阴历），并为张大千作祝寿的藏头打油诗："张大师，大矣哉，千人崇，万人拜，寿老儿，无量寿，疆无尽，颂无休。"③

4月1日，《中华联谊会通讯》刊载两封评议《山木斋话当年》的读者来信。④

5月初，赴马里兰大学开会遇梅贻宝，后者约请继任爱我华大学中文及远东研究所主任，并应邀在月底赴爱我华大学演讲，藉此双方做彼此间的考察。⑤

5月9日，为台湾"中广"公司"音乐风"节目录制"纪念老学长黄今吾先生"的特别谈话，以"纪念黄自逝世三十周年"，谈话表达了对老学长的崇敬和钦佩。⑥

5月底，到爱我华大学演讲。⑦

一周后收到爱我华大学校长的聘函。⑧

① 李抱忱：《文化复兴与大众乐教（荣星合唱团十周年纪念贺词）》，李抱忱著：《炉边闲话》第二部《短文贺词圣诞信》，台北，东大图书有限公司出版，1975年7月初版，第247～248页。

② 李抱忱：《不知老之将至》，李抱忱著：《炉边闲话》第一部《正文》，台北，东大图书有限公司出版，1975年7月初版，第92页。

③ 李抱忱：《花甲后的两年》，李抱忱著：《炉边闲话》第一部《正文》，台北，东大图书有限公司出版，1975年7月初版，第32～33页。

④ 同上，第36～39页。

⑤ 同上，第15页。

⑥ 同上，第40～41页。

赵琴：《李抱忱年表》，赵琴撰文：《李抱忱——余音嘹亮尚飘空》，台北，时报文化出版企业股份公司出版，2003年12月20日初版，第172页。

⑦ 同③，第15页。

⑧ 同③，第15页。

6月22日，启程赴中南美洲秘鲁、巴西、巴拿马、墨西哥四国旅游，至7月返回美国，其间，应张大千夫妇之邀，7月1日到巴西圣保罗张府"八德园"作客两天。①

7月18日，"中广"公司"音乐风"节目播出"李抱忱及其作品介绍"。②

8月1日，《中华联谊会通讯》刊载为台湾"中广"公司"音乐风"节目录制的特别谈话：《"纪念老学长黄今吾先生"》。③

本月，任美国爱我华大学中文及远东研究所主任兼教授，开"中国语文"和"中国文学"两门课。④

12月，到纽约参加现代语言学会，会后转道华盛顿附近的马里兰州毕西斯达拜访马思聪，作音乐方面的彻夜长谈，并了解了许多音乐界友人在"文革"中遭受迫害的惨状。⑤

在中断四年后，由于工作及地址有了重大的变化，重新给亲友写圣诞信，从英文信改为中英文各一封。⑥

1969 年（62 岁）

在师生员工中组织中文合唱团。⑦

2月9日，撰自著《合唱指挥》初版前言。⑧

6月～8月，再到印第安纳州大学中日文暑期学校教课十周，又为该校音乐教

---

① 李抱忱：《花甲后的两年》，李抱忱著：《炉边闲话》第一部《正文》，台北，东大图书有限公司出版，1975 年 7 月初版，第 20、33～34 页。

② 赵琴：《李抱忱年表》，赵琴撰文：《李抱忱——余音嘹亮尚飘空》，台北，时报文化出版企业股份公司出版，2003 年 12 月 20 日初版，第 172 页。

③ 同①，第 39～41 页。

④ 同①，第 15～19 页。

⑤ 李抱忱：《作曲回忆》，李抱忱著：《炉边闲话》第一部《正文》，台北，东大图书有限公司出版，1975 年 7 月初版，第 124～125 页。

李抱忱：《花甲后的两年》，李抱忱著：《炉边闲话》第一部《正文》，台北，东大图书有限公司出版，1975 年 7 月初版，第 24 页。

⑥ 同①，第 18～20 页。

⑦ 李抱忱：《中山堂的歌声》，李抱忱著：《炉边闲话》第一部《正文》，台北，东大图书有限公司出版，1975 年 7 月初版，第 66 页。

⑧ 李抱忱：《〈合唱指挥〉自序》，李抱忱著：《炉边闲话》第三部《序言》，台北，东大图书有限公司出版，1975 年 7 月初版，第 326～329 页。

李抱忱著：《合唱指挥》，中华音乐教育丛书，台湾天同出版社印行，一九七六年版，第 5 页。

授考夫曼校改学术论著《中国经书里的音乐》（Music in the Chinese Classics），并应允为之作序。①

台湾音乐教育乐刊社出版《歌咏指挥法》。②

撰《第一届全国大专教授及乐团联合音乐会贺词》。认为："祖国乐教这十年来的蓬勃发展，已经是令人兴奋的一件大事了。但更令人兴奋的是这次的盛举象征着乐人的大团结。这使我感动的无法形容。文人相轻，自古皆然；乐人有时候也遭遇这样的不幸。我多年来忝列于文人和乐人的行列中，曾有多少亲身经验。但这次乐坛的大团结演出，将是音乐界极体面极光荣的一个盛举，绝不会再引起乐人相轻的批评来。这实在可喜可贺！实在令人兴奋！"③

再次接到台湾方面的邀约，在离开美国前的两个星期里，一方面交代系务和整理行装，一方面挤时间为印第安纳州大学音乐教授考夫曼的学术论著《中国经书里的音乐》作序。④

为陈刘邦瑞女士校改硕士论文《二十世纪中国音乐的文化与教育方面》，并作序。⑤

9月，第四次赴台，9日离爱我华，在蒙特瑞、佳美城住五天，和老同事聚会。⑥

14日，至洛杉矶住三天，料理了几件事情。

18日，到东京，观光游览。⑦

21日，飞汉城，在汉城喜遇二十世纪二十年代在李家住过的韩国航空之母权基玉，受到热情接待。⑧

---

① 李抱忱：《祖国的召唤》，李抱忱著：《炉边闲话》第一部《正文》，台北，东大图书有限公司出版，1975年7月初版，第2页。

② 赵琴：《李抱忱著作出版表》，赵琴撰文：《李抱忱——余音嘹亮尚飘空》，台北，时报文化出版企业股份公司出版，2003年12月20日初版，第185页。

③ 李抱忱：《第一届全国大专教授及乐团联合音乐会贺词》，李抱忱著：《炉边闲话》第二部《短文贺词圣诞信》，台北，东大图书有限公司出版，1975年7月初版，第252～253页。

④ 李抱忱：《祖国的召唤——第四次返国沿途音乐见闻》，李抱忱著：《炉边闲话》第一部《正文》，台北，东大图书有限公司出版，1975年7月初版，第3～4页。

李抱忱：《中山堂的歌声》，李抱忱著：《炉边闲话》第一部《正文》，台北，东大图书有限公司出版，1975年7月初版，第67页。

⑤ 同①，第4页。

⑥ 同①，第5页。

⑦ 同①，第5页。

⑧ 同①，第5页。

24 日，从韩国飞抵香港，和林声翕、黄友棣、老慕贤、綦湘棠、范希贤、周书绅等欢聚，做以"音乐之将来和作曲的风格"为内容的音乐谈话。①

25 日，出席原重庆国立音乐院校友举行的午宴和香港音乐界月会举行的晚宴，并首晤老友名导演费穆的女儿费明仪——香港明仪合唱团的创建人，但因时间关系，未能欣赏该合唱团的演唱。②

26 日，和黄友棣、林声翕、綦湘棠等人各进行了数小时的长谈，以"天才乐教"、"师资训练"、"教材编辑"等音乐大问题为主要谈资。③

28 日，因遇台风，延期一日抵台北。④

10 月 1 日，参加文化局举行的第一次工作会议，协助台湾教育部文化局推行"长期发展音乐计划"。⑤

20 日，开始参观考察台北地区的音乐机构状况，至月底结束。⑥

24 日，参加中华文化复兴运动推行委员会举办的座谈会，并做题为《发展音乐与中华文化复兴》的特约演讲，并在 11 月的《中华文化复兴月刊》上发表。认为文化复兴这四个字曾引起不同的解释来。复兴虽然不一定是复古，但也不一定不是复古。诛九族这种古不必复了，但是使古代文化兴盛的礼乐这两个动力的精神实在应当复兴。音乐发展对于文化复兴有四点要注意：第一点，我们应当遵循的是多多给人民欣赏音乐的机会。第二点，可以供我们参考的是积极的音乐教育是人人参加唱奏的音乐教育。第三点，孔子认为大众乐教是"移风易俗"的"牛刀"利器。第四点，现在的教育也应当以音乐为教育的最高峰。⑦

11 月 2 日，开始为乐教奔走于岛内，掀起"音乐年"热潮。整理八处座谈会中

---

① 李抱忱：《祖国的召唤》，李抱忱著：《炉边闲话》第一部《正文》，台北，东大图书有限公司出版，1975 年 7 月初版，第 7 页。

② 同上。

③ 同上，第 7～8 页。

④ 同上，第 8～9 页。
李抱忱：《中山堂的歌声》，李抱忱著：《炉边闲话》第一部《正文》，台北，东大图书有限公司出版，1975 年 7 月初版，第 71～72 页。

⑤ 李抱忱：《祖国乐教的呼声》，李抱忱著：《炉边闲话》第一部《正文》，台北，东大图书有限公司出版，1975 年 7 月初版，第 44 页。

⑥ 同①，第 8 页。

⑦ 李抱忱：《发展音乐与中华文艺复兴》，李抱忱著：《炉边闲话》第二部《短文贺词圣诞信》，台北，东大图书有限公司出版，1975 年 7 月初版，第 193～195 页。

音乐教师心声，向政府提出报告。①

22 日，环岛推动乐教后回到台北。②

本月，在"中广公司""音乐风"节目做题为《介绍美国乐教工作者全国协会》的专题演讲。全文如下："美国乐教发达一个必然的结果是全国的音乐教育工作者（包括音乐教员、音乐督学、和音乐行政人员），多少年以来都有一个全国性的联系机构。最早的一个全国性机构是'音乐教员全国协会'，是一八七六年成立的。一九〇七年又成立'音乐督学全国协会'；这个组织于一九三四年扩大组织，把一切音乐教育的工作者都包括在内，改称'乐教工作者全国协会'。这种全国性的组织意义非常重大，因为一方面可以给乐教工作者交换心得的机会，一方面也可以使他们扩大眼界和耳界，知道全国的潮流和新方法，不总是在一个地方坐井观天。"

"这个组织每两年举行一次全国会议，每两年举行一次分区会议，全国共分六区。去年（五十七年）是第二十一次全国会议，在西雅图举行，五天的会议我参加了三天。虽然任何年会不能希望全体会员都到会，但是这次到会的会员踊跃。超过了五千人。会员不能全体出席的一个大原因是经济问题。出席年会虽然学校都给公假，但一切旅膳各费都要每一个乐教工作者自己负担，距离远的，一次开会的费用要用三、四百美金，等于一个教员半个多月的薪金。"

"在五天大会未开始的时候，五十州的乐教工作者各州分会的会长和各州的乐教工作者杂志编辑都分别举行两天会议。在第一天大会的时候，全国中学校长协会的会长讲演，强调给学校行政者讲解音乐的价值的重要。特约讲演由费城教育局长担任，讲的是藉着少年的音乐注意听少年的节奏。美国名教育家顾德拉德讲述会影响每种学科的将来的趋势。名作曲家威尔逊夸奖学校音乐的进展，并且叙述他的作曲生活。论文比赛前三名，都是大学生，也在大会里宣读论文；题目是《美国社会的音乐》。在大会里有史以来第一次讨论爵士音乐，和推动爵士之夜的计划。"

"五天的大会不都是开大会听演讲，一切专题讨论以及示范教学和训练都分小组举行。这些小组活动可能有五、六种同时举行，参加的人必得按兴趣任选一种。真是五花八门，无奇不有。有些小组活动是研究报告，有的讨论儿童时代、青年时

---

① 赵琴：《李抱忱年表》，赵琴撰文：《李抱忱——余音嘹亮尚飘空》，台北，时报文化出版企业股份公司出版，2003 年 12 月 20 日初版，第 172 页。

李抱忱：《不知老之将至》，李抱忱著：《炉边闲话》第一部《正文》，台北，东大图书有限公司出版，1975 年 7 月初版，第 85 页。

② 李抱忱：《不知老之将至》，李抱忱著：《炉边闲话》第一部《正文》，台北，东大图书有限公司出版，1975 年 7 月初版，第 86 页。

代和成年时代的音乐，有的讨论音乐师资训练的特殊问题，有的是作曲家报告经验。示范表演更有趣味：有的屋子里表演变声期声乐指导，有的表演管乐班训练，有的表演六岁儿童的弦乐班。参加表演的学生，是各小组讨论主持人由各处带来的。展览室是音乐教员一有功夫就去的地方，因为全国各大乐器商和音乐出版公司都把最新的乐器和出版物展览出来，为音乐搜集新材料非常方便。"

"乐教工作者全国协会会长在大会说：'我们只有听好音乐才能做好的乐教工作者。只有藉着听才能教的好。'因此在这五天大会里不只是讨论音乐，说到音乐，也有很多的机会让音乐自己说话。全国各地选拔出来的优秀的大中小学合唱团和管弦乐团都来给这些全国的乐教工作者表演。这真是双方受益：乐教工作者有机会听全国优秀的音乐表演，学生们也得到表演给全国老师们的宝贵经验。西雅图管弦乐团跟当地少年管弦乐团也联合举行了一次演奏会。"

"我这次回来因为不久，所以在中学的合唱团里我只听了一个新竹省中合唱团。我觉得他们唱的成绩若不比美国中学合唱团好的话，至少也合于美国中学合唱的水准，也许美国全国有千千百百的中学合唱团的成绩不如新竹省中合唱团。我的感想是美国学校音乐和我国学校音乐的分别不在质而在量。美国有很多很多的中学合唱团成绩跟刚听的仁吞中学合唱团一样好，或是比仁吞好，但是听说台湾全岛像新竹省中合唱团的优秀成绩不过只有两三个，还是最近才有这样的好成绩。我对于祖国乐教前途有百分之百的信念，千百万的民族歌手有新竹省中合唱团团员的素质和能力。他们都在饥渴的等待大批的乐教工作者去发掘他们，训练他们。该收获的庄稼太多了，但是收割的人太少了！我前十年回来的时候喊的一个呼吁，现在还是要继续的喊：我们需要培养大量师资。"

"这四次返国（原文如此，但实际应为'前三次'）我都没有机会听到小学的管乐团，所以没法子比较。但是这次回来，我听到光仁小学的管弦乐团，刚有一、二年的训练就有这样优秀的成绩，跟美国小学的管弦乐团比较起来毫无逊色。"

"大会还有一个特色是小组活动里的教学示范班。全国有名的音乐教授们被约请到大会，示范各种科目的教学，如同提琴班，钢琴班，以及视唱练耳及各种理论科目的新教学方法。参观的音乐教师们可以得到很多的启示。"

"最感动我的一场音乐会是西雅图的所在地华盛顿州举行的全州夜，节目是自全州选出来的精华，地点是在西雅图的歌剧院。其中一个最精彩的节目是非洲歌舞。美国近年来很注意非西方的音乐，现在连中小学也受到这方面的影响。舞台上站着很多化装成非洲人的青年男女，中间摆着些个非洲的敲打乐器。演唱时台上又唱又舞，歌声高亢，节奏激昂，大舞台的两旁还有小舞台，上面也站满了合唱团员，唱起来此呼彼应，令人目不暇给，耳不暇听，把观众引入了另外一个世界。最后一个节目是台上几百人的大合唱，加上台下几百人的管弦乐团，这近千人的中小学的联合唱奏《美哉美国》。声音的庄严和谐使我的热泪盈眶，热血沸腾。我所听到的是一个蓬勃的民族的心声。我当时最大的感想是我国若经过政府的提倡，乐坛的响应，和社会的赞助，三、五年后我们的乐教工作者全国协会也可以有这样盛大的表现，中小学也可以联合起来有如此动人的场面。他们联合唱奏的将是《美哉中华》，那山河壮丽、历史悠久的美哉中华。那时我们的大汉天声要震荡全球！"①

12 月 3 ～ 4 日，推动"全国大专院校合唱团爱国歌曲及艺术歌曲观摩演唱会"，并按地区选拔四区合唱团，北部十九校（北女师专、淡水工商专校、北师专、海洋学院、德明行政专校、中兴法商学院、台湾大学、大同工学院、世界新闻专校、政治大学、北医、清华大学、辅仁大学、师范大学、新竹师专、文化学院、铭传女子商专、健行工专、国立艺专），中部两校（逢甲工商学院、东海大学），南部五校（高雄医学院、高雄师院、成功大学、台南师专、屏东师专），东部一校（台东师专），共 27 校在台北市"中山堂"举行，参与录制观摩演唱会的歌曲唱片。随后参与四地区合唱团的选拔工作。②

15 日，因生病住进台北宏恩医院，检查出是肺炎、气管炎和气喘三病齐发。③

19 日，抱病在台北宏恩医院撰《李抱忱作品演唱会歌曲全集》自序。简要记叙了这次演唱会的发生和经过。并对主办人和赞助人的提倡和一切参加演唱团体及个人的热心协助表示感谢。④

20 日，卧病于台北宏恩医院作《李抱忱音乐论文集》自序《新版序》。简单记叙了论文集再版的经过，声明这本论文集是 1958 年 9 月返台时七十几次演讲中最常讲的七篇专题演讲。并对记录谱主演讲的周忠楷、决定再版的张继高和钱翊

---

① 李抱忱：《介绍美国乐教工作者全国协会》，李抱忱著、吴心柳编校：《李抱忱音乐论文集》，台北，乐友书房出版，1970 年 1 月 10 日再版，第 109 ～ 112 页。

② 李抱忱：《中山堂的歌声》，李抱忱著：《炉边闲话》第一部《正文》，台北，东大图书有限公司出版，1975 年 7 月初版，第 73 ～ 77 页。
李抱忱：《中山堂的歌声》，李抱忱著：《炉边闲话》第一部《正文》，台北，东大图书有限公司出版，1975 年 7 月初版，第 75 ～ 76 页。

③ 李抱忱：《中山堂的歌声》，李抱忱著：《炉边闲话》第一部《正文》，台北，东大图书有限公司出版，1975 年 7 月初版，第 72 页。

④ 李抱忱：《李抱忱作品演唱会歌曲全集》自序，李抱忱著：《炉边闲话》第三部《序言》，台北，东大图书有限公司出版，1975 年 7 月初版，第 315 ～ 316 页。

平表示感谢。①

21日，因病已入医院，只能委托申学庸等十二位选拔委员会委员进行地区代表合唱团的选拔。②

30日，赵琴主持的中电公司"音乐世界"节目，播出"李抱忱的旋律"专辑，除访问谱主外，台湾大学和新竹中学合唱团各唱了两首谱主的作品，主持人赵琴也独唱了两首，时间共一个半小时。③

给亲友写圣诞信。④

1970年（63岁）

1月，在台湾《中外杂志》发表《祖国的召唤——第四次返国沿途音乐见闻》。在"乐失而求诸'洋'"一节中叙述了两次为印第安纳州大学音乐教授考夫曼校改学术论著的经过并表达了对后者治学精神的敬佩之情。特别是在第二次为考夫曼校改学术论著时坦率地对他说："这是我多年以来，一直计划着要做的工作之一。只是一连几十年里，我都由于几十年来行政事务的困扰，此一愿望始终无法实现。现在这一项工作竟被一位热爱中国文化的外国朋友捷足先登，使我觉得既惭愧而又兴奋。惭愧的是外国学人反倒比中国人自己更为注意研究中国的音乐文化，兴奋的则是中国音乐文化在世界上越来越有地位，因此才有那么许多外国音乐学者热心的加以研究。"

在"一场不愿意醒的梦"一节中记述了第四次赴台前的繁忙：除交代系务外，还为考夫曼学术论著《中国经书里的音乐》作序，由于深感该书是一本很有价值的参考书，同时认为作者对中国音乐文化又做出了一次重大的贡献，而且这篇序文对于中国音乐文化的发扬，和中外学人的友谊都有很大的关系，因此为其作序非常值得。又安排为陈刘邦瑞女士校改硕士论文《二十世纪中国音乐的文化与教育方面》

① 李抱忱：《〈李抱忱音乐论文集〉自序》，李抱忱著：《炉边闲话》第三部《序言》，台北，东大图书有限公司出版，1975年7月初版，第281～282页。

② 李抱忱：《祖国的乐教呼声》，李抱忱著：《炉边闲话》第一部《正文》，台北，东大图书有限公司出版，1975年7月初版，第57～58页。

③ 李抱忱：《中山堂的歌声》，李抱忱著：《炉边闲话》第一部《正文》，台北，东大图书有限公司出版，1975年7月初版，第78页。

④ 李抱忱：《一九六九年圣诞信》，李抱忱著：《炉边闲话》第二部《短文贺词圣诞信》，台北，东大图书有限公司出版，1975年7月初版，第254～257页。

及作序以便出版事宜，认为该论文是中国近六十年来记述音乐发展的一本好书，所以写序，介绍出版是衷心所愿，因而乐观其成。最后述及前三次赴台的感受，"就好像做了一场好梦——一场不愿意醒的好梦"。

在"韩国空军之母的拥抱"一节中记述了根据著名女作家谢冰莹提供的线索，和曾在二十世纪二十年代在李家住过半年的韩国空军之母权基玉恢复联系，并在汉城和后者重逢及得到款待的情形，其间游览了许多三韩古迹，汉城名胜，并出席了经权基玉筹划的由韩中文化亲善协会和韩国女子弦乐团举办的欢迎会。

在"一到香港就给'绑票'"一节中记述了在香港和音乐界朋友相聚的欢快场面，进行一个小时的音乐谈话及在港活动等。

在"努力，民族的歌手"一节中概述了在台湾的音乐工作过程，环岛视察音乐教育，参观各地音乐教学，课外活动与音乐设备。主办各大专院校合唱观摩会。在合唱观摩会里选定演唱优良的歌曲，录制唱片，提供给各电台、工厂、学校、商店乃至家庭采用。选拔好的合唱团，并表述了服务乐教的心声。①

4 日，经医生特准出席在台北市中山堂举办的，台湾中广公司主办、赵琴策划、主持的"李抱忱作品演唱会"，并压轴指挥了六个合唱团演唱的《离别歌》。②

6 日，因病未能参加中国语文学会举办的中国语文学术纪念章赠章宴会，会后由赵友培亲自到医院把纪念章别在谱主的睡衣上。此前，此章仅有赵元任、李芳桂获得。③

10 日，台湾乐友书房再版吴心柳编校的《李抱忱音乐论文集》。④

认陈芳苡、陈芳杏姐妹为义女。⑤

---

① 李抱忱：《祖国的召唤》，李抱忱著：《炉边闲话》第一部《正文》，台北，东大图书有限公司出版，1975 年 7 月初版，第 1～10 页。

② 李抱忱：《中山堂的歌声》，李抱忱著：《炉边闲话》第一部《正文》，台北，东大图书有限公司出版，1975 年 7 月初版，第 78～79 页。

李抱忱：《不知老之将至》，李抱忱著：《炉边闲话》第一部《正文》，台北，东大图书有限公司出版，1975 年 7 月初版，第 88 页。

李抱忱：《离别歌》，李抱忱著：《炉边闲话》第四部《作歌度曲记往》，台北，东大图书有限公司出版，1975 年 7 月初版，第 377～378 页。

③ 李抱忱：《不知老之将至》，李抱忱著：《炉边闲话》第一部《正文》，台北，东大图书有限公司出版，1975 年 7 月初版，第 87～88 页。

④ 李抱忱著、吴心柳编校：《李抱忱音乐论文集》版权页，台北，乐友书房出版，1970 年 1 月 10 日再版。

⑤ 同③，第 91 页。

17 日，由于劳累过度，大病五周后抱病飞美。①

18 日，傍晚回到爱我华。②

5 月，撰写《我对〈教育部长期发展音乐计划纲领草案〉的意见》。③

台湾中广公司"音乐风"出版赵琴主编、天同出版社印行的《李抱忱作品演唱会歌曲全集》。④

台湾中广公司"音乐风"出版赵琴主编、海山唱片公司发行的《李抱忱作品演唱会唱片专集》。⑤

在台湾《传记文学》6、7 月刊上发表《花甲后的两年》。本文分别记叙了室号"山木斋"的来历；想出版《山木斋话当年续集》的愿望；1967 年过六十寿诞及张大千题赠字画的简况；于退休前的六十一岁时破例地被批准在梅贻宝之后继任爱我华大学中文及远东研究所主任的情况；介绍爱我华大学简况及该校华人学者群：顾子仁、梅贻宝、聂华苓、余光中、王文兴、王敬羲、叶维廉、白先勇、叶珊（王靖献）、洪智慧（欧阳子）、戴成义（戴天）、王庆麟（痖弦）、郑愁予（文韬）、温健骝、杨沂（水晶）、陈婉芬（蓝菱）等；恢复写圣诞信的缘由并附一九六八年的圣诞信；为《中华联谊会通讯》写的《留学生的两大问题——湾区中国同学会夏令会讨论会中谈话》，并附与马思聪来往信件两封；和张大千的亲密交往，到巴西张大千居所"八德园"游历的情况；《中华联谊会通讯》刊载的两封评议《山木斋话当年》的读者来信；为台湾"中广"公司"音乐风"节目录制为纪念黄自的特别谈话记；退休后的感想和计划。⑥

暑假中，为明尼苏达大学"中西部十大学中日文联合暑校"教了十周中文课。⑦

在《中外杂志》8、9 月刊上发表《祖国乐教的呼声》。本文由"想当年外号傻

① 李抱忱：《不知老之将至》，李抱忱著：《炉边闲话》第一部《正文》，台北，东大图书有限公司出版，1975 年 7 月初版，第 93 页。

② 同上，第 94 页。

③ 李抱忱：《我对〈教育部长期发展音乐计划纲领草案〉的意见》，李抱忱著：《炉边闲话》第二部《短文贺词圣诞信》，台北，东大图书有限公司出版，1975 年 7 月初版，第 196～201 页。

④ 李抱忱：《中山堂的歌声》，李抱忱著：《炉边闲话》第一部《正文》，台北，东大图书有限公司出版，1975 年 7 月初版，第 80 页。

⑤ 同上。

⑥ 同上，第 11～42 页。

⑦ 李抱忱：《六五回瞻》，李抱忱著：《炉边闲话》第一部《正文》，台北，东大图书有限公司出版，1975 年 7 月初版，第 105～106 页。

聪明"、"大家谈的痛快淋漓"、"诉苦抱怨得最多的"、"大汉天声的感动感慨"、"数以千计的民族歌手"、"收拾书包回家去"等小节组成。

在"想当年外号傻聪明"一节中回忆当年在大陆推动乐教靠的是"傻小子睡凉炕，全凭火力壮"的精神，如今此精神尚存，所以乐意接受利用休假的时间推动台湾的乐教。

在"大家谈的痛快淋漓"一节中回顾在台湾繁忙、紧张但愉快的乐教活动，尤其是倾听基层乐教工作者的诉苦声，因为他们知道谱主不是"做官"的，不会给他们告状，因而敢抱怨，敢怒敢言，大家谈的痛快淋漓，因而有以下集中了在环岛活动中做的二十九页笔记里一百六十六项意见的精华。

在"诉苦抱怨得最多的"一节中归纳了六项提高台湾乐教水平的各地的心声、各地的呼吁："一、音乐师资"（含六项意见）、"二、经费、乐器"（含八项意见）、"三、课程"（含十一项意见）、"四、教材出版"（含八项意见）、"五、音乐活动"（含九项意见）、"六、其它各项"（含十一项意见）。

在"大汉天声的感动感慨"一节中再次重申"音乐是作者的第一爱好，而合唱又是第一爱好里的第一爱好"的人生追求，表述了对如此大规模的合唱观摩会的感动心情，对各参加团队的积极态度和敬业精神发出由衷的赞叹，并建议使用等级制代替名次制评判各队的优劣，以增加公平度。

在"数以千计的民族歌手"一节中记述了选拔四地区代表合唱团的情况。

在"收拾书包回家去"一节中记述了将评选出的合唱观摩会演唱歌曲录制唱片的情况，并表达了完成任务的舒畅心情，及赴台湾定居继续从事乐教的愿望。①

10月3日，在爱我华城山木斋为赵琴著《音乐之旅》作题为《音乐的护花使者》的序。简要记叙了和赵琴结识的经过，并对赵琴的工作作风、能力及品德给予了高度评价。②

12月，在《传记文学》上发表《中山堂的歌声》。本文记叙了1969年6月在印第安纳州大学中日文暑期学校教课十周时，和郅玉汝（印第安纳州大学中文系主任，和谱主曾是耶鲁大学同事）、荆允敬（俄亥俄州立大学中文系主任，谱主在国防语言学院的同事）、张一峰（伊利诺斯州立大学中文系主任，谱主在国防语言学

---

① 李抱忱：《祖国乐教的呼声》，李抱忱著：《炉边闲话》第一部《正文》，台北，东大图书有限公司出版，1975年7月初版，第43～64页。
② 李抱忱：《赵琴〈音乐之旅〉作题为〈音乐的护花使者〉的序》，李抱忱著：《炉边闲话》第三部《序言》，台北，东大图书有限公司出版，1975年7月初版，第317～319页。

院的同事）、赵元任等老同事、老朋友们相聚的快乐心情。并对两件事感到安慰：一是参加暑期学校教课的十所大学中大多数学校使用的仍是谱主在耶鲁大学时编辑和编写的教材；二是由于自身的音乐背景而为中国争得了一点荣誉，师生共推其组织一个中文合唱团，连日文系的师生都踊跃参加，该团后参加了远东之夜的演出，演唱了《锄头歌》和《满江红》。

简述了前四次回台湾的概况。

据亲身感受阐述了对友谊的理解："人生好像在河里行舟一样，渡过去往回看的时候，当时的风波都不见了，水面上连一些波纹也没有。人生的友谊之流也是如此，谁能记得几年前朋友间误会的细节？若真有人记得，他很可怜，因为他不能享受沐浴在友谊里的幸福。"得出结论"友谊至上"。

简述第四次赴台湾和老朋友欢聚的情景。

在《第一回合（一鼓作气）：长期发展音乐计划建议》一节中概述了在台湾环岛活动简况、生病及写工作报告等情况，并对台湾教育部的"长期发展音乐计划"提出了三点建议：（一）增加了几项；（二）建议将计划里的工作分成"要而且紧"、"要而颇紧"和"要而不紧"三个阶段推动；（三）建议速成立音乐研究改进所，以负实际音乐工作的责任。

在《第二回合（再而衰）：全国大专合唱观摩》一节中首先说明"衰"字指的是作者自己，而不是全国大专合唱，进而总结了这次观摩会，并阐述了感想："一个音乐团体（不论是声乐器乐）在练习和演出时，都是要尽力的唱奏出最美的声音来，然后各将造出来的小美和别人造出来的小美融合在一起造成一个大美。唱奏时，每人都是了无退思的心中充满了真、善、美，群策群力的创造美。这是合作，这是美的追寻。因为这个缘故，音乐可以怡性陶情，可以移风易俗。至于声乐和器乐的分别，器乐须籍身外物的乐器来创造美，声乐无需绕这个圈子，身体本身就是乐器，可以直接用自己的身体来创造美。所以声乐是最经济最直接的音乐教育，是乐教复兴，文化复兴的第一步。合唱又是声乐里最讨好的演出方式，因为合唱里面本身就有和声之美，不必完全籍伴奏的烘托来补和声之不足。"

在《第三回合（三而竭）：四区合唱团的选拔》一节中又解释"竭"是指自己生病而非选拔合唱团，并简述了选拔四区合唱团的经过。

在《第四回合（不战而胜）：灌制唱片》一节中简述了选歌和灌制唱片的经过，因为自己工作做的少，所以称"不战而胜"。

在《作者作品演唱》一节中概述了自己的作曲简况，及 1966 年、1968 年和 1969 年的三次谱主作品演唱会的情况。认为自己只能算是音乐教育作曲者，偶尔有灵感作曲，多数为需要而作曲。①

　　同月，在《中外杂志》发表《不知老之将至》。在文中记叙了生病、治病的过程，认干女儿的情况，离开台湾时感人动情的场面，并附上与谱主为总角交、时任台湾荣民总医院门诊部主任赵宝华致谱主关于心脏病养护的信："……吾兄之病为五十岁以上人时常发生者。此种病当然不宜忽视（兄以往之态度），也不宜太严重。原因是这是一个慢性病，认为太严重，则一个人不能做任何事，实非所宜。如太忽视，则随时有使病情加重的可能，且可时常诱发之。所以平时要注意休息饮食，工作不能累，如是少有不适，实时休息服药。平时可做一些轻松工作，精神上也不能负担重，所以也以少费神为宜。如兄充分了解这种病是症状治疗而无特效疗法时，当可将弟所说的比较会容易接受。此并非使兄多担忧，而是如能作到，则可很安适的生活，病不复发。病的本身并非很严重，但需好好保养。犹如一部老旧汽车，如保养好，则可长久使用，否则经常发生故障。心情乐观对病亦有莫大好处。弟所说的全是内心的话，局外人也许不愿翻来覆去的说这些话，请多保重。"自是深感重获健康的不易和健康的重要。②

　　给亲友写圣诞信。③

1971 年（64 岁）

　　1 月 17 日，撰《除夕杂感》，并在台湾《中国时报》上发表。叙述了和三对不到三十岁的年轻夫妇忘年交共同度过除夕的欢愉，深感中国传统文化中的礼貌远优于美国的礼貌。④

---

　　①　以上内容见李抱忱：《中山堂的歌声》，李抱忱著：《炉边闲话》第一部《正文》，台北，东大图书有限公司出版，1975 年 7 月初版，第 65 ～ 81 页。

　　②　李抱忱：《中山堂的歌声》，李抱忱著：《炉边闲话》第一部《正文》，台北，东大图书有限公司出版，1975 年 7 月初版，第 65 ～ 81 页。

　　李抱忱：《不知老之将至》，李抱忱著：《炉边闲话》第一部《正文》，台北，东大图书有限公司出版，1975 年 7 月初版，第 82 ～ 97 页。

　　③　李抱忱：《一九七零年圣诞信》，李抱忱著：《炉边闲话》第二部《短文贺词圣诞信》，台北，东大图书有限公司出版，1975 年 7 月初版，第 258 ～ 259 页。

　　④　李抱忱：《除夕杂感》，李抱忱著：《炉边闲话》第二部《短文贺词圣诞信》，台北，东大图书有限公司出版，1975 年 7 月初版，第 202 ～ 205 页。

2月，心脏病复发住院两周。①

4月24日，在佳美城唯一的中餐馆"名园"贺夫人六十寿诞和结婚四十周年，称"福偶双至"。②

6月30日，在美国爱州爱城爱大爱河旁山木斋写《四根歌》、《迷途知返》的创作过程。③

7月，在《中国时报》上发表《宗教问题杂感》。阐述了对宗教的一些看法，虽不是教友但不反对宗教，认为宗教是社会上、国家里一个好力量。尽管小时候受到宗教领域里的许多不良刺激，但成人后始终还是赞成和接受基督教的教义。在台湾时曾参观过一个庙，里面供奉着孔子、释迦摩尼、老子、耶稣和穆罕默德，以为在全世界任何别的国家都找不到这样开明的现象。美国宗教不景气的现像是盛衰循环论的具体表现，认为钟摆走到极端的一边时，就要往回摆动。④

暑假中，创作与改编完成中广公司"音乐风"节目"每月新歌"五首：《请相信我》（《你侬我侬》）、《游子吟》（唐·孟郊词）、《大忠大勇》（秦孝仪词）、《四根歌》（王文山词）、《人生如蜜》（王大空词）。⑤

再次改编《孔庙大成乐》。改《佛曲》名为《迷途知返》，王文山填新词。⑥

7月底，心脏病又复发住院一个月。⑦

8月，子朴辰与美国姑娘钟恩（Joan Marie Langdon）结婚。⑧

9月，心脏病再次复发住院。⑨

---

① 李抱忱：《六五回瞻》，李抱忱著：《炉边闲话》第一部《正文》，台北，东大图书有限公司出版，1975年7月初版，第108页。

② 李抱忱：《一九七一年圣诞信》，李抱忱著《炉边闲话》第二部《短文贺词圣诞信》，台北，东大图书有限公司出版，1975年7月初版，第260～261页。

③ 李抱忱：《'四根歌'、'迷途知返'》，李抱忱著：《炉边闲话》第四部《作歌度曲既往》，台北，东大图书有限公司出版，1975年7月初版，第365～367页。

④ 李抱忱：《宗教问题杂感》，李抱忱著：《炉边闲话》第二部《短文贺词圣诞信》，台北，东大图书有限公司出版，1975年7月初版，第206～208页。

⑤ 赵琴：《李抱忱年表》，赵琴撰文：《李抱忱——余音嘹亮尚飘空》，台北，时报文化出版企业股份公司出版，2003年12月20日初版，第173页。

⑥ 赵琴：《李抱忱词曲作品一览表》，赵琴撰文：《李抱忱——余音嘹亮尚飘空》，台北，时报文化出版企业股份公司出版，2003年12月20日初版，第182页。

⑦ 李抱忱：《六五回瞻》，李抱忱著：《炉边闲话》第一部《正文》，台北，东大图书有限公司出版，1975年7月初版，第108页。

⑧ 同②，第260页。

⑨ 同②，第261页。

给亲友写圣诞信。①

1972 年（65 岁）

1 月底，根据欧美制度退休年龄为 65 岁，因心脏病提前半年从美国爱我华大学中文及远东研究所主任职退休。②

4 月 21 日，在台湾《中国时报》上发表《退休十乐》。③

5 月 3 日，完成《六五回瞻》一文。④

5 月 26 日，自美国爱州爱城山木斋撰《〈国剧音韵及唱念法研究〉读后》。这是就余滨生的著作写的读后感。文中认为："中国话是世界上少数声调语言之一，说起话来，依各字'阴阳上去'的四声，自成语言旋律。因此，中国作曲家为中国歌词作曲时，比西洋作曲家要多有一个任务，就是在创造音乐旋律的时候，要尽量适应、迁就、吻合已成的语言旋律。国剧和昆曲里都非常注意这种学问，所以极少有'倒字'的现象——就是把字音唱走了的现象。……余先生在这本书里把这门学问的来龙去脉介绍的极为详尽，并特别的指出：'只就腔，不顾字，当然不可以，但过分的以腔就字，也有削足适履之弊'。书中并'把余叔岩所唱洪羊洞中的唱词和行腔，逐句逐字加以分析，用实例来说明国剧中行腔和四声的配合问题'，这是极为宝贵的参考材料。相信研究西乐的作曲家并不是不愿意在我国音韵的老学问上多下功夫，只是不得其门而入。过去的出版物如《齐如山全集》也有这方面的材料，不过要在许多掌故中间找来找去，为参考颇不方便。现在余先生把这方面的材料都收集在一本里，实为研究西乐的作曲家额手称庆，并向他们（包括本人在内）介绍，应当人手一册。"

"同时，研究国乐国剧的朋友们对于西乐也有格格不入之叹。四十年前程玉霜（砚秋）曾约本人和他主持的南京戏曲音乐院北平分院研究所诸同人金仲荪、杜颖陶、曹心泉、萧长华等先生，每星期六下午在北平中海福禄居开会讨论新歌剧的途径，就是要介绍西乐的基本知识给研究国剧的朋友们的意思。后来本人赴美进修，

---

① 李抱忱：《一九七一年圣诞信》，李抱忱著：《炉边闲话》第二部《短文贺词圣诞信》，台北，东大图书有限公司出版，1975 年 7 月初版，第 260～261 页。

② 同上，第 262～263 页。

③ 李抱忱：《六五回瞻》，李抱忱著：《炉边闲话》第一部分《正文》，台北，东大图书有限公司出版，1975 年 7 月初版，第 100 页。

④ 同上，第 112 页。

返国后已抗战军兴,可惜没能继续。现在余先生,在他这本书里,根据科学,讲解音的发生,音的共鸣,发音的生理基础,运气与呼吸,声音美各方面的基本常识,并且出版了这方面第一本宝贵的参考书,实在是一件可庆幸的事情!"

"本书作者编写此书,搜集资料极为丰富,加以近代语音学科学方法分析,诚有独到之处。最难得的是本书作者能唱能拉,所以能联系理论与实际,对我国传统艺术有极大的贡献。本书虽为学术著作,但文笔生动,阐述清拔,可在茶余饭后翻阅消遣。这是一本融合中西音乐于一炉的好书!"①

6月,在《传记文学》上发表《六五回瞻》。在文中首先表述了对退休的感受:"人到了退休年龄的时候,各人的反应不同。有人觉得服务一生,忽然一种社会制度告诉你说:'你已经辛苦一生,该"退"后"休"息了。''暮鼓'一响,自己忽然变成'过时人物',心里不愿意挂印封金,但是制度如此,可奈何,可奈何?又有人觉得一生为了生计,为了糊口,被职业拴在一个地方,如同驴在推磨一样,在一个位置可以转上几十年。'暮鼓'一响,如似'晨钟'格外的启发、清新,锵然动听。几十年来应做未做的事,现在可以用轻松地情绪一一展开。作者属于后者。"并附上在《中国时报》上发表的《退休十乐》:"近数年来,因工作繁忙,心脏病数发。原欲在今夏达六十五岁时即行志愿退休,但医生坚嘱提前半年退休。半生以来,虽自为命运之主,但健康问题则医生之命不可违也。今春退休后,顿觉身轻如叶,信手拈来退休十乐,公诸报端,藉博心脏病同患者一粲。(一)虽然提前退休了半年,但未影响系务,继任有人,照常发展,此一乐也。(二)现已退休三个月,不办公,不教书,但仍领全薪,因有数年来攒下的病假。不'当差'而'领饷',此二乐也。(三)病假满后,可领因病不能工作的津贴,约合薪水的三分之二。退休制度'惜老怜贫',我现在可以坐享其成,此三乐也。(四)暑假即满六十五岁,可领政府养老金,社会安全金,教授退休金等,虽然加起来仅约薪水的三分之一,但作者在拙作《山木斋话当年》结尾曾引用埃默森语,年老后自然因'减少需求而感觉富有',此四乐也。(五)退休后不再有行政的压力,不再有限期交卷的工作,自己的计划愿意作多少就作多少,愿意到哪里去就到哪里去,此五乐也。(六)二十五年来因时势的需要而改走语文途径(虽然没有完全荒疏音乐工作)。今后又可回到第一爱好——音乐,返台服务祖国乐教,此六乐也。(七)今后虽将永为心脏病所累,但医生说这是'塞翁失马',英文的说法是'隐藏的幸福',因为有了心脏病

① 李抱忱:《国剧音韵及唱念法研究读后》,李抱忱著:《炉边闲话》第三部《序言》,台北,东大图书有限公司出版,1975年7月初版,第320~321页。

的警告，只要从此小心调养，反而会比没有心脏病、不知道小心的人更能延年益寿，此七乐也。（八）自从无职一身轻后，立刻又充满了种种计划，如同写作（包括文艺乐曲），录音制片，指挥，演讲，旅行等，以轻松的心情，期待着一一展开，此八乐也。（九）虽仍充满活力，但既挂上了'退休'招牌，就好像留了胡子一样，中美人士又都敬老，所以上下车时常有人过来搀扶，此九乐也。（十）题目是十乐，但只写了九乐。现在可以'倚老卖老'，照样交卷，不必穷拼乱凑，亦一乐也。"

解释了《六五回瞻》题目的因由，除不想与同类回忆文章的题目雷同外，还有文字按四声倒序发音的奥妙。

叙述了上一年4月24日"福偶双至"活动（夫人六十寿诞和结婚四十周年）中和亲友共度快乐时光的经过。

表述对儿子和美国姑娘结婚的感想，自己没有种族之见，而且认为"因为根据优生学原理，夫妻的遗传原质越不同，生出来的子女越聪明，越好看，同时这是解决种族歧视的一个最好的方法"。

对1969年发生在印第安纳大学暑期学校的抗议教材事件做出解释，澄清不实的传闻。

叙述了台湾钓鱼台事件和中美建交等事件对美国华人心态的影响，华人群体显著分为四类：拥台、拥共、台独、攀附派（谁得势依附谁），对外国人明确表示自己是拥台派。认为第四派是被人看不起的人，但任何时代都有这种现象，而且认为这是他们的学术自由、言论自由和旅行自由。同时也认为不必因为立场的不同而反脸不认人，破口大骂，忘记了过去的友谊，以往的支持。信仰虽然不同，但既然在街上遇见了，仍可同路并肩而行，你进你的教堂，我进我的教堂。人生无多，不要轻易的动意气，伤和气。

叙述了上一年心脏病三次发作住院的简况。

用1935年为女儿朴虹作的《安眠歌》原韵作《六五感怀》歌词："当我坐着摇椅唱歌，不由想起日月如梭；从前种种都已过去，酸甜苦辣，烦恼快乐。而今晚间凭栏独坐，只有微笑，没有泪落；想起当年愚昧，名利场上如醉，从此只谱闲云歌。"[1]

7月，中广公司"音乐风"节目制作出版戴金泉指挥台湾大学合唱团、辛永秀、

---

① 李抱忱：《六五回瞻》，李抱忱著：《炉边闲话》第一部《正文》，台北，东大图书有限公司出版，1975年7月初版，第98～112页。

曾道雄独唱的《李抱忱作品》唱片纪念集，含 14 首歌曲。①

自和 1935 年作《安眠歌》原韵再作《闲云歌》。②

8 月，在《传记文学》上发表《也谈国歌》，参与 1949 年以前我国各时期国歌的研究讨论，对《义勇军进行曲》以前的中国国歌进行了简要的探讨和分析。③

10 月，第五次赴台。最先做的一件事是，在中国饭店宴请台湾友人，对他们给予自己过去在台湾的日子里的帮助及支持表示感谢，出席者有中广电视台"音乐风"栏目主持人赵琴、著名女歌唱家辛永秀、著名歌唱家曾道雄、学生严孝章、雷颖、李乃刚等、《人生如蜜》的词作者王大空及数名记者。④

在《传记文学》上发表《作曲回忆》。在文中追忆了自己的作曲生涯，相比之下，自己的一生最热爱和最积极从事的是合唱活动，其次是由于时势所迫在美国改行教中文二十六年，作曲不是最主要的音乐活动，只能算第三位的。第一首作品大学班歌《和谐的一九三零》是运用西洋作曲技法的最初尝试，真正开始作曲是 1935 年到 1937 年第一次留美期间，正式学习了高级和声学，对位法，卡农赋格，配器法等理论课程后，才学了一年作曲法，作品有改编的合唱曲《锄头歌》，以《大成乐秩平之章》为主题的无伴奏四部合唱，独唱曲辛稼轩作词的《丑奴儿》，贺知章作词的《回乡偶书》，器乐方面有为木管四重奏作的《老八板》和管弦乐曲《在拉克伍德教授门下》。在这期间的作曲过程中，努力追求中国音乐的本色特点，有两个大的发现："（1）我国七音音阶的第四音（变徵）和第七音（变宫）跟西方七音音阶里的第四音和第七音的性质不同。西方七音阶的第七音叫导音（Leading Tone），惯向上行，导入首音（Tonic）；我国七音一节的第七音叫变宫，惯向下行，进至羽音（第六音）。西方七音音阶的第四音叫次属音（Subdominant），惯下行，走向第三音；我国七音音阶的第四音叫变徵，比西方的次属音高半音，惯向上行，升到徵音（第五音）。（2）西方和声学的基础是三和弦（Triad）；三和弦的组成是用音阶上的

① 李抱忱：《一九七二年圣诞信》，李抱忱著：《炉边闲话》第二部《短文贺词圣诞信》，台北，东大图书有限公司出版，1975 年 7 月初版，第 263 页。

② 李抱忱：《野草闲云》，李抱忱著：《炉边闲话》第四部《作歌度曲记往》，台北，东大图书有限公司出版，1975 年 7 月初版，第 359 页。

③ 李抱忱：《也谈国歌》，李抱忱著：《炉边闲话》第一部《正文》，台北，东大图书有限公司出版，1975 年 7 月初版，第 129～132 页。

④ 赵琴：《李抱忱年表》，赵琴撰文：《李抱忱——余音嘹亮尚飘空》，台北，时报文化出版企业股份公司出版，2003 年 12 月 20 日初版，第 173 页。

李抱忱：《问道于老马》，李抱忱著：《炉边闲话》第一部《正文》，台湾东大图书有限公司出版，1975 年 7 月初版，第 133～140 页。

一个音做基音，然后用它上面的第三音和第五音，连同基音构成三和弦。我们若依同理应用在我国的五音音阶上，'宫'音上的三和弦应当是宫、角、羽，'商'音上的三和弦应当是商、徵、宫等等。用工尺谱举例：'上'音上的三和弦应当是商、工、五，'尺'音上的三和弦应当是尺、六、仩等等。用这五个和弦作为五音音阶的基本和弦，给旋律配和声时，听着就颇有点中国风味，至少不像西方音乐风味了。"

关于抗战时期的作曲，谱主叙述道："这段生活可以分为两段：音乐教育委员会时期，（一九三八到四一年）和音乐院时期（一九四一到四四年）。在第一个时期任教育部音乐委员会驻会委员兼教育组主任。除了行政工作以外，还到各处去推动合唱，实在没有闲情逸致去吟诗弄月，一唱三叹的作曲。与作曲拉的上一点关系的工作是为抗战歌曲配钢琴伴奏，或是演唱某曲需要乐队伴奏时就为某曲写乐队伴奏。这段时期不知道为多少抗战歌曲配了钢琴伴奏，因为那时的抗战作曲家，有很多没有受过什么音乐训练，仅凭写旋律的天赋用简谱写出旋律来就发表。作者负责的音教会教育组的一个工作是供给抗战后方的音乐教材。本组的两个干事又没有写伴奏的训练，作者于是卷起袖子来在敌人的轰炸下，做这种与作曲似无关又有关的写伴奏的工作。现在事隔三十年，仅存的一点这方面的残余是为宣传部编的一本《抗战中国的歌曲》，（Songs of Fighting China）。为歌曲配管弦乐队伴奏这种工作也有一点点成绩，记得最清楚的一次是为一九三八年的圣诞音乐会写的伴奏。节目最后一部由作者指挥联合合唱团演唱《圣诞颂》（Cantique de Noel）和亨德尔所作《弥赛亚》里的《哈利路亚》大合唱。平时很容易买到这两首名曲的乐队伴奏谱，但是在与世隔绝的战时重庆，要得到这种材料就难上加难了。作者于是打起抗战自给自足的精神来自编自配的把乐队谱写出来。写伴奏的工作还比较近乎作曲，因为配和声时还是作者自己的选择、安排。为有旋律与和声的一个完备的乐曲配上乐队谱，和作曲更远了些，因为作者既不是创作旋律，又不是创作和声，仅是根据他在配器学方面的训练和修养，决定什么地方用什么乐器，配合起来作伴奏而已。虽然作者还要有选择与决定，有人配出来的效果听着沁人心脾，有的令人毛骨悚然，但这种工作，严格的说起来，实在不能说是作曲。"

"作者抗战生活的第二个阶段，在国立音乐院做教务主任的那三年，作曲方面比较活跃了些。为需要而作曲的作品相当多，为陈果夫先生写了些民众教育歌曲，包括《插秧歌》（现在改成《闻笛》）和《离别歌》（现在改成四部合唱，仍用原名）；为教育部的《乐风》（定期刊物）与《合唱曲选》（不定期刊物）写了些抗战歌曲，现在仅存的只有《开荒》和《农歌》；为军人写了几首军歌，现在只找得着

《复国歌》（编者注：此歌至今笔者未发现）；还有不知道写了多少校歌（只记得有政大、工专、药专，其余的中小学都想不起来了。)"

"为需要作曲的固然相当多，但是为作曲而作曲的也颇有几首。按说在音乐院的环境里应当充满了作曲灵感，孰知大谬不然。教六小时课外还兼管教务，并且一向待学生亲如兄弟姐妹，所以常有学生来说东说西，这是没有时间作曲。在代理院务的那一年，更是情况恶劣。事务组办理事务的效率不高时，教授们连要马桶盖这种芝麻大的事都找到作者的办公室来，这是没有情绪作曲。但是'每当深夜寂静，繁星布满天'的时候（引用两句旧作歌词），特别是手旁有一首自己喜欢的诗的时候，难免有时技痒，来了灵感，一气呵成的一夜写成。于右任作词的《万年歌》，方殷作词的《汨罗江上》、《旅人的心》，都是这样写成的。胡适作词、赵元任作曲的《上山》也是因为一时兴起，发现这首独唱曲也是一首合唱曲的好材料，一夜改编为合唱的。"另外，还叙述了与赵元任交流作曲的共同感想："就是有时灵感一来，一气呵成的作品，反比推敲很久，更改无数次的作品来的自然地多，满意得多。"

文中还叙述了在美国期间的作曲和改编歌曲的情况，此时的作品主要有：《佛曲》、《天下为公》、《歌声》、《金马胜利之歌》、《满江红》、《紫竹调》、《请相信我》（《你侬我侬》）、《游子吟》、《四根歌》、《大忠大勇》、《人生如蜜》等。

文中还谈及中国音乐界面临的三大问题：（一）中国和声发展比西方国家晚，应当在后面追，还是应当迎头赶上？（二）中国本位音乐作品是什么？如何追寻？（三）中国作曲家应该走什么方向？谱主对第一个问题的回答是和多数人一样，主张迎头赶上。对第二个问题谱主认为应该自由选择，听众和作曲家都有这个权利，探索、尝试都是可取的。对于第三个问题谱主认为，"中国作曲家应当发掘利用中国音乐的宝藏：民歌、小调、古乐、昆曲、皮黄等等，或是直接采用它们的旋律，或是根据它们的趣味和精神，发扬光大。"并谈到和马思聪的交流，两人都逃不脱音乐旋律的圈子，主张音乐作品应有旋律。还有对年轻音乐工作者的几点建议：（一）过去各大师的作曲技巧要先会要先懂，然后才可以选择走自己的道路。（二）一般人多半不能接受我们费尽苦心写出的作品，也许还怀疑这是故意标新立异，好教人不懂。没人懂就没人有资格批评。敢于从事新的尝试的作曲家要准备好面临这种可能的冷淡和漠视。（三）我们要知道既是尝试，就不一定路路都通。十条路中若走通一条已属额手称庆。（四）要准备好走在社会前面五十年的孤单，特别准备好有时发现原来没有走在社会前面而只是走了一条不通的路。（五）愿意开荒探险，准备失望孤零，这样就可以无往不克了。

在文章最后，谱主回顾了 1968 年在台湾中广成立四十周年的音乐节目里致辞的内容：“我至多只能算是一个业余作曲者，职业之外，如有余暇，才能作曲。四十年里虽然也创作或改编了一二百首歌曲（发表和未发表的都算在内），但同专心作曲的人比较起来，却少的可怜。此外，我还只能算是一个音乐教育作曲者，作曲只是应付乐教目前的需要，而不敢负起为中国音乐创新路的大责重任来。”实际上是对自己作曲生涯的一个总结，既谦虚又客观。①

在台湾《展望》期刊上发表《问道于老马》。记叙了和年轻记者及音乐爱好者的交往、笔谈的往事和乐趣，并表达了一个老音乐工作者的心声：“我这匹‘老马’在没有被送到绿草原前，还要陪这些可爱诚恳、热情的‘小马们’，凭着过去的‘傻劲’，一同再跑一段路呢!”②

中旬，应邀赴台南、台中指导音乐，并在台中做题为《音乐旅程上的几段回忆》的演讲。③

28 日晚，在艺术馆听王蓓蒂的独唱音乐会。④

11 月 10 日晚，在中山堂听中广国乐团音乐会。⑤

13 日晚，出席艺术馆的国剧欣赏会。⑥

本月，在台湾《中央日报》副刊上发表《请守剧场秩序》。本文针对该月 13 日晚艺术馆的国剧欣赏会秩序混乱而写，因为这是谱主听过的无数次国剧里秩序最坏的一次。在文中向一部分国剧听众朋友们作一个建议，不论我们来是专为听某出戏，或是捧某一角色，我们要尊重演员，尤其要尊重别的听众静静欣赏之权，在剧场上要“徐庶进曹营，一言不发”。制造音乐会场上安静的气氛，是每一个听众的责任。若是当众叫骂，不管自己多么有理，伤身逆气，已是不妙；何况扰乱会场秩序，侮辱演员尊严，丧失国家体面，更是要不得!⑦

----

① 李抱忱:《作曲回忆》，李抱忱著:《炉边闲话》第一部《正文》，台北，东大图书有限公司出版，1975 年 7 月初版，第 113～128 页。

② 李抱忱:《问道于老马》，李抱忱著:《炉边闲话》第一部《正文》，台北，东大图书有限公司出版，1975 年 7 月初版，第 133～140 页。

③ 李抱忱:《音乐旅程上的几段回忆》，李抱忱著:《炉边闲话》第一部《正文》，台北，东大图书有限公司出版，1975 年 7 月初版，第 160～172 页。

④ 李抱忱:《请遵守剧场秩序》，李抱忱著:《炉边闲话》第二部《短文贺词圣诞信》，台北，东大图书有限公司出版，1975 年 7 月初版，第 209 页。

⑤ 同上。

⑥ 同上。

⑦ 同上，第 209～210 页。

12 月 21 日，出席台湾政治大学系际合唱比赛。①

22、23 日，在台北国父纪念馆举行由台湾教育部文化局主办，救国团、省教育厅、台北教育局、中广公司协办的第二次合唱观摩会——"中华民国爱国歌曲合唱大会"，指挥师大、政大、艺专、北师专、中广五校联合合唱团首唱应"音乐风"的"每月新歌"之邀创作的八部合唱曲《中华儿女之歌》（谷文瑞、叶子词）。并在会上和赵琴对谈"合唱八要"。②

完成贺知章《回乡偶书》第二首的谱曲，并与第一首合并及编配伴奏。③

本月，在台湾《旅行杂志》上发表《在伯利恒过圣诞夜》。本文叙述的是 1966 年和夫人进行环球旅行时在耶稣降生地伯利恒过圣诞夜的情景和感受。④

获教育部门颁发的文艺奖章。⑤

再次改编儿歌《雁群》。⑥

认许桂祝为义女。⑦

给亲友写圣诞信。⑧

1973 年（66 岁）

1 月，在台湾《政治大学新闻》上发表《李抱忱惹了祸哉》。本文就上一年 12 月 21 日参加台湾政治大学系际合唱比赛时作的论评所引起的意外风波加以解释和道歉。原因是一生认真的谱主应邀就比赛情况作了认真的论评，而其中就振声合唱团的伴奏音量应再大声一些以防歌者走音的建议，被某些好事的学生夸大进而称该合

---

① 李抱忱：《从此只谱闲云歌》，李抱忱著：《炉边闲话》第一部《正文》，台北，东大图书有限公司出版，1975 年 7 月初版，第 152 页。

② 李抱忱：《一九七二年圣诞信》，李抱忱著：《炉边闲话》第二部《短文贺词圣诞信》，台北，东大图书有限公司出版，1975 年 7 月初版，第 262 页。

③ 赵琴：《李抱忱词曲作品一览表》，赵琴撰文：《李抱忱——余音嘹亮尚飘空》，台北，时报文化出版企业股份公司出版，2003 年 12 月 20 日初版，第 179 页。

④ 李抱忱：《请遵守剧场秩序》，李抱忱著：《炉边闲话》第二部《短文贺词圣诞信》，台北，东大图书有限公司出版，1975 年 7 月初版，第 211～213 页。

⑤ 同②，第 262 页。

⑥ 同③。

⑦ 李抱忱：《不知老之将至》，李抱忱著：《炉边闲话》第一部《正文》，台北，东大图书有限公司出版，1975 年 7 月初版，第 93 页。

⑧ 同②，第 262～264 页。

唱团为"走音合唱团",因而造成部分歌者一夜失眠。①

6 日,在《联合报》上发表《合唱与国魂》。本文简单回顾了我国合唱六十年史和自己当年在重庆经常步行去训练合唱团举行千人合唱会的情形,认为台湾合唱的迅猛发展是孔子在武城"闻弦歌之声"的大众乐教!是"移风易俗"的乐教!是民族的歌手的乐教!是影响国魂的乐教!②

本月,应邀担任台湾爱乐合唱团指挥。③

2 月 22 日,撰自著《合唱指挥》再版前言。④

3 月,在《传记文学》上发表《回忆幽默》。被时人称为幽默大师的谱主认为:一样的幽默,各人感受不同。有人听见幽默或看见幽默,就掏出至情来的欣赏,流出眼泪来的享受。有人性格拘谨,幽默对于他们不但没有机械油使机器润滑的功效,反而引起他们"世风不古"的反感来,使他们"呜呼哀哉"的嗟叹半天。有人愿意幽默都是自己的;别人一幽默就变成"贫"、"讨厌"。作者若是还有一些幽默的话,作者的听众多半属于第一类。……因此,作者仅有的那一点幽默的幼芽,在风和日暖的环境里,几十年的时光中,也有了一些发育。谱主几十年来,很少写游戏文章和打油诗。偶尔必须写时,不是"幽"自己之"默",就是"幽"他人之"默"。即或是后者,也是谑而不虐,绝不拿着肉麻当有趣。认为"幽"己之"默"比"幽"人之"默"高明一些。拿自己作笑料,引人发笑,总不会伤和气的。并附上四十多年前写的一首《笑的歌颂》:(一)笑是人人无价宝,笑使人人精神好;遇事若能一笑置,无忧无虑无烦恼。(二)人生不过数十寒,不找愁来不找烦;天天大笑六七次,却病益寿又延年。(三)笑之为用大矣哉,我劝世人笑颜开;得欢笑时且欢笑,莫待他年空悲哀。⑤

2 日,在《中央日报》副刊上发表《对音乐比赛的几个建议》。鉴于已往的比赛因名次的争执而导致不公和摩擦,谱主提出第一点建议,即将名次制改为等级制,如将一、二、三名改为甲、乙、丙等,或超、特、优等,每一等级可有不止一个水

① 李抱忱:《李抱忱惹了祸哉》,李抱忱著:《炉边闲话》第二部《短文贺词圣诞信》,台北,东大图书有限公司出版,1975 年 7 月初版,第 214～215 页。

② 李抱忱:《合唱与国魂》,李抱忱著:《炉边闲话》第二部《短文贺词圣诞信》,台北,东大图书有限公司出版,1975 年 7 月初版,第 216～217 页。

③ 朴月寄来的李抱忱资料光盘之《杂文、书信》中《这次的演出》。

④ 李抱忱:《〈合唱指挥〉自序》,李抱忱著:《炉边闲话》第三部《序言》,台北,东大图书有限公司出版,1975 年 7 月初版,第 326～329 页。

李抱忱著:《合唱指挥》,中华音乐教育丛书,台北,天同出版社印行,1976 年版,第 5 页。

⑤ 李抱忱:《回忆幽默》,李抱忱著:《炉边闲话》第一部《正文》,台北,东大图书有限公司出版,1975 年 7 月初版,第 141～147 页。

平相近的团队，这样一来可以避免和防止不必要的不公和磨擦；第二个建议是在发表比赛结果前应给评判员一个机会看看评分的计算结果，必要时还可以讨论计算结果。最好计分员还要将总成绩填在一张预先印好的总表上，分给每位评判员一张，使他们一目了然的看见每位评判员给各团的分数和名次。这无疑的要延缓一些发表结果的时间，但这在比赛会中是一件大事，值得如此慎重。第三点建议是，一切比赛一定要完全凭成绩，不能掺上别的因素，如添上分赃性质的假公道（一个连年得第一的团队，忽然有一次得了第二，导师问评判员为什么？答复是"你们不能总得第一呀！也要给别人一个机会得第一呀"！这是一个多荒唐的答复！这是一个多么毁人志气的答复！），不但不会增加比赛的兴趣，反而会毁坏比赛的精神。比赛的精神应该是"让胜利属于最佳者"。最后谱主表述道："这几项建议本应提供给主办单位，但是一来主办单位太多了，二来也愿意引起一切关心者普遍的注意和讨论来，所以采用了这公诸报端的方法，希望得到各方的谅解。"①

春天，应邀担任台湾政治大学客座教授。②

4 月 18 日，在《中央日报》上发表《向我国合唱团脱帽》。在第五次赴台推动乐教过程中，聆赏和感受了台湾合唱运动突飞猛进的发展，因而对这些合唱团用功、努力及进步的表现肃然起敬，所以要向他们脱帽致敬。③

本月，在《联合报》上发表《向音乐比赛制度再进一言》。就音乐比赛的名次制改为等级制第五次提出呼吁，认为由于自己每次返台都进行没事找事的环岛参观乐教情形，访问音乐教师。所以对于台湾乐教酸甜苦辣的认识，反比公事繁忙无暇参观视察的行政人员和整年不离职守的音乐教授们要清楚深刻些。最后表达了自己的志向：作者一生献身乐教，退休余年更要如此。凡妨碍乐教发展的，我们要同心的坚决的移除克服，好让我们可爱的国家重新的蹬着"礼""乐"的两个轮子"行行万里远，万里不知倦"！④

5 月，在《中外杂志》上发表《从此只谱闲云歌》。在"从此只谱闲云歌"一节中，叙述了在 1972 年六十五岁初度时对过去岁月酸甜苦辣回忆的感受，作打油诗

---

① 李抱忱：《对音乐比赛的几个建议》，李抱忱著：《炉边闲话》第二部《短文贺词圣诞信》，台北，东大图书有限公司出版，1975 年 7 月初版，第 218 ～ 220 页。

② 朴月寄来的李抱忱资料光盘之《杂文、书信》中《这次的演出》。

③ 李抱忱：《向我国合唱团脱帽》，李抱忱著：《炉边闲话》第二部《短文贺词圣诞信》，台北，东大图书有限公司出版，1975 年 7 月初版，第 221 ～ 223 页。

④ 李抱忱：《向音乐比赛制度再进一言》，李抱忱著：《炉边闲话》第二部《短文贺词圣诞信》，台北，东大图书有限公司出版，1975 年 7 月初版，第 224 ～ 226 页。

一首："当我坐着摇椅唱歌，不由想起岁月如梭；从前种种都成过去，酸甜苦辣，烦恼快乐。而今晚间凭栏独坐，只有微笑，没有泪落；想起当年愚昧，名利场上如醉，从此只谱闲云歌。"在"回国定居谈接棒"一节中，以体育运动中四乘一百米接力赛为例，解释了找接棒人的意思既没有骄傲的成份，也没有找徒弟承继衣钵的含义，只是要以这种方式推动扩大合唱的范围和影响。并欣慰地回顾了前几次赴台推动乐教的情景，合唱活动在台湾已形成规模，认为："这是孔子在武城'闻弦歌之声'的大众乐教！这是一万人里那九千九百九十九个人的'移风易俗'的乐教！这是蓬勃的民族的乐教！这是影响国魂的乐教！若全国各角落都能藉合唱来表现出民族的精神来，咏唱出民族的心声来，中华民族一定是全世界最蓬勃的民族，最有朝气的民族！"在"可爱的民族歌手"一节中盛赞了台湾爱唱歌的青年朋友们，称誉为"可爱的民族歌手"。最后，回顾了和著名词作家韦瀚章通信谈"闲云"心情的欢愉。[1]

5月12日，在台湾新中心诊所抱病撰写《这次的演出》。内容如下："这次为什么一个学校团体（政大合唱团）和一个社会团体（爱乐合唱团）能搭上关系举行联合音乐会呢？中间唯一的桥梁就是作者。作者今春就任政大客座教授，合唱是作者担任的一门课，爱乐合唱团也在一月间约作者去听了他们一次练习，受了他们歌声的感召，应许担任他们的指挥。于是这两个团体联合举行音乐会变成一件很自然的事情。

作者于四月十四日又因心脏病、糖尿病和肺炎三症并发（和三年前住宏恩医院时的病状一样），住了新中心诊所，主治医生是名心脏专家李有柄大夫。虽然传出去的病因是几个月来猛吃太阳饼和凤梨酥（这只是部分原因，因为作者觉得两种点心都不太甜，所以愈吃愈多），但真正的缘故还是因为作者尚未学会说'不'的艺术——真是来者不拒，'有求必应'。于是工作愈积愈多，直到累病了为止。这次的病比上次轻，住院四星期已许可下地走路一周了。病时幸聘戴金泉老师为爱乐合唱团客座指挥，团长黄进福同学同时也兼任助理指挥，使'爱乐'的练习能继续顺利的进行。政大合唱团方面则在学生指挥邱坤玄同学的指挥和伴奏胡为明同学的协助下，再加上四部首席分部练习的指导，完全靠学生自己的努力。两团都客气的说，作者出院后再为他们作'画龙点睛'的工作。作者看他们如此努力，到时候一定只能做一些介乎'锦上添花'和'画蛇添足'之间的工作。政大和爱乐两合唱团都是第一次对外举行音乐会，我们已经尽了最大的努力。敬请各位方家的容忍，鼓励和指教。"[2]

---

① 李抱忱：《从此只谱闲云歌》，李抱忱著：《炉边闲话》第一部《正文》，台北，东大图书有限公司出版，1975年7月初版，第148～156页。

② 朴月寄来的李抱忱资料光盘之《杂文、书信》中《这次的演出》。

6月2日，指挥台北爱乐合唱团与政大合唱团举行的联合音乐会。①

12日，参加台中大专合唱观摩会，担任两个联合八部合唱指挥。②

本月，在出席台中大专合唱观摩会后撰《这次的演出》。几次返台发现合唱运动蓬勃发展，普遍体现了爱系爱校的精神，认为今后要增加一个目标，就是鼓励青年们用团体联合大合唱的方式，借着音乐表现团结的精神，阐扬民族的国魂，发出中国的怒吼，唱出大汉的天声。因而有这次台中大专合唱观摩会的酝酿，原定5月27日举行，但因为自己生病五周，故推迟至6月12日举行。③

21日，在《联合报》发表为赵琴编著的《音乐的巡礼》撰写的序言。④

22日，撰《李抱忱歌曲集第二集》自序。⑤

本月，台湾中广公司"音乐风"出版赵琴主编、乐韵出版社印行的《李抱忱歌曲集》第二集。⑥

9月，在《新时代》上发表《音乐与情绪》。⑦

在《传记文学》上发表《音乐旅程上的几段回忆》。本文是作者根据在台湾的几次对音乐学生的演讲并结合《山木斋话当年》的内容写成，为了吸引听众就先从初恋讲起，对四十二年的婚姻做了两点总结：第一，夫妻不用显微镜彼此观察，彼此的错误和弱点就不会放大二百五十倍，要用望远镜，如此，太太脸上的一块黑斑还会被看成一个美人痣；第二，两人的性情要刚柔相济，不要针锋相对。在"初生之犊不畏虎"一节中回顾了1932年组织北平育英中学合唱团的抗日爱国音乐演唱会，1934年带领该校合唱团南下举办抗日爱国歌曲巡回演唱会，及1935年串联北平十四所大中学校在故宫太和殿举办爱国音乐会的经历。在"天无绝人之路"一节

① 赵琴：《播下合唱的种子》，赵琴撰文：《李抱忱——余音嘹亮尚飘空》，台北，时报文化出版企业股份公司出版，2003年12月20日初版，第162页。

② 李抱忱：《演出的话》，李抱忱著：《炉边闲话》第二部《短文贺词圣诞信》，台北，东大图书有限公司出版，1975年7月初版，第233页。

③ 李抱忱：《这次的演出》，李抱忱著：《炉边闲话》第二部《短文贺词圣诞信》，台北，东大图书有限公司出版，1975年7月初版，第227～229页。

④ 李抱忱：《赵琴著〈音乐的巡礼〉序言》，李抱忱著：《炉边闲话》第三部《序言》，台北，东大图书有限公司出版，1975年7月初版，第322～323页。

⑤ 李抱忱：《〈李抱忱歌曲第二集〉自序》，李抱忱著：《炉边闲话》第三部《序言》，台北，东大图书有限公司出版，1975年7月初版，第324～325页。

⑥ 李抱忱编：《李抱忱歌曲第二集》，台北，中广公司"音乐风"出版赵琴主编、乐韵出版社印行，1973年6月。

⑦ 李抱忱：《音乐与情绪》，李抱忱著：《炉边闲话》第一部《正文》，台北，东大图书有限公司出版，1975年7月初版，第157～159页。

中，回顾了第一次留美和组织重庆千人大合唱的情况。①

10月，为韦瀚章词《野草闲云》谱曲。

10月30日，写为韦瀚章词《野草闲云》谱曲的经过。

11月13日，在赵琴策划的《韦瀚章词作音乐会》上首唱《野草闲云》。②

耶鲁大学出版社出版所著《唱中国歌》。③

将《拉纤行》（卢冀野词、应尚能曲）改编为混声四部合唱。④

将《誓约之歌》改编为四部合唱。⑤

认谢莹莹为义女。⑥

给亲友写圣诞信。⑦

12月底，离台返美。⑧

本年撰《〈天下为公〉简介》。内容如下："这是快二十年（一九五四）前的一个作品。那时刚在加州佳美城海边购屋。有一天傍晚在海边散步的时候，忽然这篇千古奇文涌上脑际，于是当时哼出了本歌的旋律，并于当晚谱出伴奏。本歌旋律力求带'中国味儿'，用的音阶是我国盛行的五音音阶。在旋律的起伏上尽量使它合于语言里的自然旋律。在伴奏方面也极力运用中国和声。

现在正是鼓吹文化复兴、提倡爱国歌曲的时候，乘此良机将这个旧作改编为四部合唱，仍保持原来独唱曲里所力求的'中国味儿'。"⑨

---

① 李抱忱：《音乐旅程上的几段回忆》，李抱忱著：《炉边闲话》第一部《正文》，台北，东大图书有限公司出版，1975年7月初版，第160～172页。

② 以上内容见李抱忱：《野草闲云》，李抱忱著：《炉边闲话》第四部《作歌度曲记往》，台北，东大图书有限公司出版，1975年7月初版，第359～364页。

③ 赵琴：《李抱忱年表》，赵琴撰文：《李抱忱——余音嘹亮尚飘空》，台北，时报文化出版企业股份公司出版，2003年12月20日初版，第173页。

④ 赵琴：《李抱忱词曲作品一览表》，赵琴撰文：《李抱忱——余音嘹亮尚飘空》，台北，时报文化出版企业股份公司出版，2003年12月20日初版，第183页。

⑤ 李抱忱：《〈汨罗江上〉、〈旅人的心〉、〈誓约之歌〉》，李抱忱著：《炉边闲话》第四部《作歌度曲记往》，台北，东大图书有限公司出版，1975年7月初版，第368～373页。

⑥ 李抱忱：《不知老之将至》，李抱忱著：《炉边闲话》第一部《正文》，台北，东大图书有限公司出版，1975年7月初版，第93页。

⑦ 李抱忱：《一九七三年圣诞信》，李抱忱著：《炉边闲话》第二部《短文贺词圣诞信》，台北，东大图书有限公司出版，1975年7月初版，第265页。

⑧ 李抱忱：《三战三胜追记》，李抱忱著：《炉边闲话》第一部《正文》，台北，东大图书有限公司出版，1975年7月初版，第174页。

⑨ 朴月寄来的李抱忱资料光盘之《发表著作手稿》。

1974 年（67 岁）

6 月 13 日，撰写《炉边闲话》自序，谈及出书的缘由及幽默问题，表露出对老舍的崇拜，并附老舍一信以资证明。①

7 月，为《锄头歌》官司事致函台湾有关部门，并得以解决。②

9 月 11 日，在美国爱州爱城爱河边山木斋为《炉边闲话》写后记。③

14 日，以退而不休的精神第六次赴台。④

16 日，到达台北，定居台北县新店。⑤

10 月，在台湾《展望》上发表《三战三胜追记》。叙述了三次战胜病魔和养病期间完成《李抱忱歌曲第二集》、《合唱指挥》、《唱中国歌》和《山木斋炉边闲话》等四本书的简况。⑥

3 日，参观在台北历史博物馆举办的"中国历代乐器展"。⑦

4 日撰《历代乐器展》，认为这次的中国历代乐器展览，实在是琳琅满目，美不胜收，是自己一生在国内国外所看见的最盛大的一次，在国乐史上，甚至在中国音乐史上，都是足以自豪的一件大事。而参观展览最大的收获是得到了一个启示：我们为什么不能用国乐伴奏合唱呢？希望推动用国乐器伴奏合唱的进程。⑧

---

① 李抱忱：《自序》，李抱忱著：《炉边闲话》自序，台北，东大图书有限公司出版，1975 年 7 月初版，第 1～5 页。

② 李抱忱：《锄头歌〈音乐狱〉》，李抱忱著：《炉边闲话》第一部《正文》，台北，东大图书有限公司出版，1975 年 7 月初版，第 179～191 页。

③ 李抱忱：《后记》，李抱忱著：《炉边闲话》后记，台北，东大图书有限公司出版，1975 年 7 月初版，第 399～400 页。

④ 李抱忱：《后记》，李抱忱著：《炉边闲话》，台北，东大图书有限公司出版，1975 年 7 月初版，第 400 页。

⑤ 赵琴：《李抱忱年表》，赵琴撰文：《李抱忱——余音嘹亮尚飘空》，台北，时报文化出版企业股份公司出版，2003 年 12 月 20 日初版，第 173 页。
李抱忱：《三战三胜追记》，李抱忱著：《炉边闲话》第一部《正文》，台北，东大图书有限公司出版，1975 年 7 月初版，第 178 页。

⑥ 李抱忱：《三战三胜追记》，李抱忱著：《炉边闲话》第一部《正文》，台北，东大图书有限公司出版，1975 年 7 月初版，第 173～178 页。

⑦ 李抱忱：《历代乐器展》，李抱忱著：《炉边闲话》第二部《短文贺词圣诞信》，台北，东大图书有限公司出版，1975 年 7 月初版，第 230 页。

⑧ 同上，第 230～231 页。

同月为爱乐合唱团写《演出的话》。本文为台湾爱乐合唱团单独演出前撰写，记叙了在自己的鼓励下该合唱团的扩编，及和戴金泉、翁绿萍、黄进福的愉快合作发展合唱团的简况。①

11 月 1 日，撰《联合大合唱——乐教的最高峰》。认为六次返台推动合唱都指挥了联合大合唱，原因就是利用难得的时机使各团体从"牺牲小我，成全大我"的精神升华到"忘我、无我"的精神，唱出各县市之声、唱出民族之声来！由于中小学数目太多，应付不过来，所以六次返台的活动对象主要是大专院校，也适当顾及社会合唱团体，如爱乐、颂音、凤凰城、乐友、和友等合唱团。②

11 日，在《中央日报》副刊上发表《政府对全国合唱团的领导力》。简要回顾了几次自费返台推动乐教都得到政府有关机构的大力支持和热情扶植，感受到政府的力量，希望未来的乐教发展继续得到政府的支持。并表述了并不反对乐而不淫的流行歌曲，人在工作了一天后，需要一些缠绵轻松的音乐来消除一天的劳乏。问题是充斥市面电视的若多半都是这类令人骨头发软的歌曲，就不合于这个正在积极提倡"重庆精神"的大时代了。所以问题是比例问题，分剂问题，不是禁唱问题。这二个问题是若将这些流行歌曲都禁唱，而没有产生好歌以代之，岂不是造成一个真空现象！③

本月在《传记文学》上发表《〈锄头歌〉"音乐狱"》。叙述了此事件的来龙去脉及向台湾新闻局申诉的经过，并附有关澄清材料。④

12 月 19 日，在台北新店撰《〈自由！自由！自由！〉词曲解说》。内容如下："第一次跟王大空兄合作是把他的《人生如蜜》这首甜蜜、鼓舞、启发的歌词谱成四部合唱。据台东的一位音乐老师侯庆铨兄统计，这首歌曲是近两年来最常唱的歌曲之一。写了歌、度了曲，有人喜欢唱，作词曲者尚复何求！这次又由赵琴小姐转来这首充满诗意、毫无八股气息的歌颂自由的歌词，当晚就把旋律的初稿写记下来。

这首歌因为希望在六四年一月二十三号的自由日前赶出，由千千万万的人来歌

① 李抱忱：《演出的话》，李抱忱著：《炉边闲话》第二部《短文贺词圣诞信》，台北，东大图书有限公司出版，1975 年 7 月初版，第 232～233 页。

② 李抱忱：《联合大合唱——乐教最高峰》，李抱忱著：《炉边闲话》第二部《短文贺词圣诞信》，台北，东大图书有限公司出版，1975 年 7 月初版，第 234～235 页。

③ 李抱忱：《政府对全国合唱团的领导力》，李抱忱著：《炉边闲话》第二部《短文贺词圣诞信》，台北，东大图书有限公司出版，1975 年 7 月初版，第 236～241 页。

④ 李抱忱：《锄头歌〈音乐狱〉》，李抱忱著：《炉边闲话》第二部《短文贺词圣诞信》，台北，东大图书有限公司出版，1975 年 7 月初版，第 179～191 页。

颂自由，所以希望还像《人生如蜜》似的写的那样简易顺口，雅俗共赏。此外，大空兄还要求这首歌不但能合唱，也要能独唱或齐唱。因此，特请发行人在歌后将旋律用简谱印出，作为不熟悉五线谱的人的参考。齐唱时最高音 F 音若嫌稍高，可请伴奏者将谱从降 E 调改成 D 调或降 D 调。"①

22 日，为凤凰城合唱团写《演出的话》。简要记叙了和台南结下的音乐不解之缘，和再次短暂的音乐"指导"，并预祝台南凤凰城合唱团的演出成功！②

给亲友写圣诞信。③

1975 年（68 岁）

被聘为国立台湾师范大学音乐系及台北女子师范专科学校音乐科教授。④

3 月 20 日，在台北新店撰《〈家之颂〉写作说明》。内容如下："去秋（六十三年）与文山兄同客自由之家，曾推敲合作《中华颂》、《家之颂》等歌曲。文山兄半庄半谐的说：'咱们这几个星期过的简直是神仙生活！'此后即以'半仙'互称。文山兄近自美国寄来'忆半仙'一词，并嘱谱曲。惜词中夸奖语太多，如'言语妙天下，指挥作曲好来今。……推敲《国颂》与《家颂》，忘了身处尘世里……'。未敢谱出，以避'老王卖瓜，自卖自夸'之嫌。文山兄近又来函谓：'自谱如嫌 too personal，约请第三者如何？'直到现在尚未鼓起勇气来'约请第三者'，大概是怕'婉辞谢绝'或直截了当的'招瞪'。

有一次在自由之家餐厅与文山兄同餐时，建议合作一首抒情或写景的诗，词要简单，但能动人心的深处。旋律用一个美国学校唱歌极悦耳的主调，稍改和声编成四部合唱，一定是合唱团喜欢唱的一首合唱。文山兄自谦说他不善于写抒情或风花雪月一类的歌词，另在他的《抛砖集》里找出这首《家之颂》来，稍稍更改数字就合于本曲各句的长短了。本词描写家的温暖可爱，恰到好处；用本旋律来唱也意外的适当。原曲的和声略有印象，但在这里那里加进去一些本人的意思，以求更合于

① 朴月寄来的李抱忱资料光盘之《发表著作手稿》。
② 李抱忱：《演出的话》，李抱忱著：《炉边闲话》第二部《短文贺词圣诞信》，台北，东大图书有限公司出版，1975 年 7 月初版，第 242～243 页。
③ 李抱忱：《一九七四年圣诞信》，李抱忱著：《炉边闲话》第二部《短文贺词圣诞信》，台北，东大图书有限公司出版，1975 年 7 月初版，第 266～269 页。
④ 赵琴：《李抱忱年表》，赵琴撰文：《李抱忱——余音嘹亮尚飘空》，台北，时报文化出版企业股份公司出版，2003 年 12 月 20 日初版，第 173 页。

《家之颂》的情绪。听众若是听着和声方面还差强人意，那是因为原曲的美丽，本人也许仅有一点点功劳。一切听着不顺耳的地方都是本人的罪过。"①

4月15日，在台北新店为《音乐和音响》杂志撰写《对音乐比赛的商讨和建议》一文。文中写到："音乐比赛一事，各国行之已久。我国政府近十几年来也正面提倡并主办，实在应当称许赞扬。但本年度的比赛规则和办法有了一个有史以来最剧烈的变化，因此困惑难为了千千万万的有关人士，本人就是其中之一。先说本人如何被'卷入漩涡'。自从一月十一日公布了本年比赛办法后，本人收到很多封信，接到很多次电话，并且有人说'您不认识我（因此也未报名）。我要麻烦您向政府作以下的建议……'。这是客气的。有人开门见山向我质问办法之不当，好像一切的一切都是本人的建议和规定似的。其实本人事先毫不知情，更未提供任何意见。最先简单的回答说：'不在其位，不谋其政。关于此事，未便干预'等类的话。后来十天内收到几十封信，接到几十个电话（包括长途电话），本人又有有信必回的习惯，这的确多少'侵蚀'了作者写作和休息的时间。于是毅然决然的和台北市教育局高局长和社教科张科长约定时间，在二月六日上午畅谈了一小时。得知本年比赛由台北市教育局主办时，一切规程及办法早经规定。张科长把本人的一切建议都记下来后，说本年规程及办法既已公布，未便更改，拟定明年规程时，定将建议各点慎重考虑采纳。并举例说，六十二年度比赛前本人在会议里、报纸上建议将名次制（第一、第二、第三）改为等级制（甲等、乙等、丙等），当时也是因规程既定，未便立即更改，但是今年已改为等级制。足证政府不是一意孤行，不肯听取别人的意见。"

"会后仍然继续的收到各方的建议和要求，请本人利用本人这'超然'的地位'下情上达'，因为他们'不怕官就怕管'，得罪了顶头上司，以后会有很多苦头吃。本人虽一辈子没做过官，也没做过公务员，没有亲自历到'顶头上司'到底可怕到什么程度，但直觉到这也许确是一个正大的理由。所以决定又管了一次'闲事'，在各区决赛前十天（三月十八日），又给高局长写了一信，建议更改最需要更改的一项办法：'……在不朝令夕改之原则下，弟有以下建议：指定曲仍在会前抽选，不过不由与赛者自抽，而由评审委员代抽，如过难则再抽，以抽出不难不易者为目的。如此既达到事先使各队多练习几个歌曲之目的，又避免幸运的比赛，达到成绩的比赛，又不失大家同唱一曲比赛优劣之原旨……'。比赛时承教育局部分采纳，改由与赛各队代表合抽一曲。如此，达到了各队都唱一个共同的指定曲的目的，但仍忽

---

① 朴月寄来的李抱忱资料光盘之《发表著作手稿》。

略了难易的问题。北区大专组抽到淡江夜间部合唱团最不要唱的指定曲《出爪的豺狼》，他们上台比赛时宁可弃权的另唱了一首《中国一定强》，于是他们这一队比赛变成了表演。南区台南一中抽到需用三支小喇叭伴奏，中国大鼓协奏的男声三部合唱《送征士》。他们没有三支小喇叭与吹得合水准的人伴奏，只好改用钢琴伴奏，不知是否因此他们只得了第四名。"

"公开商讨的必要

本人有过两次经验在对音乐比赛作建议时，都是在规程及办法既定之后。政府有政府的尊严，当然不便朝令夕改。明年度比赛由那哪机关主办，哪个机关拟定规程及办法。本人根据这次各处听到的诉苦、不平、抱怨、愤怒和这次做北区的各组合唱评审得到的亲身见闻所要写的一些建议，不知送到哪里，说给谁听。同时，公开的商讨也可以引起旁人对这方面的意见。民主政府的行政人员是公仆，当然尊重并欢迎各方意见。蒋院长与谢主席不惜用很多时间到各处去调查听取民意就是所有行政官员的好模范。'三个臭皮匠，赛过诸葛亮'，何况更多的'臭皮匠'加在一起呢？这就是本人这个'臭皮匠'为什么要公开商讨本年度音乐比赛的原因。"

"办法矫枉过正

此次史无前例的规定了各组合唱均须唱会五首指定歌曲，一首自选歌曲；国小再加唱会五首国民必唱指定歌曲，国中再加五首国民生活指定歌曲。结果是各参加比赛合唱团都必须在短期内学会并能背唱六首到十一首歌曲。比赛办法是一月十一日公布的，除去期终测验和寒假外，学校在三月四日各县市分区比赛前只有约半个月的时间准备比赛歌曲。在'公私立中小学均应一律参加合唱比赛'及'予以议处'的严厉规定下，各校不得不利用寒假及星期日老师和学生们自己的时间努力学习。邵义强先生在本刊三月份发表的《音乐教师的人权宣言》一文里所说'接近比赛的前几周，教师每天下午都集合训练，害得他们（学生们）不能上正课，听不到老师的讲解，回家后做不出数学习题，跟不上进度，急得直哭……'，本人也听过很多类似故事。至于学校强迫老师和学生们用自己的时间练习歌曲，虽然为争校誉，名义正大，却也是怨声载道。中小学在'必须参加'和'予以议处'的压力下，只得敢怒而不敢言的参加（邵先生则是本人所知道的唯一例外）。大专没有'必须参加'的规定，于是今年没参加的特别多（如台大、师大、辅大、台北医学院、中药学院、台中中兴大学——这都是第一流的合唱团），大概这就是他们消极抗议的方法。政府今年如此做，原意很好，本来是要取缔级任教师可以随意借用音乐时间上升学更重要的课（如英、数、理）。一位音乐教师曾告诉本人说，为了这个缘故，他可以一学期不上课。不过，政府这次如此纠正，又走向另一个极端，似有矫枉过正之嫌。"

"选曲稍欠斟酌

这次各组的指定曲因为不知是由何人所选，可以使本人直言无隐的发表意见，不必有什么顾虑。先说本人认为选得恰到好处的歌曲：国中一、二、三年级的指定曲《游子吟》和《菩提树》就是两个好例。音域不宽，不高，不低，正合于国中学生唱。且旋律及和声，既简单又优美，比赛时北区抽到《菩提树》，各队唱时，虽兼有音高不正确、音量不平均处，但大半都唱得非常和谐优美，富有表情，证明唱的是他们所懂的话，所要唱的话，从心里流露出来的声音。

高中（高职）女声三部合唱曲里选得最有问题。《秋风阵阵》和《日月潭》的钢琴伴奏太难，即或为音乐系主修钢琴的毕业生也难于应付裕如，何况一般的高中高职音乐教师和学生。《云》和《合欢飞雪》里女高音部常有高音 A 出现，为声音发展成熟了些的大专合唱团都应尽力避免，高中合唱团唱到高 A 时，势必脸红脖子粗的力竭声嘶不可。

高中（高职）男声三部合唱曲里有一首《送征士》，指明要用三只小喇叭和中国大鼓伴奏。没有会吹小喇叭的男声合唱团又将如何应付此曲？是否也须像台南一中似的用钢琴伴奏代替？他们一直到现在都不知道只得第四名是否因为这个缘故。且此曲第一声部屡次高到高 G 音，有几处还要延长七拍。更有问题的是第二声部也有多处唱到高 G！以上几个例都是难的不合理的地方。反过来说，专科学校混声合唱里倒有一曲连国中都可应付裕如的《青天白日满地红》。这仅是引起本人注意的几个例而已，在本文内不预备多为渲染。"

"自抽指定曲的商榷

比赛时规定指定曲的原旨是与赛者均唱同一首歌曲，以便比较，评判优劣。此次规定指定歌曲竟有五首之多（国小、国中多至十首），虽达到了强迫各校多唱会几首歌曲的目的，却失去了指定曲的原意。与赛者上台前临时自抽，各指定曲可能都被抽到。评判员评判时几乎等于评判各队演唱两首或三首自选曲。后来当局虽接受了本人的建议，但是仅接受了一部分，改由各队代表会前合抽，未采纳本人建议由评判员代抽，必要时再抽，直到抽出一首不难为与赛各队的歌曲为止，以至抽出的歌曲，有的音域过高，有的需要三只小喇叭伴奏，难为了一些与赛队。关于此点，在后面建议项内再接谈。"

"班级制？明星制？

本年合唱比赛不由代表学校的合唱团参加比赛，改由最好的班级代表学校比赛，取消'明星制'，为是普及乐教。这也是最受批评、最困惑学校的一点。这个新办法若是有理，各校这次实行时出了一个最大的弊端。奉公守法的学校完全遵守规则'以班级为单位举办班级比赛，每校以优胜班报名参加县市政府举办之初赛'。取巧的学校则将唱歌好的学生先调到一班再举行班级比赛。如此一来，守法的吃了亏，取巧的占了便宜，真使守法的哭笑不得！若说调班是合法的，守法的是不够'聪明'，这不仍是变相的'明星制'吗？

本人觉得此次取消'明星制'，改为班级制的理由稍欠充足。这个改变若是有理，那么为什么不用同样方法选出体育优胜班来参加全省运动会？把美术和劳作优胜班的成绩拿出来参加校内和校外展览会？校外的体育比赛和美术展览要拿出学校最好的来代表，为什么音乐不可以照做，非要想出一个特别方法来？

新办法如何实行，也是大成问题的一件事。如邵先生所说，两星期内只有两节音乐课，一个指导二十班的音乐教师哪里有那么多的人力和时间来指导、指挥、伴奏、训练一千名学生参加学校的班级比赛！邵先生身为国中音乐教师，首当其冲，也许在该文内说话太直了些。本人从旁冷眼观察，实行这个新办法，除了政府强迫校长，校长强迫教师和学生们大量占用他们自己的时间外，没有别的方法。这次各校如此做就是有力的证明。"

"八点建议

根据历届——特别是本届——音乐比赛的经验和每次事先事后的批评，本人要以几项积极的建议来结束本文。

1. 这种强迫大量占用教师和学生自己时间来推动的班级制音乐比赛，实在有回头再看一看，再为详密考虑的必要。说实话，这不是普及乐教，反而有摧毁乐教之嫌，徒引起学校的反感。试看学校每年自动主办的系际合唱比赛是如何的蓬勃有朝气！只是本人评判过的，或听说的，就有台大、师大、政大、辅大、东吴、中兴、淡江夜间部、大同工学院、中原理工学院、一女中；遗漏的一定还有很多；不知道的更不知有多少！每年到举行系际合唱比赛的前几星期，每日午间和晚间到处听见'弦歌之声'。孔夫子若能亲到这些'武城'，一定也要'莞尔而笑'！这都是学生们自动的活动，不是训导处公布'不参加者扣操行五分'的强迫活动，不是'以力服人者'的活动。本人所担任过评判的学校几乎都是每系参加。为了系誉，为了精神，各系都不肯后人，并且有的学系还自相约定全体参加，不管五音全与不全！三年前本人到东吴担任评判时，看见一系上台比赛时，先出来了五十几个女同学，最后跟出来三位男同学（这一定是家政学系），引起全体听众热烈的掌声。本人相信即或请这三位男同学穿女同学制服出场，他们为了表现本系精神也一定会同意。这是多么感人的精神！

政府可以鼓励这种班级比赛精神（现在多少学校已经在自动的这样做），最好不强迫施行。本着校外比赛应拿出最好的来代表学校的原则，本着体育比赛和美术展览的惯例，今后最好还是恢复所谓的'明星制'，许可学校的合唱团来代表学校参加政府主办的音乐比赛。"

"2. 今后指定歌曲的选择一定要请深明各级学校合唱团的情况，变声问题、音域问题、伴奏问题、程度问题的合唱专家，一般所谓的'音乐专家'恐怕不能胜任。理由很简单，本人不是学小提琴的，若请本人选小提琴比赛的指定曲，本人一定有自知之明，敬谢不敏！"

"3. 指定曲最好最多仅指定两曲，比赛前由各队代表自行合抽一曲，因为歌曲既难易差不多，就没有难为合唱团的可能了。"

"4. 指定曲既是同组各校同唱一曲以评判优劣的意思，那么各组的男声合唱、女声合唱同混声合唱也应同选相同的指定曲，印出三种四部合唱的歌谱来。当然有的歌曲发表时仅是男声、女声、或混声四部合谱。即选定某曲为指定曲，一定要请专家编出三种不同的四部合唱来。为了公道，为了正确，这点麻烦不能省掉。"

"5. 各县市举办初赛时，台北市是分四区举行。不知各县市如何办理，至少台北是一区指定一校轮流主办，评判员也由主办该校聘请。如此办，政府当局当然省了事，但主办该校则有机会请该校老师的朋友，老师的老师，甚至老师的父亲做评判员。特别是评判结果主办该校第一，即或公允，如何能使他校心服口服？建议各县市既负责举办初赛，就连聘请评判员这件重要工作也担负起来。防患防弊于未然是主办当局的责任。"

"6. 今年评判制度改变，各区评判员有不同的评判员。这为节省经费当然未尝不可，但决赛结果不应再称为'台湾区音乐比赛决赛结果'，而应改为'台湾区四区（北、中、南、东）音乐比赛决赛结果'。各区既有不同的评判员，则评判标准、分数高低也不一样。一区八十五分以上的优等在另一区则未必也得八十五分以上。因此，四区的优等未必在全台湾区统一比赛里都得优等。换句话说，各区的优等仅是各该区的优等而已，并不是台湾全区性的。去年是同样的评判员到各区去评判，有人批评不公，因为在不同的时间、环境、音响和情绪下，如何能有一个相同的评判标准？如此说来，既要节约，不能每年都到一个地方比赛，评判员环岛评判又有欠公允，似乎今后只能有这分区比赛，不能再有台湾全区的比赛了。

在二月六日与高局长和张科长开会时曾建议各县市的第一名在各地公家电台录音，由当局派员当场拍照，随录音带寄至该年主办比赛当局，然后请评判员评判。各地电台设备虽仍有差异，不如聚在一处比赛好；但既为节约，只好选择第二个最好的方法了。各地电台都是公家的，筹备一笔津贴请工作人员多做一些工作，不是办不到的一件事。若政府无此预算，由录音者各出一点录音费，不知有何困难？张科长非常赞成，当时就记在备忘录里。也许会后推动时遇见了困难，今年没有这样做。"

"7. 建议今后主办台湾区音乐比赛的政府机关用有效的方法鼓励——再说一次：鼓励——与赛各队在该队赛前赛后都安静的坐在会场听其他各队的演唱，以收观摩之效。本人前年和今年都做合唱各组的评判员，有时回头看看听众，能坐两千多人的中山女中大礼堂大半的座位都是空的，有时甚至只有两三成满。大专及社会组那一场，只各团团员就应当坐上六七成；中小学那一场更应当坐上七八成甚至八九成。再加上与各团有关的亲友和爱好合唱的听众，两场即或不能都满座也至少应当九成满。但事实却正相反，好像每团到场都是去值班，值完了班立刻走。台上的人对着台下的'小猫三只四只'演唱，实在有点煞风景！反观救国团在台北大专活动中心每年主办的合唱观摩会，因为参加的团体多，前年连办了三天，去年连办了四天；场场连头至尾都是满座。国父纪念馆办的两届国父诞辰大专合唱比赛，连能容纳两千八百多人的大会场也是三场从头至尾场场满座。本人所能想出来的唯一分别是这两种活动都是学校自由报名参加，参加的情绪不同，所以有此闲情逸兴整场的坐在那里真正的彼此观摩。原来'自动'与'被动'有这么大分别！"

"8. 什么时候与赛各队都自动的原意从头至尾听完全场，真正的收到合唱观摩之效时，本人下面的建议就有机会实现了。本人四十年来一向极爱推动联合大合唱。民国二十四年五月本人在故宫太和殿前推动了我国有史以来第一次联合大合唱，三十四年四月又在重庆推动千人大合唱（二十几个合唱团的千人大合唱）。近十八年来六次返台，本人协助推动的合唱观摩或比赛，几乎每次都以联合大合唱终场。校内的系际合唱比赛和校外的合唱观摩或比赛都充分的发挥了唱者'调整小我，成全大我'的爱系、爱校的精神。联合大合唱则是'更上一层楼'的发挥他们'忘我、无我'的精神，唱出民族之声，大汉天声！将来的这种各地之声接成一卷录音带，由新闻局透过各国领事馆大使馆播给侨胞听，送给各国广播台、电视台转播，将是我国最好的宣传！我们要唱给全世界听，我们是蓬勃有朝气的民族！

政府每年举办的音乐比赛既有一两首全体参加各队都会唱的指定歌曲，比赛后由各队站在所坐原处合唱这一两曲是轻而易举的事情。各队所唱的速度和表情也许不完全相同，经过总指挥十几分钟的调整，各队会毫不困难的统一演唱。去年十一月国父纪念馆举办的国父诞辰大专合唱比赛后，就是用这种方法请参加的十五队（九百人）站在所坐原处联合大合唱了他们所共同会的指定曲《唱啊同胞》，本人任总指挥，只用了十几分钟就把各队唱的稍有不同处调整一致。听众和唱者坐在一起，听见四面八方来的声音，真有一次'身历声'的经验。当九百位青年合唱到'无论祸福，无论荣辱，我爱我的国家，我爱我民族！'时，热情洋溢，声震满堂！国父纪念馆的施主任感动的说：'歌声太伟大了！以后一定要年年这样大合唱！'很多朋友会后说：'这种场面，这样气魄，我一生永不能忘！'本人去年十一月十一日在中央日报副刊上发表了一篇短文：《政府对全国合唱团的领导力》。文内为政府假想了五个推动问题，然后一一的提供了答案。现在用该文末段来结束本文：

'我们有的是勇于跟随的合唱团来参加联合大合唱，我们渴望着政府的提倡，更渴望有热力、活力、精力、魄力、眼力的救国团继续支持！作者将来即使走不动时，也必坐着轮椅到各处去听这震撼九天的大汉天声，"更上一层楼"的尽万里目，穷千里耳！'"①

7月，台湾东大图书有限公司出版回忆录《炉边闲话》。②

本年夏，受陈立夫之托，作《安乐窝》曲（宋·邵康节词）。③

9月4日，到墨西哥文化研究所出席第一届"国际音乐与传播会议"，宣读论文《合唱表现出来的民族精神》。④

11月，担任第三届大专合唱比赛评审。⑤

11月14日，撰《〈中国音乐哲学之研究〉序》。内容如下："玉柱兄是我在民国

---

① 朴月寄来的李抱忱资料光盘之《杂文、书信》。

② 李抱忱著：《炉边闲话》，台北，东大图书有限公司出版，1975年7月初版，版权页。

③ 赵琴：《李抱忱词曲作品一览表》，赵琴撰文：《李抱忱——余音嘹亮尚飘空》，台北，时报文化出版企业股份公司出版，2003年12月20日初版，第181页。
朴月寄来的李抱忱资料光盘之《发表著作手稿》中《安乐窝的写作》。

④ 赵琴：《李抱忱年表》，赵琴撰文：《李抱忱——余音嘹亮尚飘空》，台北，时报文化出版企业股份公司出版，2003年12月20日初版，第173页。
朴月寄来的李抱忱资料光盘之《杂文、书信》中《我的音乐生涯》。

⑤ 赵琴：《李抱忱年表》，赵琴撰文：《李抱忱——余音嘹亮尚飘空》，台北，时报文化出版企业股份公司出版，2003年12月20日初版，第173页。

四十七年第一次到台东讲学时认识的老朋友。两年前曾在台北和我讨论教授论文的事情。记得给他一个建议题目《中国音乐哲学》，因为这是我多少年来发生兴趣的一块原野。接着又讨论有关撰写途径与考证资料。没想到玉柱兄在百忙的课余之暇，竟能在一年半的时间完成这本巨作，实在令人在钦佩之余，又惊奇又惊喜！

文内考据详尽，关于历代强调的中国音乐哲学，如同移风易俗，礼乐化民，音乐象德，乐感人心的要点都能扼要的阐述。关于音乐的前瞻更有只有前知五百年才能后知五百年的正确见解。欧美名音乐史家萨克斯（Curt Sachs）曾说中国的音乐哲学在世界上占最高超的地位。这篇论文是一个有力的证明。"①

本年填《夜歌》（柴可夫斯基曲）词并改编为女声三部合唱。②

填《我愿意山居》（美国民歌）词并改编为女声三部合唱。③

为王大空作词的《自由乐》谱曲。④

为王文山作词的《家之颂》和《中华颂》谱曲。⑤

为自作词的《我愿》谱曲。⑥

为台湾世新合唱团谱团歌。⑦

为旋风滑冰俱乐部谱部歌。⑧

为敦化国小作校歌。⑨

应美国新闻处为纪念美国音乐家艾弗思（Charles E. Ives）百年诞辰在台北、台中、台南和高雄作五次演讲。⑩

在台北、花莲、高雄、凤山、台南台中等地作题为《中国合唱发展史》的演讲六次。⑪

在各种音乐周、音乐应和研习会里以《怎样欣赏合唱》、《唱出情绪来的合唱》、

———————————

① 朴月寄来的李抱忱资料光盘之《发表著作手稿》。
② 赵琴：《李抱忱词曲作品一览表》，赵琴撰文：《李抱忱——余音嘹亮尚飘空》，台北，时报文化出版企业股份公司出版，2003 年 12 月 20 日初版，第 177 页。
③ 同上。
④ 朴月寄来的李抱忱资料光盘之《杂文、书信》中《我的音乐生涯》。
⑤ 同上。
⑥ 同上。
⑦ 同上。
⑧ 同上。
⑨ 同上。
⑩ 同上。
⑪ 同上。

《合唱起来非独唱》等为题作多次演讲。①

本年指挥了近百个合唱团。②

为《联合报》撰写《艾弗思——美国作曲先进》。③

为《综合月刊》撰写《千人大合唱　鼓舞抗战魂》。④

为《中副》撰写《国父纪念馆合唱比赛》。⑤

为《音乐与音响》撰写《合唱表现出来的民族精神》。⑥

译《珍妮夫人》歌词（莫瑞曲）。⑦

译《我不能再唱旧歌》歌词。⑧

译《轻而幽》歌词（巴恩碧曲）。⑨

为各地音乐会写了《演出的话》、《世新、辅大和台南颂音合唱团》等文章。⑩

写了两篇贺词《省交响乐团三十周年》、《荣星儿童合唱团二十周年》。⑪

为乐韵出版社主编《中华儿女之歌合唱小集》。⑫

撰写《我的音乐生涯》一文。⑬

12 月 22 日，在台北新店撰本年圣诞信。⑭

1976 年（69 岁）

3 月 28 日，李氏北平、重庆、美国、台湾四期学生为贺其七十大寿、夫人六六诞辰暨结婚 45 周年，联合举办"三庆音乐会"。⑮

① 朴月寄来的李抱忱资料光盘之《杂文、书信》中《我的音乐生涯》。
② 同上。
③ 同上。
④ 同上。
⑤ 同上。
⑥ 同上。
⑦ 同上。
⑧ 同上。
⑨ 同上。
⑩ 同上。
⑪ 同上。
⑫ 同上。
⑬ 朴月寄来的李抱忱资料光盘之《杂文、书信》
⑭ 朴月寄来的李抱忱资料光盘之《发表著作手稿》。
⑮ 赵琴：《李抱忱年表》，赵琴撰文：《李抱忱——余音嘹亮尚飘空》，台北，时报文化出版企业股份公司出版，2003 年 12 月 20 日初版，第 173 页。

赵琴制作华视"艺文天地"播出"三庆音乐会"精华版。①

3月，8月，9月在《综合月刊》上发表连载文章《台湾的合唱音乐教育》，探索、分析台湾合唱乐坛生态，并提出建议。②

5月26日，在参加三军音乐发展会议及在冈山举行的空军和民众团体联合音乐会后撰《演出的话》。内容如下："今年四月四号，在高雄举行了史无前例的三军联合大演唱；今天又在冈山举行了第一次空军与民众团体音乐联合演出。这实在是空军官校校史上重要的一页。空军官校合唱团的历史并不悠久，因为以往合唱团的成立只是为了应付比赛。比赛一过，立刻解散。现在因为受了三军联合演唱的刺激和鼓励，两个月后，又单独的举办了这场大规模的音乐会，校方又决定今后合唱团是学校一个固定的课外活动团体，实在是一个明智之举，要为空军官校和全体空军浮三大白！

军人要捍卫国家，当然要受军人教育。但是军人也是人，也是国民，所以也要注意做人的教育。在做人的教育里，潜移默化的音乐教育占很重要的位置。捍卫国家的军人，已同时迈上民族歌手的途径；在学军事外，同时也注意美的追寻。这实在使我为空军喜，为三军贺！"③

6月5日，在空军官校指挥该校合唱团及台南市青少年交响乐团联合演出。④

7月8日，撰《〈有关中国电影的一些对话〉读后》内容如下："昨天一位青年朋友给我送来一张七月一日中国时报副刊的剪报，是谈论中国电影的一篇短文。我对于中国电影仅有电影院里一般观众的认识。这篇文字之所以引起我的兴趣来是因为最后的几句话：'这倒使我想起当年的李抱忱先生，他说我们中国人一向都是爱歌唱的民族，什么时候竟然无歌可唱，也变得沉静起来呢？……他就每年回国一次来办中国现代歌曲演唱会。可是曾几何时，连李抱忱先生也沉静起来呢？……我但愿，这些中国现代的艺术，以后不要变成李抱忱先生的一本书名就好了。《?》《山木斋话当年》。'

有两点要声明：第一，自从文化局在六十一年主办了爱国歌曲合唱大会、约我做总指挥后，一来因为文化局被取消，没有机关继续支持这种大手笔的音乐活动，二来因为我两次受心脏病的困扰，分别静养了三个月和九个月，我的音乐活动也因

① 赵琴：《李抱忱年表》，赵琴撰文：《李抱忱——余音嘹亮尚飘空》，台北，时报文化出版企业股份公司出版，2003年12月20日初版，第173页。
② 同上，第174页。
③ 朴月寄来的李抱忱资料光盘之《发表著作手稿》。
④ 朴月寄来的李抱忱资料光盘之《发表著作手稿》之《一枝独秀》。

此大为减少。虽然如此，除去写作及各种演讲外，去春也参加了花莲、台东及高雄各地合唱观摩及联合大合唱这三项重要的音乐活动；今春又推动了三军官校联合大合唱这创造历史的盛举。我一点也没有'沉静'，只是这些活动是地方性的，台北报纸按惯例刊登在地方版罢了。

第二，我的写作不仅限于'话当年'，去夏东大代为出版的《炉边闲话》包括近几年来我推动的各种音乐活动的报道。今年要出版的《退而不休集》将包括最近的音乐活动和计划，希望读者顾名思义，了解我为什么退而不休。在这需要恢复'重庆精神'的时代，只要我的健康许可，'退休'和'沉静'这两个字不会在我的字典里！"①

7月29日，在台北新店为《女声合唱曲集》写自序。内容如下："六十四年秋承台北市女师专孙沛德校长盛意相约，担任音乐科五年级的指挥及合唱两门课程。这是我第一次每星期定期的教女声合唱。因为手头没有女声合唱的教材，每一首选用歌曲都是我亲自由齐唱或混声合唱编为女声合唱的。一年内为音五同学编了十四首女声合唱，再加上同年为别的合唱团编的五首，合成十九首，定名为女声合唱曲集，纪念这一年在这方面的'辛劳'。

更可纪念的是，教女师专音五合唱这一年所得到的快乐。这三十二个'小丫头'非常努力，非常认真，每一次上课的时候都不知不觉的在欢笑中度过。同时，孙校长的确是本书的催生者；没有她的屡次相约，就没有这本歌集。这本书送给女师孙校长和第三届音五全体同学最恰当不过。

有人批评我们的进步太慢。一年学了十几首合唱曲，主张'猪八戒吃人参'，每曲学不到好处就随便过去又学新曲的人，也许同意这种看法。我不主张每曲只从生唱到熟就草草了事。我主张要'更上一层楼'的从熟唱到精，进入化境的把歌曲的情绪和灵魂唱出来。'小丫头们'若在这方面得到了一些好处，今后教合唱时也能在这方面努力，我这'阿公'（同学背后的称呼）就要'莞尔而笑'了。

'同声三部'是台湾造的一个名词！三部合唱不一定是同声合唱；女生三部合唱虽然未必适于男声三部合唱，却多半适于国中三部合唱。关于此点，以后当另为文申述。

孙校长这一年的鼓励和翁如凰同学每曲细心的抄写，一并在此深谢。音五全体

同学美丽的歌声和笑脸所给予我的灵感当然更要在此深谢。"①

8月23日，在台北新店撰《世新合唱，乐声之家》。内容如下："世新合唱团的刊物，乐声之家，名字起的真 b－b－b－beautiful！不但此也，并且还非常恰当！世新合唱团第一个目标就是在一起追求音乐之'声'，大家发出来的声音都是在尽力贡献和谐，不是在破坏和谐。第二，大家在一起不只是哇啦哇啦唱唱就算了，还要利用这音乐的结合做各种活动，使大家亲若'家'人！这两个目标加起来不就是'乐声之家'吗?!

两年前承世新合唱团不弃，收养入'家'，现在又有机会和众'家人'欢度第三个年头，欣喜之情，溢于言表。虽然我老胳膊老腿的不能陪各位'小马'去爬山露营，但在音乐的领域里希望仍能和各位交换宝贵的经验。"②

9月，台湾山木斋出版社出版《女声合唱歌曲集》。③

任国立编译馆国小音乐编辑委员会主任委员。④

协助推动三军音乐，联合陆海空军官合唱团举行四场联合演唱会。⑤

台湾天同出版社出版1944年撰写的《合唱指挥》。⑥

11月26日～12月2日，参加第二届亚太音乐会议及第四届亚洲作曲联盟在台北举行的年会，并宣读论文《中国音乐的几个显著的特色》。内容如下："中国文化的各方面，音乐是西洋懂得最少的一面。愿意懂得中国音乐的少数西洋人士，他们有时候感觉这种'此曲只应天上有'的音乐颇为奇特怪异。'音乐是世界的语言'这句话因此只有一部分正确。下面所说的特色，并使中国音乐在音乐世界里，站了一个特殊地位。

（一）**中国的音乐观**：孔子思想影响了中国文化有两千五百年之久。孔子认为音乐在最高的境界应当宁静平和，修身养性，清心寡欲。音乐是育民治国的最好工具。音乐不是为娱乐；为娱乐的音乐到最近都是被人轻视。几千年来音乐的目的是在鼓励高尚趣味，提倡正常状态。这种音乐自然不鼓励渐强渐弱、忽高忽低，演奏出来的节奏和情绪总是平稳不变。不论这种音乐是令人神怡还是令人厌倦，这种音

---

① 朴月寄来的李抱忱资料光盘之《书信、杂文》中《自序》。

② 朴月寄来的李抱忱资料光盘之《发表著作手稿》。

③ 赵琴：《李抱忱年表》，赵琴撰文：《李抱忱——余音嘹亮尚飘空》，台北，时报文化出版企业股份公司出版，2003年12月20日初版，第173页。

④ 同上。

⑤ 同上，第173页。

⑥ 李抱忱著：《合唱指挥》（1944年撰写），台北，天同出版社出版，1976年。

165

乐观非常崇高，使音乐在中国的智识、政治和精神生活里，占有一个特殊地位。

（二）**律吕制度**：中国最重要的音乐制度是律吕。律吕有十二律，六阳六阴，阳为律，阴为吕，所以称为律吕。这十二个律管是所有中国音阶的基本。用不同的管长来规定各音的音高。这个方法是很独特的，并且显出数字对音乐的影响。最长的管名黄钟，用三分损益法生其余各管。换句话说，第二管比第一管短三分之一；第三管比第二管长三分之一；第四管又比第三管短三分之一的损、益、损、益，一直到第十三管。若是这样得到的第十三管恰好是第一管的二分之一，造出黄钟的八度音，那是非常理想的一件事。不幸不是如此，其余各管按长度安排好，各音程也不等长。因此，各管不可能都可做音阶的主音。虽然多少世纪以来，中国的音乐理论家都绞尽脑汁的想达到这个'旋相为宫'的最终目标，从十二律算到六十律，再算到三百六十律，始终得不到二分之一管长，真正的半黄钟。现在从数学的角度看我们很清楚的知道用三分损益的方法，（二与三之比；2:3）永远得不到二分之一管长的八度音——后者需要一与二之比；1:2。直到1596A.D.时，明世子朱载堉才解决了这个谜，发明了十二等律，将八度分成十二个相等的音程，这就是欧洲的十二平均律，但中国的发明者朱载堉比欧洲的发明者马森（Marsenne）早了四十多年。我国的二十四史每朝的乐书或乐志里都有很显著的一部分论到乐律。

（三）**人、音乐和宇宙**：声音是自然界一个力量，人一直认为能影响宇宙的和谐。这个理论说，人不能控制自然界其他方面，如时间、空间、物质等。但在产生声音时，人可以增强或威胁宇宙的安静。因此，在世界各民族里，中国人最重视音高的正确。每一朝代第一个皇帝一个重要的职务是制作礼乐，重订黄钟标准音。现在，陪音（我国称泛音）的科学支持我国的这个古代的音乐理论。全弦震动，产生基音外，弦的二分之一，三分之一、四分之一，一直到无限分之一，也都各在自己震动，产生一个微弱而重要的音，与基音的音高不同，规定耳朵所听见的这个综合音的音色。每国，也可以说每人，都是宇宙的无限分之一，每一个无限分之一所发的声音，无论如何微弱，不是在增强就是在消弱宇宙所发出来的这个壮丽的综合音。

（四）**旋律、节奏与和声**：中国语言有高有低这回事，很影响了中国音乐——至少在旋律方面。中国差不多有四万字，但只有四百多音。结果有很多字的发音完全相同（和英文的'to'、'too'、'two'一样），于是每一音又生出四声来，减少这个同音的困扰——阴平、阳平、上声、去声。每一个字因此不但有一音，还有一声。这个语言上的自然起降（语言旋律）大致的规定了为歌词配旋律时，音乐旋律应如何起降。

此外，配曲时阴平也许需要一个乐音就够了，其余三声因起伏关系，需要两三个乐音才能合于语音的起伏。因此，有些中国旋律进行是因为中国语言的需要才这样进行的；久而久之，中国耳朵听着就非常顺耳了。有时候竟顺耳顺得连器乐曲也受了同样的影响。

中国乐队绝大多数时间齐奏，有时用的一点点和声也仅限于四度、五度和八度，其他音程太不常出现。和声既然在中国不发达，一般推论节奏一定非常复杂，特别发达。中国乐队有那么多的敲打乐器，似乎证实了这一点。其实，在齐奏的中国乐队里，节奏远不如在复音音乐的西洋乐队里那样发达。因此，中国节奏的记谱法也不如西洋的那样发达。中国的演奏者可以出入于节奏之间，有时还可临时加上一些花腔——和节奏自由、任加装饰音差不多（tempo rutabo with free embellishments）。

（五）**外来影响**：中国音乐多少年以来都能从外族吸收新资源而不丧失本来面目。唐朝的十部乐里，有七部本来是被征服的民族乐，演奏跳舞的人都穿他们的民族服装。现在这些乐队和音乐早变为中国音乐文化的一部分，很少人费事去研究这些音乐都是哪里来的。有些乐器原来也是外国来的，它们的名字还有来处的痕迹——胡琴、羌笛等。这些乐器早被吸收进入了中国这庞大的乐器之家。很多人连原来他们是外国乐器都不知道。

多少年来这全世界走向西化的趋势，并没有饶过音乐。西洋音乐已经进入中国家庭、学校、戏院和教堂。中国青年跳起'阿哥哥'舞来，一点也不比欧美青年跳的慢、跳的坏。中国音乐是否又能从外族吸收新能源，而不丧失本来面目？

（六）**几个问题**：现在我们可以问：什么是中国音乐？什么是决定中国音乐的因素？是演奏者？是作曲者？是器乐？是乐曲本身？或是这些的综合？这是复古派与反古派之间，多少年辩论很激烈的一个问题，在最近的将来，双方都不会得到满意的答复。"[1]

填词《笑的颂歌》（阿普特曲）。[2]

译《山南都》词（美国船夫曲）。[3]

填《交响歌》词（奥地利传统民歌）。[4]

---

[1] 赵琴：《李抱忱年表》，赵琴撰文：《李抱忱——余音嘹亮尚飘空》，台北，时报文化出版企业股份公司出版，2003 年 12 月 20 日初版，第 173 页。

本文原用英文写成，后由李抱忱亲自翻译成中文。朴月寄来光盘之《杂文书信》中《中国音乐几个显著的特色》。

[2] 赵琴：《李抱忱词曲作品一览表》，赵琴撰文：《李抱忱——余音嘹亮尚飘空》，台北，时报文化出版企业股份公司出版，2003 年 12 月 20 日初版，第 176 页。

[3] 同上，第 177 页。

[4] 同上。

谱《生命之歌》（张佛千词）。①

撰《〈安乐窝〉的写作》。内容如下："去夏在美休假时，收到陈立夫资政一封信：'兹有邵康节《安乐窝》歌词一首，非常脱俗，抄奉如下。如有兴趣，为之补一曲，亦佳事也。邵康节为宋朝人，居河南，安贫不仕……。'果如立夫先生所言，歌词非常脱俗：'春花开得早，夏蝉枝头闹，黄叶飘飘秋来了，白雪纷纷冬又到。叹人生，容易老，总不如，盖一座安乐窝，上挂着渔读耕樵。闷时湖上钓，闲来把琴敲，吃一杯茶，乐淘淘。我，只把愁山推倒了。'原作为独唱，后改为女声三部合唱，由两个琵琶、两个古筝伴奏。希望合于我们这次的主题，发掘'中国古乐的资源'。"②

1977 年（70 岁）

1 月，台湾见闻文化事业有限公司出版所撰《退而不休集》。③

5 月，台湾见闻文化事业有限公司出版所撰《琐事》。④

6 月 9 日，在飞美途中撰《凌晨〈动如脱兔〉这方面——代序》。内容如下："我在几年前接受凌晨一次广播访问时，第一次和她见面。因为只有一两小时的访问，有专题的限制，不是谈天说地，因此对凌晨这个人是怎样一个人，没能留下一个清楚印象。罗兰说她正像她的绰号'猫'那样的飘来飘去，又柔和，又敏捷，我说可不是吗？也许我的印象也是如此，只是我的印象没能使我肯定的下这样一个结论就是了。

再一次和凌晨的接触是最近，次数至少有十余次，时间每次总在两小时以上。目的还是访问，不过是特殊性质的访问。凌晨正在为长桥出版社（？原文如此）编十本歌集，其中四本（世界民谣和中国民谣）要我做她的顾问，供给她歌曲简介的资料。她关（于）所要介绍的歌曲先发问题（有时迹近怪问），我本我所知道的回答她。人（特别是我）究竟不是活字典，不能什么都知道，有时要找书查字典的替她查资料。后来我看她对我那些参考书那种爱不释手的情形，索性把十几本书放在

---

① 赵琴：《李抱忱词曲作品一览表》，赵琴撰文：《李抱忱——余音嘹亮尚飘空》，台北，时报文化出版企业股份公司出版，2003 年 12 月 20 日初版，第 181 页。

② 朴月寄来的李抱忱资料光盘之《发表著作手稿》中《〈安乐窝〉的写作》。

③ 赵琴：《李抱忱作品出版表》，赵琴撰文：《李抱忱——余音嘹亮尚飘空》，台北，时报文化出版企业股份公司出版，2003 年 12 月 20 日初版，第 185 页。

④ 同上。

一张桌子上，教她做自己的作业，我在旁边像保姆似的有时指点一声而已。她一坐在桌子旁边就是几小时，那种专注的精神实在少见！

我只负责做她四本歌集的顾问，其余六本她需要请别人做顾问。于是她一面编写，一面请教顾问，一面忙业务，忙得团团转。在餐厅，在冷饮室，都是她活动的会所。她的认真和专注实在令人钦佩。忙起来时没有功夫卧在主人腿上千娇百媚，现出来的是'动如脱兔'的精神。这样下去，不但十本书不费吹灰之力。即或百本书也是轻而易举的事。是为序。"①

8月17日，撰《一枝独秀》。内容如下："去年（六十五年）六月五日我在空军官校指挥他们的合唱团及台南市青少年交响乐团联合演出时，第一次见到后者并听到他们的成绩。我深记当时的欣喜与惊奇，因为这些小到七八岁的男女同学们的演奏深深地感动了我。同学们的努力和专心固然功不可泯，但指挥郑昭明兄的不辞辛苦，循循善诱的那种精神，实在令人钦佩。这能不叫一些挂名的指挥惭愧的无地自容吗？

请不要以为这是一般学校的节奏乐队或鼓号乐队。他们演奏的乐曲常出现在欧美各国的音乐会节目上。透过演员们熟练的技巧和昭明兄细腻的诠释，演出时颇为扣人心弦呢！我相信全体团员都不需要我提醒，在演奏之路上是'无止境的'，是'取法乎上，仅得乎中'的。我们一生学习，就要一生努力不懈！

我和昭明兄一样，都有个傻劲。他为推动管弦乐，我为推动合唱，都是'发愤忘食，乐以忘忧'的。既然臭味相投，所以一见如故。这是'惺惺惜惺惺'，不敢说是'好汉惜好汉'。我好羡慕昭明兄，因为他比我还多有二三十年的时间服务我国乐教！"②

本年，由于歌曲《你侬我侬》的著作权被侵权，起诉台湾利德影业公司和新闻局，并撰写《'岂好辩哉？余不得已也！'——最后一次谈论'你侬我侬'》一文为上法庭打官司辩护。③

本年撰《勉台北市女师专音五同学》。内容如下："今年（六十六年）秋学期没有开始的时候，有人警告我说，今年的音五恐怕没有过去那两届那么听话，那么好教。她们虽不捣蛋，但有时却颇为调皮。我存着戒心上了她们第一堂课，郑重其事的讲了一些我教学的原则，如同：第一，我给分数只凭成绩，不受其他因

---

① 朴月寄来的李抱忱资料光盘之《发表著作手稿》。
② 同上。
③ 朴月寄来的李抱忱资料光盘之《杂文、书信》中《我的音乐生涯》。

素的影响；第二，我非常注意勤缺；第三，我非常注意上课态度——老师讲话是对每一个学生讲的，小声交谈或做别的事，是对老师的不礼貌。大概我诚恳慈祥的态度感动了她们，从第三次上课起，她们自动的把上下课的行礼从'老师好'、'老师再见'改为'爷爷好'、'爷爷再见'，听着特别亲切。这半学期每星期三下午的三小时指挥同合唱课，每次都是轻松愉快的度过。她们的专注和努力对我是一种享受。明年毕业后，她们有权要求她们的学生上课时不小声交谈和做别的事了。

这是一班有音乐天才和训练的聪明学生。各位听众在听完这场音乐会后就会同意政府这五年没在她们身上浪费时间与金钱。

预祝你们这次旅行音乐会演出成功，给你们留下永远不能磨灭的甜美回忆！'爷爷'虽然不能陪你们旅行全程，但两场演出却一定要亲身助阵的！"①

本年结识后来成为台湾著名作家的刘明仪（朴月）。②

本年撰《南区音乐的蓬勃发展》。内容如下："六十六年十二月十七日将在高雄县新建的国父纪念馆举行一场音乐会，庆祝该馆的落成。从此南区有了一个规模够大的音乐、戏剧、演讲厅，实为高雄县喜，为南区贺！

国父纪念馆落成后的第一场集会就是音乐会，证明音乐会对适当场所的需要特别大。参加节目的两个团体都是有名的合唱团（陆军官校合唱团）和管弦乐团（高雄青少年管弦乐团）。因此，这场庆祝落成的音乐会，意义也特别重大。

陆官合唱团已有十八年历史，不但自己有光辉的成绩，也对陆军有优良的影响。陆军官校政治部主任曾告诉我说，合唱团团员毕业后分发的单位，一定特别活泼有精神。这是文教在武教中很明显的表现。

这次陆官合唱团一年一度的公演，加上高雄青少年管弦乐团的客串演出，节目一定非常精彩！预祝演出成功，并能有时也到北区（甚至全岛）举行音乐会，使各地爱好音乐的人士都能一饱耳福，领教南区乐教的发展。"③

撰本年圣诞信。④

---

① 朴月寄来的李抱忱资料光盘之《发表著作手稿》。
② 朴月：《岁月织梭三十载——忆宝爸》，朴月的博客：月华清—Yahoo! 奇摩部落格，http://tw.myblog.yahoo.com/teresea - mingyi
③ 同①。
④ 同①。

1978 年（71 岁）

　　谱《国父遗嘱》（孙文词）四部合唱。①

　　谱《儿女三愿》（吴运权词）、《洪流》（有记词）、《中国人跌不倒》（刘家昌词）、《咏松竹梅》（刘明仪词）、《天助自助者》（自作词）、《建设颂》（张佛千词）、《我们这一代》（张佛千词）。②

　　任台湾省音乐协进会理事长，推动合唱指挥环岛研习班、音乐协进会音乐季刊。③

　　认刘明仪为义女，取名朴月。④

　　秋，促进北部三军合唱。⑤

　　12 月 21 日，屏东举行李抱忱作品演唱会，并在会上发表讲话。主要内容有："合唱最大的几个目标、原则是：音高要正确、音质要优美、音色要调和、音量要平均，这是随便说这么四个大原则。今天屏东师专、所有的合唱团，男、女、混声都算在里头，音高没有不正确的、音质没有不优美的、音色没有不调和的、音量没有不平均的。简直是 beautiful。县长感动地说，明年屏东县音乐厅成立的时候，一定头一个节目就请屏东师专到音乐厅来表演。我今年承台湾省音乐协进会选我出来做理事长，特别是蒙谢副总统不弃，他在离开省府的两个礼拜以前，拨给我们一百万经费，来帮忙台湾全省推动音乐教育，我感到他这样瞧得起我，我就更是惶惶恐恐，尽量一分钱也不给他浪费，把台湾的音乐教育推动起来。我们第一个工作已经完成了一半，就是全省环岛举行合唱指挥研习班，训练全省各处的合唱指挥。有人已经是指挥，愿意再进修一点，有人根本不会，他愿意学一点基础。很多合唱团的指挥给我打电话说：'李伯伯，能不能让我去耽误您半个钟头，我跟您学一点合唱基础？'我说：'半个钟头学什么合唱基础？'他说是：'请您救命！'我说：'为什么？'他说：'我们要比赛了，我们组织了合唱团，他们举我出来当指挥。'我说：'你什

---

　　① 赵琴：《李抱忱词曲作品一览表》，赵琴撰文：《李抱忱——余音嘹亮尚飘空》，台北，时报文化出版企业股份公司出版，2003 年 12 月 20 日初版，第 181 页。

　　② 同①。

　　③ 赵琴：《李抱忱年表》，赵琴撰文：《李抱忱——余音嘹亮尚飘空》，台北，时报文化出版企业股份公司出版，2003 年 12 月 20 日初版，第 174 页。

　　④ 朴月经电邮告知笔者。

　　⑤ 同③。

么资格？举你出来当指挥？'他说：'我是全团唯一认识五线谱的。'我不知道别的地方怎样，台北学校的合唱团这种现象很多很多，临时抱佛脚给我打电话，我又不会说'不'，所以就半个钟头、半个钟头地帮他们忙。现在好容易有了经费，我们就环岛举行合唱指挥研习班。已经在台中六周，高雄也完了。台中有200多人，高雄有260多人。明年春天年假以后，到花莲六周，然后到台北六周，加起来恐怕台北一个地方，就会有四、五百人。所以，这四个地方有一千人参加研习。这是在预期之中。每年环岛能帮助一千人，从不会到会一点，从会一点到再进步，我们台湾合唱的水准就更要突飞猛进。这是我们第一个计划。今天屏东师专这个成绩，我又有一个构想，虽然我一个人不能做主，但是我尽量跟常务理事会商量，我想推动工作也是全省音乐协进会的工作。一个什么构想呢？一个学校合唱团，毕业就出去做老师了，结婚生子了，以后谁也不见谁了，合唱团一年训练出来的人，五百一千都消失在社会里，不再有合唱组织了。所以我现在就用全省协进会的名义，我呼吁，凡是学校合唱团能够有校友、团友合唱团的，毕业以后组织校友合唱团，校友合唱团一年、两年、三年、五年地很容易凑八十个人、一百个人，每年开音乐会的时候，要是能团友、校友举行联合合唱的大音乐会，有单独表演，然后两团合起来表演。这是一个全省音乐教育机关所应当推动的。我尽量帮忙这事情，我们这个全省音乐协进会一定尽量地拨经费帮忙团友、校友合唱团的成立。开音乐会没有钱租场地、印刷、弄海报，不知协进会可以批准多少钱，也许一万，也许两万，帮忙把一个新的概念组织成功。从来没有团友、校友联合组织一个合唱团的演唱会。

第二个构想是什么？我原来就有这么一个构想。我们希望每一年有人捐给我们一百万来推动。第二个大动作，就是把全省的八个省立师专再加上台北的一个市立师专，九个师专联合起来，开一个环岛的音乐会。每校单独唱，九校联合大合唱。唱起来，这个气魄就立刻遍全岛，同时也使全岛人士知道，我们这个预备做人师表的在音乐方面，在没有离开学校之前，已经有了什么修养。可做的工作非常之多，就是没人没钱，现在我们有钱了，再找人做环岛推动研习的工作。希望到了屏东，得到贵地县长、市长、校长的支持，还希望得到各位听众的支持，那么，我们全省的音乐活动就蓬勃起来。"①

---

① 赵琴：《李抱忱年表》，赵琴撰文：《李抱忱——余音嘹亮尚飘空》，台北，时报文化出版企业股份公司出版，2003年12月20日初版，第174页。

朴月寄来的李抱忱资料光盘之《杂文、书信》。

本年撰《〈三三两两合唱曲集〉自序》。内容如下："取名《三三两两合唱曲集》的意思是有些这种歌曲，有些那种歌曲。有宗教歌曲，有非宗教歌曲；有爱国歌曲，有艺术歌曲；有幽默歌曲，有严肃歌曲；有感伤歌曲，有鼓励歌曲；有安静歌曲，有动作歌曲。这样'三三'，那样'两两'，因而得名。只有一个例外，就是本集只有西洋歌曲，没有本国歌曲。这不是忽略，而是故意；不是错误，而有理由。我国自迁台以来，有些方面'媚外病'尚未痊愈；另一些方面又患了严重的'恐外病'。音乐方面就是一个显著的例。西洋乐器的演奏会常常是百分之百的西洋乐曲节目。这倒不见得是'媚外'，因为国人在这方面的作品奇缺，本乡缺水，又不能'临渴掘井'，只好由邻乡挑水喝了。最重要的是不要忘记'借水'是治标的事，发掘水源才是治本的事。

　　声乐方面（包括独唱及合唱）常常正正相反，百分之百的节目都是国人作品。这表面上是政府在提倡本位文化，鼓励'唱自己的歌'。其实，政府这种好意的干涉音乐，结果适得其反。试想，国内男女老幼作曲家至少有四分之三以上没留过学。若是政府不鼓励，甚或禁止演唱一些国外输入的优良歌曲，没有比较，哪里会有进步？！因此，或是仅仅参考少数留过学的作曲家的作曲，或是索性'闭门造车'。国父若不是有机会参考、观察欧美的民主主义、社会主义等思想而在香山'闭门造车'，绝不可能写出来现在我们的三民主义。

　　更有进者，政府鼓励的国人作品，电视上的流行歌曲，以及现在年轻人提倡的'唱自己的歌'，绝对大多数都是模仿西洋曲调、西洋传统和声（连我的作品也算在内）。原因很简单，我国还没有一套完整的作曲理论。我国的作曲家学的都是西洋的作曲理论。学的既是西洋理论，写西洋歌曲就容易多了。若把这些技巧搬到我国作曲上来，那就要费尽多少周折，绞尽多少脑汁。同时，各方面的听众也听惯了西洋传统音乐。费多少事写出些'不同凡响'的作品来，听众反而听着不顺耳。于是有些作曲家为讨听众喜欢，有人偷懒的就写听众所能接受的吧。其实，这也不能说'讨好'或'偷懒'。若作曲家都走在听众前面五十年，我们这代的乐教怎么办？还有没有听众？

　　我写的作品多半是为现在的合唱团（不是五十年以后的合唱团）写的。我多少年来也写过一些富有中国风味的歌曲，用和声而不破坏中国的味道：如《孔庙大成乐》，《天下为公》，《国父纪念歌》，《国父遗嘱》，《雁群》，《我爱爸爸》，《丑奴儿》，《佛曲》，改编的《锄头歌》（现在改名《田家早》），《谪仙》，《安乐窝》等。根据我自己的经验，写一首中国风味的合唱所费的时间，至少要十倍于写一首西洋风味的合唱。因为前者的路有很多地方要自己开，而后者的路早被几百年来的作曲大师踏成康庄大道。至于我国作曲家现在的生活，除了专任、兼任许多教学钟点外，还要私人收许多学生，哪里还有时间和兴趣作曲？教师和其他公务员都是一样待遇，也许国家一时无法大为改善。课余还可以收很多私人学生，证明国内音乐人才不够。这就是国家的事了。我七月一日在《中副》发表了一篇《我们急需一所音乐学院》，训练人才、从事研究、作曲、制礼、作乐，本序不再赘述。

声乐界（特别是合唱界）既常有百分之百的国人作品节目，本集这次特别推出一本百分之百的西洋合唱歌曲集来，希望对'闭门造车'、'坐井观天'那一个极端取得一点平衡。本人前年（六十五年）在七十岁（虚岁）那年曾许下鸿愿，一年内要出版五本书，打破以往自己记录，同时也想自己证明'宝刀未老'。四本顺利如期出版后，没想到本书于一年前完稿后，竟因种种原因一直拖到今天。现在终于出版了，要对月对影浮三大白！天天早晨懒床不起的时候，又计划出版四本书。这次绝不再自定限期了，一年出全也好，五年出全也好。限期的压力太大，实在不利于健康——特别是心脏！"①

本年撰《给政府的几点音乐建议》。内容如下："自从四年前（六十三年）台湾区合唱比赛评审从名次制改为等级制后，主办机关以及参加比赛团体渐惯于这个改变，（实）行了四年，没听说发生什么问题。只有一点，就是仍未打破点状元的旧观念。会后有些合唱团在台后围着主事人问他们是等内第几名，谁比谁高多少分。今年比赛后，主事人报告结果时，更索性说明各等内各校是按分数正数或倒数，失去了等级制的原意。合唱评审是主观的评审，许多因素都可以影响评审判分；不像赛马似的有照相机、电视机的帮忙，差一个马鼻子都可以正确的分出第一第二来。合唱评审既然不能如此科学，何苦非要分出半分之差、四分之一分之别。希望今后各合唱团接受等次的评判；主事人也仅宣布等次不宣布名次。

历年比赛实施要点内都有'所有参加人员（包括指挥及伴奏）均须就读各该院校具有正式学籍之在校学生'一条。若所有参加各校平时都设有钢琴课、指挥课，比赛时才可以有上述规定。若学校没有这些科目而希望有的学生在校外有这些训练，那么有学校没有这些特殊训练的学生（如同军事学校）怎么办？强迫他们也遵守这项规定，是不是有欠公允，有失提倡乐教之旨？依我个人愚见，应请拟定这项规定的行政诸公再重新考虑此点。指挥不仅是打拍子，指挥出歌曲情绪来更重要，不是一两天可以学会的。正式建议来年取消此项规定。国父纪念馆每年主办的合唱比赛就没有这项规定。

---

① 朴月寄来的李抱忱资料光盘之《发表著作手稿》。

近三四年来，政府将台湾全区的合唱比赛从过去的'明星制'（政府指的是学校的合唱团）改成现在的班级制。每年的比赛实施要点内并规定国小、国中及高中之合唱比赛'由各校以班级为单位举办班级比赛，每校以优胜班级报名参加县市政府举办之初赛……，如有未按规定办理者……，予以议处。'这个规定实有重新考虑的必要。比赛一定要拿出最好的成绩来和别的学校比赛。学校的运动会和展览会一向都是选出最好的成绩来比赛和展览，为什么不也选出最好的班级来代表学校呢？每班每周只有一节音乐课，师生哪里有时间应付这强迫参加的合唱比赛?! 因此，好名誉的学校每年总是将音乐好的学生调成一班（变相的明星制），奉公守法的学校就吃了亏。到比赛的前几个星期，学校的代表班可以不上别的课的练习一下午，有的还练习一整天。这是我亲耳听见、亲眼看见的事实。政府好意普及音乐，却演成这种不公平和'天下大乱'的情形。细想起来，这恐怕不是提倡教育而是破坏教育。

建议政府今后推动合唱比赛时，不再限定为班级制，并改为自由参加，避免'欧美的自由参加到了台湾就变成强迫参加'的批评，洗刷'予以议处'，以力服人的反感。"①

1979 年（72 岁）

译《愿主赐福保护你》词（卢特金曲）。②

3 月 1 日，台湾乐韵出版社出版《三三两两合唱曲集》。③

3 月 24、25 日，任北区合唱决赛评审。④

4 月 3 日，由丁秉鐩召集，在台北会宾楼参加小型北平同乡聚会，参加者有梁实秋、韩菁清夫妇，吴讷孙夫妇、夏元瑜、唐鲁孙，丁秉鐩等。⑤

5 日，为推动军校合唱，抱病在文武青年爱国歌曲演唱会中演唱，并接受军方

① 朴月寄来的李抱忱资料光盘之《发表著作手稿》。

② 赵琴：《李抱忱词曲作品一览表》，赵琴撰文：《李抱忱——余音嘹亮尚飘空》，台北，时报文化出版企业股份公司出版，2003 年 12 月 20 日初版，第 177 页。

③ 李抱忱：《一九七四年圣诞信》，李抱忱著：《炉边闲话》第二部《短文贺词圣诞信》，台北，东大图书有限公司出版，1975 年 7 月初版，第 268 页。

④ 赵琴：《李抱忱年表》，赵琴撰文：《李抱忱——余音嘹亮尚飘空》，台北，时报文化出版企业股份公司出版，2003 年 12 月 20 日初版，第 174 页。

⑤ 朴月寄来的李抱忱资料光盘之《逝世新闻资料》之《1979 年 4 月 21 日中央日报》。

颁赠的感谢状。①

同日，台湾乐韵出版社出版《爱国九曲》。②

8 日，凌晨 1 时 55 分，因心脏病逝世于台北中心诊所。③

9 日起，台湾各大报纸对其逝世作了报导。9 日，《高雄市民众日报》刊登两篇悼念文章：《你侬我侬音容宛在 朝斯夕斯乐曲长存 悼念音乐家李抱忱博士》、《李抱忱博士逝世》。前者内容如下："《你侬我侬》的作曲人，名音乐教育家李抱忱博士，八日凌晨一时五十分（编者注：此处有误，应为八日凌晨一时五十五分），因心脏病突发病逝于台北中心诊所。

由于李博士的儿女及夫人都远在国外，因此在去世时只有服侍他的'小金'在旁，当长途电话打到美国时，他们伤心的泣不成声'表示尽快赶回来'。

在作曲方面，李抱忱博士无日稍懈，他一向认为，中国作曲家应当发掘、利用中国音乐的宝藏，例如民歌、小调、古乐、昆曲等，或是直接采用它们的旋律，或是根据它们的趣味和精神，加以阐扬。

抗战时期，李博士在重庆参与音乐教育委员会的工作，在艰苦的、战斗的和满怀希望的愉快中他以身作则的做了许多事，当他站在指挥台上，指挥大家唱着嘹亮的歌曲时，他就陶醉在音乐中，他曾说过：'音乐真是民族的心声，真是精神总动员的利器。'

七十三岁的李博士已经是桃李满天下了，他除了训练出许多的音乐人才之外，在无形中也有了更多的'儿女'。

很多人都曾惊讶的大叫：'李博士怎么那么忙碌呀！'也真令人羡慕，他有享用不尽的快乐！

记得在三年前，李博士的'四代'学生为他庆祝七十岁生日他们为李博士唱出'你我少年时'，'现在我已斜阳傍晚，亲爱，不似从前步履，面上皱纹纵横写满，亲爱，时间就是铁笔，人道你和我都渐老……'，当轻柔的歌声洋溢四周，李博士眯着眼角，跌进了当年。

---

① 赵琴：《李抱忱年表》，赵琴撰文：《李抱忱——余音嘹亮尚飘空》，台北，时报文化出版企业股份公司出版，2003 年 12 月 20 日初版，第 174 页。

赵琴：《播下合唱的种子》，赵琴撰文：《李抱忱——余音嘹亮尚飘空》，台北，时报文化出版企业股份公司出版，2003 年 12 月 20 日初版，第 163 页。

② 赵琴：《李抱忱年表》，赵琴撰文：《李抱忱——余音嘹亮尚飘空》，台北，时报文化出版企业股份公司出版，2003 年 12 月 20 日初版，第 174 页。

③ 同上。

虽然李博士一个人住在台北，但他的学生每天围绕在旁，他从来不觉寂寞，平时除了作曲，指导合唱团之外，并在女师专担任教授，生活安排的十分惬意。

他的身体一向不太好，累病了，他只好躺下来，每次，医生都要抱怨他是个最不合作的病人，每次，他都被小心翼翼的送到医院去，接受'救命'的治疗，每次，他也都强打起精神对探望他的年轻朋友笑笑说：'我好比一匹（老）马，跑得动的时候，仍然希望和小马们一块在草原上奔驰。'

有些要求李博士指导的合唱团，常在他的诙谐和智慧的暗示中，'闻过而喜'，久而久之他们深深记得在合唱时，就要注意：音高要准确，音质要优美，音色要调和，音量要平均，咬字要清楚，音、表情与节奏要正确、要背谱，要进入化境。值得提的是，李博士在全岛奔忙指导，全是自费，从没有任何团体付给他一文钱，他觉得自己还过的下去，做一些衷心愉快的事，就是他最大的报偿。

在李博士热心奔走之下，国内合唱水准日益提高，这可说是李抱忱博士'老马精神'的努力所致。

如今他已撒手西去，他的去世，是音乐界的一大损失，但他为国内音乐界的贡献，却永远留在我们心中。"

后者内容如下："幽默风趣的李抱忱博士与世长辞了。消息传出，音乐界人士和广布各地的学生并未感到突然，因为，李氏的生存本来就是一种奇迹，多年来，李氏与心脏病挣扎，几度濒于奄奄一息，却都安然无恙。

这几年来他依然挺直着双肩，站在台上，全神贯注的指挥着合唱团，一举手一投足之间，均让人感到充满着活力。在他手下的指挥棒就像是一根魔棍，使歌曲更生动了，那慷慨激昂的《我所爱的大中华》，歌声雄壮嘹亮，把巍巍的大中华表达得淋漓尽致；还有温馨甜美的《人生如蜜》，就像是李氏的平易近人；热爱合唱的人更不会忘记《闻笛》、《歌声》，这些曲子已深入爱好音乐者的内心，李氏的乐观风趣，以及对音乐教育的贡献，均是令人难以忘怀的。

李氏于民国前五年诞生于文化古都——北平（编者注：此处有误，李抱忱生于保定而不是北平），其先祖是清末举人，父亲是长老会牧师。他从小就在教会学校就读，英文教师均为美国人，故其英文程度较一般非教会学校学生为佳，此外，由于家学渊源的影响，虽然教会学校不大注重国文，但是他的国学程度却比一般学生略胜一筹，此与他嗣后从事音乐语文教育有非常密切的关系。

李博士于民国十九年燕京大学毕业后，即在北平育英中学教音乐，前后五年，在这期间，他曾率一合唱团举行我国第一次旅行演唱，又在天安门内举办我国第一次十四所大中学联合演唱会。二十四年赴美，在欧柏林音乐院进修二年，获得音乐教育学士及硕士学位。后来回国服务，依旧站在音乐岗位而努力。我国对日抗战期间，李博士正在重庆国立音乐院担任教务主任，由于他的多方奔走，推动了前所未见的千人大合唱，当时的壮观场面，不但激励了士气民心，而且为中国的合唱史创立了另一里程。

三十三年他二度赴美。三十七年他在哥伦比亚大学获得音乐教育博士后，即留在耶鲁大学担任中文教学工作。四十二年始，又转至美国国防语言学院中文系，担任十五年的系主任，后来又转任爱渥华大学担任远东语文系主任（编者注：应为中文及远东研究室主任）。在这段留美期间，他仍念念不忘国内的音乐教育，凭着其一手精湛的文笔，在国内报章杂志上，时有文章发表。

六十一年他在美退休，回到台湾。此时，心脏病已开始袭击，但是他的工作热忱却日有所增，拖着疲惫的身体，李博士往返于各地，他应邀在各大中学校指导合唱。他的热爱生命，勤于作曲，以及对音乐教育的热忱，实在难以令人相信他受着病魔的纠缠。在他的四周，经常围绕着一些热爱音乐的青年朋友，笑声也时常响遍于他的左右，任何一位见过他的人，都感染着他对人生的淡泊乐观态度，就如在他所作的合唱曲《人生如蜜》，那甜美的歌词中'蜜、蜜、甜如蜜，人生如蜜'，我们深信，李博士所带给周围人士的，亦如一清纯甜美的蜜糖，他的笑声，风趣的言谈，以及对音乐教育的执着，会长久伫留于人心，历久而弥新。"[1]

同日，台湾《国语日报》也刊登有关李抱忱逝世的报道："资深音乐家李抱忱博士，昨天凌晨一时五十五分，因心脏病不治，在中心诊所去世。

李抱忱博士生前对于音乐教育及推广国内合唱风气，不遗余力，他去世后的消息传出后，音乐界一致感到惋惜。

七十三岁的李抱忱博士是于前夜感到不适，先是呕吐，他告诉照顾他的义女刘小姐，如果再吐，送他到医院。前夜十时多他再度呕吐，经送中心诊所，与昨夜凌晨一时五十五分不治逝世。

这位北平籍的音乐家，毕业于燕京大学教育系，副修音乐；先后在美国奥柏林音乐院获音乐教育硕士及哥伦比亚大学音乐教育博士。

他于民国六十一年回国定居（编者注：此处有误，李抱忱赴台定居应为1974年，按台湾的说法即民国六十三年，而不是六十一年），在国内，他作曲、写书，并且在多所大专院校指导合唱团，对推广合唱风气，有相当卓越的成绩。他深信，合唱有助于改善社会风气，也更能激发青年自强爱国的精神。

---

① 朴月寄来的李抱忱资料光盘之《逝世新闻资料》。

音乐学会常务理事汪精辉昨天说：三月下旬，李抱忱应邀担任台湾区音乐比赛评审时，健康情况并不好，但他还是不顾大家的劝告，认真评审，精神令人敬佩。

中广公司赵琴昨天说：李抱忱博士多年来，在国内的工作，如作曲、演说、指挥合唱，都是朝推动大众音乐教育的方向努力，它在歌曲创作上，无论大合唱还是独唱曲，都配合社会环境的需要，很少有个人的感伤，作品中无论词曲旋律，都富有积极鼓励的内涵，以及十足的中国风味。

李抱忱生前曾说："我爱走崎岖的路，过不平凡的生活，我采用爱默生的哲学'减少需要而感觉富有'"。这段话，显示出他热爱工作，热爱生活的积极态度。

在国内，李抱忱经常应邀在各大中学校，指导合唱，他也作曲，作品有：《汨罗江上》、《旅人的心》、《人生如蜜》、《我所爱的大中华》、《丑奴儿》等。

李抱忱生前好友严孝章昨天曾通知在美国的李抱忱太太，她将尽快赶到台北，处理丧事。"①

同日，台湾《联合报》也报道了李抱忱逝世的消息，并刊登了悼念文章。前者内容如下："音乐家李抱忱，昨天凌晨一时五十五分，因心脏病在台北中心诊所去世，享年七十三岁。

李抱忱近年来一直为心脏病所苦，他的夫人及两位子女均在美国，他一人住在新店家中，由一位女学生照顾起居。

李抱忱是河北保定人，燕京大学毕业后，赴美国奥柏林音乐院进修，并在哥伦比亚大学获得博士学位，主修音乐教育与理论。后来转攻语言学，曾任美国国防语言学院中国文学系主任、爱俄华大学中文系主任（编者注：此处有误，同前）。回国后在师大、政大任客座教授，并曾为幼狮合唱团的指挥。

李抱忱夫人崔瑰珍女士将兼程返国。目前丧葬事宜由他的朋友料理中。中广今将播出李抱忱纪念特别节目，分别于上午八点十分至九点在调频台，上午十点十分至十一点在第一广播网播出。"②

后者以《凭栏独坐 只谱闲云歌 乐坛老兵 李抱忱病逝 毕生不称作曲家·你侬我侬家喻户晓 以推广合唱为乐·广受青年学生崇敬》为题，内容如下："在音乐界，李抱忱几乎就是'合唱'的代号。

自民国六十一年李抱忱自美回国定居后（编者注：此处有误，同前），《锄头歌》、《丑奴儿》、《闻笛》、《旅人的心》、《人生如蜜》等著名合唱曲的作者就不再是

---

① 朴月寄来的李抱忱资料光盘之《逝世新闻资料》。
② 同上。

一个遥不可及的名字，他到各大学演讲，指导校内或校际的合唱团，鼓吹合唱教育，同时不忘为文作曲，'退而不休'是他的原则，他用'今晚间凭栏独坐，只有欢笑没有泪落，想起当年愚昧，名利场上如醉，从此只谱闲云歌'的词句来形容他退休后闲适但仍忙碌的生活。

青年学生对李抱忱充满崇敬景仰之忧，他常应邀到各大学指导学生练习合唱，当他由学生扶着进入练习厅时，学生一个个引颈相望，拼命鼓掌，似乎光是他的出现，就使这些青年学生受到无穷的鼓励了。

在音乐界，李抱忱是最受人尊敬的前辈。民国三十年他在重庆指挥千人大合唱的事，已成为中国音乐史上的大事。多年来，只要一有机会，他就撰文呼吁国家建立国立音乐院，陈述他对合唱教育的理想，和改进音乐比赛的意见等。两个礼拜前，他还主动要求参加台湾区音乐比赛合唱那部分的评审工作，四月五日总统蒋公逝世纪念日那天，由他谱曲的《爱国九曲》齐唱曲集出版了，在出版序言中，他说该曲集的各种合唱版本将陆续出版，只是他未能亲见这个计划实现。

李抱忱虽强调'平生不以作曲家自称'，但是他作品数量之丰及广为流传的程度，无疑使他成为近代中国最重要的作曲家之一。'曲高和众'是他坚持的音乐观，因此他的曲子都优美顺口，成为合唱团最常选用的曲目。在他的作曲生涯中，《你侬我侬》是一个很有趣的插曲，这原是他几十年前的一首游戏之作，以英文写成，原名《请相信我》，后来改用管夫人的词再自己添饰写成了《你侬我侬》，由新闻局收在甄选歌曲的曲本中出版，而成为一首非常流行的流行歌曲。这首歌出名后李抱忱动手把它编成混声合唱曲，但是合唱团选唱这首歌的次数，总不及歌星对这首歌的偏爱。

一口悦耳的京片子，风趣睿智的谈吐，使得人们乐于和李抱忱亲近，并且得到'如沐春风'的享受。民国六十二年耶诞节前夕，李抱忱赴美医治心脏病，一群学生到松山机场送行，他们围着他唱了《平安夜》、《人生如蜜》和《耶诞铃声》三首歌曲，李抱忱坐在轮椅上，忍了又忍，终于泪水夺眶而出，声音沙哑。

在台七年虽然独居（编者注：此处有误，应为'在台五年虽然独居'），但是总有特别护士和他的学生在旁照顾他的饮食起居（编者注：此处有误；他曾在短时间有几位护士同住，与他共同生活，也照顾他起居；后来就只有'工读生'（小金）协助家务；小金晚上读夜校，刘明仪常在晚饭之后去陪陪他。见《琐事》：'Yes，妈妈'），李抱忱和他们之间都产生了极密切的感情。

李抱忱的去世，带走了音乐界一位奋战的老兵，近代音乐发展的一位见证人，同辈的，少了一位并肩努力的伙伴，年轻人，少了一位景仰效法的长者。李抱忱的朋友曾再三劝他要多休息，可是他给人的印象，是到了生命尽头，仍在为音乐孜孜的工作。"①

同日，台湾《民生报》也载文悼念李抱忱。题为《为共赴国难·万里归乡 烽火重庆·鼓舞千人唱》一文之一《大家忘不了李爷爷》写道："李抱忱的一生就像一首歌——一首爱国家，爱音乐，爱学生的歌。

如今，这首歌在最后一个小节加上了一个休止符，留给音乐界浓浓的怀念，更留给他的学生不尽的哀思。

自小，李博士就是个爱音乐的孩子，童年时，他经常偷偷爬进教堂，玩弄风琴，那是他和音乐结缘的开始。

在燕京大学念书时，他本主修化学，后来因为赛跑摔断了腿（编者注：更准确地说是因跨栏摔断了腿），而转修教育，副修音乐。在大学四年中，他修了四年钢琴，两年声乐，一年音乐史，一年和声法，一年音乐教学法，奠定他后来献身中国音乐教育的基础。

民国十八年至二十三年间（编者注：此处有误，应为'至二十四年'，即1935年），李博士在北平育英中学任音乐主任，他自己形容这六年是'最值得怀念的教育生涯'，民国二十四年，他赴美国欧柏林音乐学院深造，三十年返国（编者注：此处有误，应为"二十六年返国"，李抱忱第一次留美回国是在1937年），在重庆指挥'千人大合唱'（编者注：李抱忱指挥重庆千人大合唱是在1941年，即'民国三十年'）——《锄头歌》和《我们是民族的歌手》，为激扬民心士气贡献心力。李博士后来应聘担任国立音乐院教务主任，因为处在战时，物资、设备都很有限，但李博士却能利用少数破旧的乐器，培养出不少的音乐人才。

民国三十三年二度赴美，攻读博士学位，并任美国陆军语言学校中文系主任，民国六十一年回国定居至今（编者注：此处有误，同前）。

对李博士来说，七十三年的生命一直是跟'音乐'血脉相连的，他对推展合唱的卓越贡献更是大家有目共睹的。

自六十一年返台后（编者注：此处有误，同前），李抱忱便马不停蹄地在全省各地巡回演讲，推展合唱。他是许多大专院校的合唱团顾问，或是指导老师，桃李满天下，他每次到音乐会场，都可听到此起彼落的'李伯伯'、'李爷爷'的欢呼声。"

本文之二《提出合唱八要 大家奉为圭臬》写道："李博士认为人声是最美的

---

① 朴月寄来的李抱忱资料光盘之《逝世新闻资料》。

乐器，合唱的音色更美也更宏大，但是，在他返国时，他深深发觉，国内的合唱水准相当低，于是他提出'合唱八要'——音高要准确、音质要优美、音色要调和、音量要平均、咬字要清楚、音、表情、节奏要正确、要背谱、要进入化境。这八要被许多合唱团体视为圭臬，确实遵守。

去年度，李博士被选为台湾省音乐协进会的理事长后，生活更形忙碌，他经常奔波于台北、台中的纵贯道上，加上原来的心脏病，使他愈来愈消瘦，但是，他并不以为苦，还是经常可看他到处讲演、听音乐会，他对音乐的狂热爱好与参与感，真叫年轻一辈的音乐家佩服。

除了推展合唱，李博士的另一'要务'是作曲，虽然他'平生不以作曲家自称'，但却写出许多令人怀念的曲子。像《旅人的心》、《汩罗江上》、《丑奴儿》、《闻笛》，都是经常被演唱的歌曲，其中的《丑奴儿》将于本月十一日在刘塞云的独唱音乐会中演唱。

说到作曲，有一件令这位音乐界老兵十分开心的事。原来，二十六年前，李博士写了一首《请相信我》的歌曲，他当时是以谱写'游戏小品'写的，没料到二十六年后，这首压箱底的曲子，配上元朝才女管道升的《我侬词》，变成了坊间最流行的歌曲《你侬我侬》。为了这事，李博士还开心的说：'这首歌词的意境很美，但我没想到会这么受欢迎。可见，流行歌曲艺术化，并非不可接受。'

去年十月，李博士应国父纪念馆之邀，将国父遗嘱谱成'朗诵风'的歌曲，并经选定为合唱比赛的指定曲。前几天，他还在病榻中谱了《爱国九曲》，四月四日，他和中华民国音乐学会总干事汪精辉通电话时，并嘱咐要将《爱国九曲》的集子，在音乐节（四月五日）大会的会场出售。这些作品可算是他最后的遗作了。"[1]

同日该报另一篇悼念文章《表情丰富·戏称可做影帝　退而不休·献身爱国歌曲》写道："毕生贡献于音乐教育的李博士，在民国五十五年返台时，曾大声疾呼'必须建立国立音乐院'，此后在许多集会中，也不断地向有关当局提出此事但一直未能如愿，这也可算是他生平的憾事吧！

至于他六十一年回国时（编者注：此处有误，同前）所立的三大愿望'组织合唱团'、'找接棒人'和'继续写作'，他大都做到了。

亲切和煦的笑容，一口标准的京片子，是李博士给人的第一印象。

擅长说故事、讲笑话，而且手势表情很多，他的学生曾经说他'李爷爷如果当演员，一定是影帝'——这是李博士给人进一步的印象。

---

[1]　朴月寄来的李抱忱资料光盘之《逝世新闻资料》。

在他七十三年的生命里，一直是生活在学生和朋友的敬爱之中，他新店的家里，墙上挂的、桌上摆的、花瓶里插的，清一色是学生们为他安排的。

他与学生之间的关系不同于一般师生，他们像父子，又像朋友，学生称他'伯伯'或'爷爷'，他呢，总爱直呼学生的小名，有时也额外取个偏名。例如，有一阵子电视剧流行香格格，也就称一位学生为'香格格'，他则将自己叫做'大舅公'（编者注：此处有误，是学生自称"香格格"，并称他"大舅公"）。

他曾说'我是一匹老马，跑得动的时候，希望能和年轻小马一块在草原上奔驰。'于是，他奔驰在中国乐坛五十年，贡献他的所有，也获得友谊和尊敬。

民国六十五年，当他七十岁大寿时，李博士自己写了《七十感怀》——'当我坐着摇椅唱歌，不由想起日月如梭，从前种种都成过去，酸甜苦辣一切快乐，而今晚间凭栏独坐，只有微笑，没有泪落，今后鞠躬尽瘁，更当前进不退，从此只谱爱国歌。'这一年，他也出了一本集子《退而不休集》，充分表现了他的生命活力。

除了他的创作与贡献，李博士的美满婚姻生活，也是人们所羡慕的。早年，许多报章杂志，争相报道李博士与夫人之间的种种，充满和谐与亲切的动人故事。李博士伉俪于民国二十年结婚，四十八年的婚姻生活一直美满幸福，李夫人崔瑰珍女士的贤德在音乐界被人称赞。他们有一子一女，都已成家，目前定居于美国。

如今，这位长者离我们而去，音乐界痛失一位勇敢的老兵。学生们也痛失一位诲人不倦的恩师。但是，他'只有微笑没有泪落，今后鞠躬尽瘁，更当前进不退'的精神，将永远活在大家心中。"①

同日，台湾《青年战士报》也报道了李抱忱逝世的消息，并刊登特别悼念文章，内容如下："'李伯伯去世了！'悲痛的消息传到校园，立刻哭红了大学生的双眼。还记得全国大专学校合唱比赛，他神情有力的指挥大合唱的情景；还记得他抱病来校亲切指导大家错误的时候；更记得他原本单薄的身体和慈祥和蔼的音容笑貌……。

'李伯伯'是学生们对李抱忱博士的昵称，这位有'中国合唱之父'之称的长者，尽其一生的推动民族音乐教育，近年来，他指挥、演讲、上课、写作、谱曲，在为我们年青一代的精神生活打气，并且他更不忘将无尽的爱心溶入自己的音乐，再交给下一代。

'他是我们的老师，更像我们的朋友，他对我们的关怀又像我们的父母。'李博士的一群学生谈着，与李老师闲谈，总会听到深刻又风趣的见闻与阅历；李老师并

---

① 朴月寄来的李抱忱资料光盘之《逝世新闻资料》。

且是他们最好的心理医生，因为他们在迷惘、失意的时候，总是向老师求副'镇静剂'、'强心方'，或要份指南。

李博士的教育是爱的教育，他曾指出，由于小时候，深受父母当着别人责打他的刺伤，就决心长大后绝不责打自己的子女或学生。近些年，他总会洋洋自得地向好友们应证，'现在儿女和学生给我的，不也是自然流露的真爱。'

生前他最爱用爱默生的哲学'减少需求，而感觉富有'自勉，因此他也常常称自己是世界上最快乐的人，然而事实上大家都知道，李抱忧是刻苦自励了一生。

大学一年级时，母亲去世了，父亲正逢退休，所以从那时起，李抱忧就自立自养，求学全靠奖学金、或学校贷款，自己也打工、家教，零碎挣一点钱来维持，即使两度赴美留学，李抱忧也是靠奖学金得到硕士和博士学位。

李抱忧和中国合唱的渊源是起自民国二十四年，当时他在北平中学担任音乐教员，他主办了一个十四个大、中学，六百人（编者注：实为五百四十人）的联合大合唱，演唱地点是在北平故宫太和殿前，这是历史的一刻，这是中国人的第一次联合大合唱。

七七事变爆发后，李抱忧正在横贯美国大陆的旅途中，当他一看到抗战军兴的消息，立刻奔赴国内。

民国三十年春天，李抱忧计划一个千人大合唱，唱出民族的心声，鼓舞抗战到底的决心，他每天奔波于三十个学校和社会、军中合唱团，那时经常冒雨徒步二三十里前往各地指挥，只为了对国家民族的一番热忱。此后李博士常说'在敌机轰炸后倒塌的楼房前，指挥一千名热血青年高声齐唱，是我最难忘的一刻！'

'恢复重庆精神'是李博士回国后再三勉励青年人的话，尤其是他发现国内的合唱正积极发展时，他曾兴奋的抱病每天往返南北的指导青年的合唱。他希望再度激起国人爱国的奋亢。

六年前他因病退休，立刻他实践了自己的诺言，留下有用之年返国服务，以七十高龄教学、指挥、演讲、写作、谱曲，忙碌中他觉得分外充实，外表他是个不服老的老人，然而内心里他非常挂记着自己的健康情况，有一次病中他仍忙着写作，他黯然的说，我有太多的事，真怕做不完！

这几年李抱忧只身留在国内，所幸他为无数爱戴他的学生所包围，经常在年节里，学生们怕他寂寞，总是三五成群的陪着他。三年前，李博士七十岁生日，他的学生联合为他举办庆祝音乐会，很多白发皤皤的老学生也都上台为他高歌，李博士那天万分感动地说：'我还有什么遗憾的呢？'

李抱忧博士昨天悄悄地走了，书桌上还留着一部未完稿的著作，其中有一句令人回味的话：'世界好像一面镜子，你要是飨以笑脸，世界也要笑脸相迎。'"①

本日，台湾《新生报》也以《为音乐鞠躬尽瘁　教育家李抱忱昨日阒然辞世》为题报道了李抱忱逝世的消息。内容如下："一生献身音乐教育闻名中外的老音乐家李抱忱博士，昨（八）日一时五十五分因心脏病发，安祥地阒然长逝于中心诊所，享年七十三岁，治丧事宜正由李博士的学生、友好严孝章等办理中。

患心脏病的李博士，是于七日晚间十时三十分，心脏病发作，当即由他的干女儿刘明仪小姐等亲友，送往中心诊所急救，当时李博士还不以为意，在清醒时仍然和大家打招呼说笑，但至一时五十五分便撒手而去。

李博士现在是单身住在新店寓所，他的夫人崔瑰珍女士，现仍在美国爱我华州一所医院担任食品营养工作，本来预计两年后退休时定居，想不到回来时已经看不到李博士的音容笑貌了。

李太太现已接到国内打去的电话，并已通知他们的女儿李朴虹、儿子李朴辰，她将于两三天内赶回台北料理一切。

荣工处长严孝章，是李博士在北平育英中学时的学生，现在正与李博士的亲友联络，将于日内举行治丧委员会筹办治丧事宜。

李博士的病发，可能与他最近过于劳累有关，多年来他一直很热心的到处奔走，提倡指导合唱团的活动。最近他曾为了财经学校、宪兵学校、和中正理工学院的合唱团演唱，忙碌了好一阵，由于心脏不好，他身体很虚弱，可是他的学生们说：'一到了有音乐的地方，他就有说有笑，好像没事人儿似的！'这话正好为他一生下了注脚，他一生热爱音乐，献身乐教，终于鞠躬尽瘁在自己喜欢的岗位上。"②

本日，台湾《中国时报》既报道了李抱忱逝世的消息，还以《逝者风雅颂·魂兮归去来　笙歌归院落·灯火下楼台　李抱忱溘然长逝、不带走一片云彩》为题报道中广公司调频网专门为纪念李抱忱播出的音乐节目。③

本日，《中华日报》在报道李抱忱逝世的消息之外，专门刊载记者特写，文中除记叙了李抱忱的生平事迹外，还写道："李博士终于死在自己的国土上，本来，七年前就因心脏病严重，不适合再做繁重工作而退休的他，大可以在他佳美城温馨的'山木斋'内安享余年，但是，他一生以发展国内乐教为念，主修音乐教育也就为的是替中国建立起优良正确的音乐教育制度，像他这样古道热肠，志向远大，不服

---

① 朴月寄来的李抱忱资料光盘之《逝世新闻资料》。
② 同上。
③ 同上。

输，爱名誉甚于爱金钱的人，怎么会甘心在小巢里不声不响的度过余生？所以，他不惜违背情深的伉俪的挂念和心意，抱病独自回到祖国温暖的土地上，为推动整个台湾的合唱教育而努力。虽然其间他曾数度病发并返家休养，但病情一旦控制住，他又迫不及待地飞回来了。

七年来，李博士深入台湾各地，包括偏远的台东和屏东，指导各校合唱团，推行他一再强调的'合唱八要'，他并且以特有的组织与'吸引'能力，筹办爱国艺术歌曲合唱大会多起，又在音乐教师研习会里，从指导音乐教师着手，希望能在台湾带起一股合唱的浪潮，像他抗战时期在重庆指挥千人大合唱一样振奋人心，他一直有这样的梦境和远景：'藉着雄壮的音乐表现中华民族的伟大，用慷慨的歌声唱出中华青年的奋发！……像他这样的人物、这样的胸怀、这样的工作态度，李博士真是应了圣经上那句他当做座右铭的话：'流泪撒种的，必欢呼收割。'我们在流泪伤怀他的逝去之余，实在也该为他所拥有的无形和有形报偿而心存欢呼。"①

本日，台湾《中央日报》在报道李抱忱逝世的同时，又发撰文悼念，内容如下："李抱忱博士，他的一生是一首歌，是一首为着理想，跟年轻人一起奋斗的合唱曲。如今，这首歌'结束'了，但是每一位认识他的人都忘不了他那慈祥的微笑，及不知老之将至的乐观精神。

很多人怕老，觉得'老'是一种悲哀；不过李抱忱博士虽然因严重的心脏病被强迫退休，他辞去在美国工作回到台湾后，以长者的睿智与一颗蓬勃年轻的心，仍然全心全力为祖国音乐教育工作，奉献出自己的力量。

'我愿做一匹老马，伴着我们的小马们，在草原上奔跑，直到我跑不动为止。'这句话如今回想起来，令许多人热泪夺眶而出，忍不住喊出：李博士，别走，别丢下我们。

合唱，跟他是分不开的。多少年来，李抱忱一直向朋友表示：音乐是他平生的第一爱好，而合唱则是第一爱好中的第一爱好。

他深信音乐之中没有比合唱更扣人心弦，更具号召力量，更具教育效果的。早在民国十八年，他还是北平燕京大学的四年级学生，主修教育，副修音乐，系主任派他到育英中学实习音乐教育，从那个时候起，他就投入了合唱的旋律中，半世纪来，他向老圃一样，灌溉了数不清的蓓蕾。

在大家悼念他时，不得不想起民国二十三年他率领育英中学，举行中国史上第一次大规模的旅行合唱团从天津、济南唱到南京、上海、杭州。其次是抗战时，为

---

① 朴月寄来的李抱忱资料光盘之《逝世新闻资料》。

186

激起全国同胞同仇敌忾之心，在陪都重庆，站在被炮火摧残的街上，千万青年在他的指挥下，唱出了誓师复国的决心。

民国六十一年秋，他回国主持'合唱八要'演讲音乐会。从台北开始，然后到中南部及东部，替当地的合唱团讲解合唱要点及改进方法，带给无数青年及各中、小学的音乐教师们无比的信心、勇气和一些音乐教学方法。同时也赢得大家深厚的友谊。

只要是为了音乐工作，他经常全力以赴，忘了太太的叮咛，医生的嘱咐，把自己弄得精疲力竭，数度入院静养，强迫'禁足'，以便他扩大的心脏、积水的肺得到休息与医疗。凡是认识李抱忱博士的人，无论他会不会唱歌，都深深被他那幽默、风趣的谈吐吸引，希望多跟他接近，听他谈人生哲学，听他说故事。

其实，自从他六十一年回国定居（编者注：应为六十三年，同前）后这些年里，他除了忙着演讲、指挥、推动乐教、写作外，还常接到识或不识的朋友来信，请教种种人生问题。比如本报艺术专栏《霓裳乐府》就是他命名的。

至于他'奋斗、精进、快乐的人生'，从《山木斋话当年》、《炉边闲话》、《山木斋随笔》，以及七十岁写的《退而不休集》中，描写得十分清楚。

他说：'我过了一生快乐的生活，并且觉得自己是世界上最快乐的人。七十年来按舵回顾，我认为有三点是使自己如此感觉的重要因素：①爱的教育、②夫妻容让敬爱、③热爱工作。'

当他七十岁过生日时，他教音乐四十七年来的老学生，曾为他夫妇举行了一个'三庆音乐会'，亲自上台唱出对李博士的感谢与敬意。

似乎冥冥中有所安排，六天前他写信给笔者说：爱国九曲终于完成问世了。为了教育，为了兴趣，他不断的唱了五十年，休止符出现了，而亲切的余音袅绕不散。"①

4月10日，台湾《大华晚报》刊载了《敬悼李抱忱博士》一文，文中写道："把自己比作'老马'的音乐家李抱忱博士，前天凌晨因心脏病病逝台北，享年七十三岁。毕生从事音乐及语文教育的李教授，因健康关系，提前自美国任教的大学退休，遄返国内，靠退休金过活，自掏腰包，应邀到处教唱、演讲、评审、写文章，几乎来者不拒。他本应多休息，却说：'我好比是一只老马，跑得动的时候，仍然希望和小马们一块奔驰。'因此，回国后七年来（编者注：应为五年来）虽然不断为心脏病所苦，而且曾回到美国去就医，但是在国内，他不断透支精神体力，成了一

---

① 朴月寄来的李抱忱资料光盘之《逝世新闻资料》。

匹又超速又超载的'老马'，为提高合唱团的水准鞠躬尽瘁，终至不起。

过去在国内的几年中，他总是不辞辛劳，奔波来去，到全省各地有合唱团的地方，为国家训练'民族的歌手'。近半年来身体衰弱得不允许他出门跋涉，他便在电话中谆谆教导后辈，说到心跳气喘时仍然不可罢休。

李博士说过：'祖国百年乐教大业，应该有人前仆后继的努力做下去。每个人都该把他的经验，交给不止一个接棒人的手中，让后人继承前人的成就，继续发展。'他就以自己年迈病弱之身，拼力朝着理想——振大汉天声——的目标前进。

像李博士这样的人实在可敬可佩，他的早逝是音乐界、社会及国家的一大损失。"[1]

同日，台湾《新生报》刊发李载涛的悼念文章《无言　永远怀念我的老师李抱忱》，文中写道："昨天凌晨一点五十五分，李抱忱教授因心脏病发，病逝台北，载涛心里的确难受！前天晚上还到您家看您，送'顶呱呱'的炸鸡给您吃，您还又吵又闹地指着鸡翅膀说是鸡屁股逗大家笑，我知道，有人来看您，您总是开心的。

认识您算算已整整十一个年头了，刚认识您时我才二十三岁，大学刚毕业到美国爱我华大学读书，觉得自己很了不起。第一次听到您的大名，是张正欧兄（已得体育博士）拖着参加国际学生之夜晚会，中国同学表演合唱，由您指挥；我一看节目单心里凉了半截；想想看一个由一半洋人，一半中国同学合唱的中国歌，还能听？真是丢人丢到了'洋姥姥'家，张正欧兄说李抱忱很有名气，指挥的铁定不会太差，我心想一半洋葱、一半大蒜炒出来的菜决不是中国味道，只是口里没和张兄辩。万万没想到竟赢得了满堂彩——全体起立鼓掌（Standing ovation），落了幕，我冲动的跑到后台向您自我介绍……这样我和您开始了十一年如一日亦师亦友的友谊。

您告诉我音乐是您第一爱好，您得到哥伦比亚大学音乐教育博士以后，虽因就业困扰，自接耶鲁大学聘书后就一直担任教导中国语文之职，数十年如一日，但您退休后一定要为中华民国的乐教尽心尽力。果然，短短几年里您赢得了万千学生的热爱，也得到万千'子女'在您膝下承欢，不是吗？他（她）们是您的'香格格'、'小马'、'小笨蛋'，您是大家的'老马'，'Uncle'、'公公'、'爷爷'！

您对人永远是一张带笑的脸，又诚恳又热情，对人永远是至诚的关怀。《你侬我侬》赢得无数人的喜爱，不是至情至爱是达不到那种境界的，这最能代表您了！

最近五年，载涛全部心血放在'见闻文化公司'身上，与您在一起的时间就比较少，但我们还是常在一起。我们去乌来玩，照了一大堆照片；一起到美国拜访赵

---

[1]　朴月寄来的李抱忱资料光盘之《逝世新闻资料》。

文伍，请他担任'见闻'顾问，往事历历，齐现心头。

您是见闻公司的终身顾问，'见闻'这个名字是您取的，您为我们题的字——见所未见，闻所未闻，如今挂在公司客厅里，'见闻'出的前两本书都是您写的。《琐事》及《退而不休集》，一直叫好不叫座，尤其是《琐事》这本书我们还一起做过好多梦，我们希望能卖出十万本，我还说如真卖出十万本，就仿效外国金唱片办法，送您一本'金'书，这个心愿不知何年何月才能完成？如今天人永隔，这本'金'书我又往何处送？

您不止是见闻的顾问，还是载涛的'恋爱'顾问，载涛性子急，脾气坏，您教给我'Undivided care'、'Undivided love'的想法，载涛不仅会终身不忘，还会将它传给子子孙孙。

您惯用左手，爱讲笑话；您说过您年轻时有一次打完球和人比赛吃馒头，两人各吃了十几个，不分胜负，最后还合吃了两个大西瓜……。《新生报》赖明恬兄昨午打电话告我您过世的消息，我不禁热泪盈眶了，可是，到现在实在还不信，实在还感觉不到您已离我们而远去。"①

11日，台湾《中央日报》刊载了李抱忱夫人崔瑰珍赴台料理后事及台湾各界联合治丧事宜的消息。②

同日，陈立夫致信李抱忱的义女刘明仪、义孙女廖碧金慰问、勉励："明仪、小金女士：我时时在担心您们的爷爷会旧病复发，不可挽救，故每次去信都劝他不要工作过劳，量力而行，可惜他太过热心了，结果使音乐界失去了一位最强的斗士，损失太大了！《爱国九曲》两册，和《中国音乐哲学之研究》一册都收到了，谢谢！奶奶回来了吗？何日开吊，我将撰一联追挽他。我现在真想不出还有谁，能继续他未竟之事业，希望你们多多努力！专复并颂　近祷。"③

12日，台湾《大华晚报》刊发廉正的文章《怀念李抱忱》，文中写道："提倡并实际推展合唱的李抱忱博士永远放下他的指挥棒了。本月八日他因心脏病与世长辞。

李抱忱患心脏病已有多年，他曾因此进进出出医院多次；对于他的病情已有很清楚的认识。在他去世的前一晚上，他有呕吐的现象，便告诉陪伴他的人说，'如果我再呕吐，便送我进医院'，态度十分从容。后来他果然又吐了，他终于又被送进

---

① 朴月寄来的李抱忱资料光盘之《逝世新闻资料》。
② 同上。
③ 同上。

医院，这次却再不能从医院的大门走出来了。

从他的从容赴死，充分显示他的洒脱与乐观的个性，他的这种个性使他的一生表现了积极、进取、风趣、幽默。有人说李抱忱心情永远似童年，这也许就是何以他一直到老总能获得青年学生们欢心和爱戴的原因。

李抱忱的谈吐、风度都有一种魅力，他从二十几岁在北平育英中学担任音乐教师，到对日抗战他的中年时期在大后方各大专院校的合唱团担任指导，再到晚年，自美国回到台湾为'合唱八要'而遍走全岛，他一直散发着这种气质，也一直成为学校青年，尤其是喜爱音乐活动的青年朋友们崇敬的偶像。

在台湾我还偶尔在荣总或中心诊所碰到他，有时虽是蹒跚独行，但脸上从未显现久病的愁容。他头发虽然有点灰了，他的背也有些微驼。但我闭上眼睛脑际里所浮现出的李抱忱仍是抗战最艰苦时期他漫步校园里，口中不停低哼着轻快歌声的那副悠闲姿态。

李抱忱对声乐中的合唱可说'情有独钟'，所以他在大大小小的合唱团，尤其是学校合唱团，不管文武，一概乐于辅导，所以他的生活永远是动的，对志业'乐此不疲'，李抱忱达到了极致，可为典型。这个人的消失，是社会的一大损失。"①

16 日，台湾《青年战士报》以《毕生献身乐教功在国家　教育界音乐界人士明隆重追悼李抱忱》为题预报李抱忱追悼仪式。②

同日，台湾《中国时报》也预发了李抱忱追思礼拜活动的消息。③

17 日，在台北基督教浸信会怀恩堂举行追思礼拜后火葬。台湾《大华晚报》、《高雄民众日报》、《民族晚报》、《青年战士报》、《中国时报》、《中华日报》等报纸分别以《李抱忱之丧　今追思礼拜》、《李抱忱之丧　今晨举行追思礼拜》、《高山流水望重艺林　哲人其萎音容宛在　李抱忱博士今追思礼拜　朋友学生聚集默寄哀思》、《为国内音乐教育鞠躬尽瘁　李抱忱博士之丧　今举行追思礼拜　华视〈大标题〉播纪念专集》、《长亭复短亭·醒莫更多情　曲终人不见·何处闻笛声　一代大师李抱忱追思礼拜今举行　华视播出专辑纪念这位乐坛老兵》、《纪念音乐老兵 华视大标题今播映　'李抱忱的休止符'》为题报道了李抱忱追思礼拜仪式。严家淦、谢东闵在追思礼拜前，先后到场向李抱忱行礼致悼。会场上悬挂着蒋经国题赠的挽额"乐教著绩"、严家淦题赠的挽额"高山流水"、谢东闵题赠的挽额"望重艺

---

① 朴月寄来的李抱忱资料光盘之《逝世新闻资料》。
② 同上。
③ 同上。

林"。陈立夫等众多李抱忱的生前友好都到场致悼。另有六百多合唱团员演唱了李抱忱作曲的《闻笛》、《人生如蜜》、《离别歌》等歌曲。整个追思礼拜一直是在凄凄哀哀的歌声、乐声中持续着，唱到至情处，许多李抱忱的生前好友及其学生都不禁呜咽泣下，场面至为哀凄动人。参加悼祭者达千余人。①

18 日，台湾《联合报》、《青年战士报》、《新生报》、《中国时报》、《中华日报》、《中央日报》分别以《李抱忱永别人间　合唱曲歌声不辍　昨追思仪式庄严隆重》、《乐教著绩懋·艺林失巨老　高山流水长·世人多哀悼　李抱忱博士之丧昨举行追思礼拜》、《闻笛恸唱离别歌　满堂唏嘘悼乐人　李抱忱之丧昨日追思礼拜》、《李抱忱追思礼拜昨举行　一代大师风范长留人间》、《李抱忱之丧　昨追思礼拜　严家淦等参加悼祭》、《李抱忱追思礼拜昨举行　千余人前往致悼　大专院校合唱团灵前献唱》为题，报道了李抱忱追思仪式的消息。②

21 日，台湾《民族报》刊载了《为吴起叫屈》一文悼念李抱忱。内容如下："一代音乐大家李抱忱博士，几天前，因为抵不过心脏病的苦缠，逝世于台北中心诊所。

说起李抱忱博士来，虽然我们很多人都没有和他见过面，但是，对于他这个人，也许我们谁都不会觉得过分陌生的，别的不谈了，单是一首《你侬我侬》令人心醉的抒情曲，透过歌唱界的争相流传，就已经使得他成为家喻户晓的人物了。

而今，这位受人敬重的长者，丢下手中舞弄了半个世纪的指挥棒，载着'但悲不见九州同'的凄怆，已经远离我们而去了。

丢开他在学问和音乐两方面的卓越成就不说，单从他坚如松柏的爱国劲节和晚年落寞的处境来看，就足以让我们对这一代学人的凋谢感叹良多了；而且不只是对他一个人的逝去有独多的感叹，而是对很多很多跟他有着相似晚景的老人家们，也禁不住怀有同样不可转移的悲悯。

七年前，李抱忱博士因健康欠佳从国外大学的教习岗位上退休下来，独自风尘仆仆地回到了国内，在台湾定居以后，它不但没有到荣民总医院过着床头摆满鲜花的养病生活，也没有息影山村，去静享陶渊明式的'园日涉以成趣，门虽设而常开'的安闲，反而不顾病痛，甚至以根本忘我的热忱，不眠不休的在为国内的音乐教育到处奔走，劳心劳力，可以说真正做到了知识报国鞠躬尽瘁的榜样。

而今，对于这么一位伟大学人的长去，我们除了要表达无尽的追思之外，最重

---

① 朴月经电邮传给笔者的台湾报纸复印件。
朴月寄来的李抱忱资料光盘之《逝世新闻资料》。
② 朴月寄来的李抱忱资料光盘之《逝世新闻资料》。

要的，就是对他晚年所承受的孤苦和在落寞中逝去的景象，不仅要泛起缕缕的哀悼，这也就是先前所说的'良多的感叹'。

从很多方面获得了解，李抱忧博士回国这些年来，就一直为痼疾所苦，特别是因为他的家人，都在为友邦服务，远在国外，不但无暇就近给他照料，甚至也无法给他可能远比医疗更有益于健康的亲情，因而他在长年独居的生活中，只有藉持续的工作和接近爱好音乐的年轻人，来排遣越来越多的寂寞。

我们不难想象，如果在病中的李抱忧博士，能有一位亲人跟他一起生活，风雨晨昏，与他相伴，即使不能分担他的病痛，至少也可以暖化他四周的凄清，让他有较多的欢愉，或可强化他生命的韧力。

当然我们并无意把不是派给什么人，因为这种情态，早就形成一种时代的残缺了，而这种残缺，就像蚀骨的秋风一样，正不知道让多少老人家在悒郁中忍受煎熬，在枯寂中泪竭而去，李抱忧博士的际遇，只不过是海洋中一个涓滴而已！

类似的故事是说不完的，报纸上常常出现的讣闻，应该是最好的见证。

讣文的内容显示，某某老人家去世了，虽然他有成群的儿孙，但是，在他们名文的下面，却常常是拖了一个括号，括号里面，有的记着'在美'，有的记着'在英'，也有记着'在法'或'在澳'，当然，'在意'、'在比'、'在印度尼西亚'的，也屡见不鲜；还有一些虽然没有载明身在国外，但却是临时'被征调'回国奔丧的，这些可以组成'八国联军'的子孙们，别说有的根本不回来，就是因为慑于礼数勉强的回来了，怎奈老人家的尸骨已寒；即使名义上是'多子多孙'，实际上，跟'绝子绝孙'又有什么不同呢？

也有一些讣闻，除了列出'八国联军'的阵势之外，为了表示气派，又为了要节省广告费，常常会在后面缀上'族繁不及备载'的字样，这种意在'锦上添花'的官样八股，可真是故意给已逝亲人的难堪，这是准备'拔河比赛'呢？还是代表'狗尾续貂'的意义？其实，当死者与亲属一旦永诀形成了阴阳两隔的局面以后，就是在讣闻后面，把台北市十六个区公所保有的户籍名册，一字不漏都列上去，也显不出什么光荣和伟大的了。古今道德标准的差距似乎是越来越大了，两千三百多年前，才华卓越的军事家吴起，因为母亲死了，戎马倥偬没有回家奔丧，结果便受到当时社会强烈的谴责，人格因而蒙上极大的污点，直到一千年以后，唐朝诗人白居易还写了一首五言诗《慈乌夜啼》，以'昔有吴起者，母殁丧不临，嗟哉斯徒辈，其心不如禽'极其尖刻的批判，把它列为不孝的典型。

而今，成群结对的'吴起'们，在他们父母去世的时候，不但不以不回家奔丧为羞，反而明目张胆在讣文上告诉别人，说明自己'在美'、'在英'，在任何引以为荣的地方，表面上，像是表示自己孝顺无比，骨子里，却是乘机为自己做一次广告。

于是，历史上的所谓春秋之笔，就已经不再是'严如斧钺'了。而吴起，却也似乎应该有权呼冤才是。因为要是今天还有谁再以'其心不如禽'来责备他，那不但违反了'时代潮流'，甚至也很可能会招来另一次'八国联军'的报复，是非曲直就更加无法论断了。"①

同日，台湾《新生报》刊载《尽瘁留芳的李抱忱》的悼念文章。内容如下："唱啊同胞，唱啊中华同胞，唱个爱国歌，文化灿烂好山河，地大物产博；我们还有七万万的人民，精诚团结共一心，无论祸福，无论荣辱，我爱我的国家，我爱我的民族！这首歌词的前段，即是爱国音乐家李抱忱教授的遗作。从李教授的作品中，可以看出李教授是如何的热爱同胞，热爱国家，热爱民族，以及祖国的锦绣山河，和伟大的中华文化。在其字里行间，已经流露无遗。

尤其是在崇洋媚外、假洋鬼子当道的此时此地，像李教授这样在美国得博士学位的留学生，已取得'绿卡'，侨居美国数十年，非但不迷美、媚美，反而更热爱祖国，醉心中华文化的学人，岂能不使祖国同胞肃然起敬？

李抱忱博士是有名的歌曲作词家，如《我所爱的大中华》、《锄头歌》、《凯旋》、《爱国九曲》等。所谓爱国九曲，即是九首爱国歌曲。其实李博士的爱国歌曲，岂止九首。像《我所爱的大中华》、《凯旋》等歌词，皆充满浓厚的爱国意识，堪称激发国魂的当代诗人。

其遗著有《退而不休集》、《李抱忱歌曲集》、《炉边闲话》、以及尚未出版的《再接再厉》、《抱忱书信》、《高哦低吟集》、《李抱忱杏坛五十年纪念集》等，可是壮志未酬身先死，长使英雄泪满襟！

李博士除作词精湛以外，其作曲的成就更高。如《中华儿女之歌》、《誓约之歌》、《万年歌》、《人生如蜜》、《你侬我侬》等数百余首之多。分别以独唱、合唱形式谱曲，谱出民族的乐章，曲式完美，雄壮动听，这些时代之歌，显示李博士才气纵横。

这位音乐教育家，献身音乐教育五十年。曾在国内外各大学音乐系执教。在重庆指挥千人大合唱，在台湾指挥盛大之三军合唱演出，推行军中音乐教育。

于五十八年为政府拟定《音乐长期发展计划》，建议在北、中、南、东四区成立合唱代表团，经常选拔与比赛，以提高合唱水准。正如'九一八'李氏率合唱团抗日救国一样，唱出中华民族自强爱国的心声。

---

① 朴月寄来的李抱忱资料光盘之《逝世新闻资料》。

然而，这位伟大的音乐家，尚未完成'传中华雅乐，振大汉天声'的神圣使命，就含泪而逝！恰如李博士的自述：'面上微笑，眼中含泪，依依不舍地离开了祖国。'而他伟大的精神，却永垂不朽！"①

　　同日，台湾《中央日报》刊载丁秉鐩的悼念文章《对音乐的'玩命'——敬悼李抱忱学长》。内容如下："燕京学长李抱忱兄，长余十岁。在台因为大家都忙，不常见面。但偶通电话，时常寄赠个人已出版作品，彼此互相关念。抱忱兄很喜欢小女丁琪、丁琬二人，两小女也非常敬爱李伯伯。

　　抱忱兄遽尔仙逝了，识与不识，无不痛悼。舍下各人在这几天里，尤为气氛沉闷，情绪低落；两个小女，经常沉思、饮泣。因为就在抱忱兄逝世前四天，我们和他还有一次欢愉的餐聚，没有想到这竟是最后的一次聚会。这事要从抱忱兄与吴讷孙教授贤伉俪的关系谈起。

　　抱忱兄与李嫂夫人崔瑰珍女士，原系表兄妹（编者注：是无血缘关系的表兄妹），亲上加亲。吴夫人薛慕莲女士，也是燕京校友，高我两班，她是李崔二人的表妹。薛女士与吴教授相识，就在美国李宅，后来结为连理。因此，李吴两家戚谊，关系非常亲切。

　　三女丁琪赴美国密苏里州华盛顿大学研究，受业于吴讷孙教授门下，颇蒙栽育爱护。今春吴教授回台休假研究，笔者亟谋欢晤一聚。但吴教授抵台之初公私栗碌，小女又去台中小游，延至四月初始告定局。揆诸抱忱兄与吴丁两家关系，他是必须出席人物，恐其事忙，要求吴教授保留四月三日四日两晚时间后，笔者向抱忱兄电询意见，由其选择，抱忱兄说：'四号我有事，三号好了。'于是便邀请梁实秋教授、韩菁清女士贤伉俪，及夏元瑜、唐鲁孙二兄一同光临，不啻小型北平同乡聚会。舍下由笔者、内人、长子丁介民、及丁琪、丁琬相陪，三日晚上在会宾楼餐聚。

　　抱忱兄因身体关系，由丁琪往接，陪侍前来。一进门就使笔者一惊，看他体弱神短，面色虚白；虽仍健谈如昔，但气力与调门却较以前逊色多了。这顿饭大家吃的很愉快，同乡相聚，谈笑风生，菜肴也很适口。侧观与抱忱兄同庚之唐鲁孙兄，体力健旺；长于抱忱兄五岁之梁实秋教授，精神焕发。相形之下，愈显抱忱兄病躯衰弱，笔者不禁忧心忡忡，颇为其健康焦虑。

　　饭后由丁琪丁琬护送抱忱兄回寓，二女归来后言及，抱忱兄一进门先用氧气五分钟，喘息半天才能说话，在此情形下，应该不能再担负任何工作了，但他老兄却还排满日程，要出席合唱团练习等种种活动，真是铤而走险，太不顾及健康了，当

---

①　朴月寄来的李抱忱资料光盘之《逝世新闻资料》。

194

嘱二女最近常去照顾照顾李伯伯。

四月五日丁琪往通电话，得悉抱忱兄四日那天过累了一点。七日下午，丁琪丁婉前往李宅探视，并为调制晚餐，抱忱兄颇为喜悦；但晚餐时却无胃口进食，只为丁琪丁婉频频布菜而已。二女回来述说，倍增忧虑，当嘱次日再往探视。八日早晨，丁琪接吴师母电话未竟，即泣不成声，全家悲怆自不待言。

三日晚会宾楼席间，韩女士对梁教授饮食照顾，亟为缜密。教授嗜大虾，韩女士为其剥壳供应三只虾身，而自己吃了三个虾头。最后甜点核桃酪，则不予食用。伉丽情笃，令人艳羡。'少年夫妻老时伴'，这种看护式的照顾，老年人是十分需要的。梁教授费时数年所译的英国文学史，四月底即可杀青，照他的健康情形来看，还有精力与时间，再翻译几部大书都绰绰有余的。

李嫂崔瑰珍女士，系营养学专家，在美工作甚久，明年年底才届退休之期。抱忱兄只身在台，虽有年轻朋友照料，终是难免有形只影单之感。天不假年，早走了一年多。假如能维持病体到明年年底以后，伉俪聚在一起，共度神仙眷属生活，这位一生乐观的老学长，定能寿享遐龄的。

李抱忱学长对于我国音乐界的贡献，尤其在提倡合唱方面，其功绩人所共知，不必赘述。他是生活在音乐里，以不堪劳累，势需休养的带病之身，仍旧努力不懈，可以说是'鞠躬尽瘁，死而不已'。逝者去矣，我们希望不要'曲终人散'。音乐界接棒者当不乏人，大家要继承他的遗志，为音乐而努力。但对李抱忱兄这种'玩命从事音乐'的作法，却可敬而不可学。每个人都要重视健康，善自珍摄，好贯彻自己所负的使命。

李抱忱兄功在国家，有目共睹。希望有关当局，能因其仙逝，而早日实现国立音乐院的恢复，和他生前许多的宝贵建议。那么，李抱忱兄的在天之灵，也会含笑歌唱，也不枉他'对音乐的玩命'了。"①

6月1日，台湾传记文学出版社再版《山木斋话当年》。②

7月17日，台湾《民生报》、《中国时报》分别以《李抱忱纪念音乐会 弦吟乐集首度演出》、《李抱忱纪念音乐会 青年朋友发起明举行 将演唱其生平作品》为题报道李抱忱纪念音乐会将举行的消息。③

18日，台湾《新闻报》、《青年战士报》分别以《李抱忱纪念音乐会今晚将在

---

① 朴月寄来的李抱忱资料光盘之《逝世新闻资料》。
② 李抱忱著：《山木斋话当年》，台北，传记文学出版社再版，1979年6月1日，版权页。
③ 同①。

台北举行　八所大专合唱团担任合唱节目》、《他们怀念李抱忱·要为他讴歌》为题报道了李抱忱纪念音乐会即将举行的消息。前者内容如下："'天使不敢走的地方，傻子却一步冲过去'，这是音乐家李抱忱博士生前最喜欢的一句格言，也刻画出一群热爱李博士的年轻人那份热诚进取的精神。

这群可爱的年轻人在没有经费，没有场地的情况下，居然为追念李抱忱开了一场音乐会。

不为它，只为了他们敬仰这位近世乐坛的一代大师，只为了他们有傻子般的冲劲和热忱。

记得在李博士逝世之初，很多团体都表示要替李博士开场纪念音乐会，但一天天，一月月过去，李博士已离开尘世百日，音乐会还没有下文。

于是这群傻子等不及了，他们决定干脆自己来办！那时距离李博士逝世百日只有四十天了。

然而，事情可不那么简单，办音乐会的钱呢？场地呢？等真正着手后，才发现问题重重。有人说：'没钱大家捐吧！'有人说：'实在找不到场地，找块草地唱好了！在抗战前后李博士曾指挥千人大合唱还不是在北平的太和殿，重庆的精神堡垒，那不都是露天的！'

但是这些问题最后都被他们这群热爱李博士的年轻人一一克服了，担任这次演唱的，包括了台大、政大、女师专、世新、爱乐、雨韵、宪兵、财经等八个合唱团的团员。

为了赶在今天（七月十八日）李抱忱七十三冥诞暨逝世百日来办这场音乐会，他们牺牲了假期，冒着溽暑的到处奔走。

更难能可贵的，宪兵、财经两所军校，为了追念李博士生前对军校这块合唱园地的播种、灌溉，他们今天特联合在一起，唱出李博士曾抱病亲自指导的三个曲子。

他们要告诉李博士，他的去世，对军中的合唱不是结束，而是开始，他们要将'大汉天声'响彻各个地方，他们要让李博士看看这场为了怀念他的音乐会，是充满了年轻人一片至诚、虔敬的演唱会。"

后者内容如下："一群可爱而热情的年轻人，今晚将举办一场音乐会来纪念毕生为我国音乐事业承先启后，孜孜献力的李抱忱博士。

今天，是他的七三冥诞暨逝世百日纪念日。四十天前，他的学生们及乐坛人士还为着办音乐会发愁，因为这是特地为纪念我国'合唱之父'李抱忱博士所举办的，深具意义，而且必须集思广益，使其真正能够达到纪念一代乐人的目的，因此，筹备也就相当费神。

日子一天一天地过去，经费场地尚无着落，更操心的是，在暑假里，学校的合唱团，毕业的毕业，放假的放假，要集合练唱实在颇为困难。

年轻热诚的朋友，面对上述的难题，勇气更显得沉着坚定；没有经费，大家捐；实在找不到场地的话，就是找块草地也是很美的事。当年场面感人的北平太和殿，重庆精神堡垒，不也是露天的！

有些稚气未脱的同学凑上一嘴说，'在草地演唱，可以让李教授在天上看得更清楚些！'年轻人就是这样幽默可爱。

为纪念李博士，大家都有一股冲劲，被邀请的合唱团，都慨然允诺，飞快地，列出了演唱曲目，并通知团员们'紧急集合'，快快练唱，并且一起参与演出前各项准备工作，燠热暑气，并没有把他们的热情蒸发掉。

更难得的，宪兵、财经两所军校，再度唱出李博士的生前那抱病时刻，亲自指导的那些充满军魂与情感的曲子；李博士用最后的心血播种、灌溉军校的这一块肥沃的合唱园地，留给大家深深的感激和悼念之情。

这一场原本没有希望办成的音乐会，时间是这么紧迫，各项筹备问题也是相当麻烦，但是被这一群学生及乐坛人士的傻劲克服了，今晚七时三十分，就要在台北市'大专青年活动中心'如期推出。

在纪念会中，您将可如沐春风地聆赏李博士生前所谱的《闻笛》、《人生如蜜》、《生命之歌》、《天下为公》、《歌声》等几首曲子。

也许这场演唱会不够盛大，不够完美，但演唱者的虔敬与真诚，用他们的音韵来讴歌这一位毕生奉献乐教的李博士，希望能博得你的共鸣。"[1]

台湾乐韵出版社出版所编《宗教歌曲合唱曲集》。[2]

1980 年

本年，歌词大师韦瀚章在香港《音响世界》杂志第二十四期发表悼念文章《野草忆闲云》。内容如下："一九七二年深秋，在报上读过李抱忱博士所作的六十五岁感怀《闲云歌》：——'当我坐着摇椅唱歌，不由想起日月如梭，从前种种都成过去，酸甜苦辣，烦恼快乐；而今晚凭栏独坐，只有微笑，没有泪落，想起当年愚昧，

---

① 朴月寄来的李抱忱资料光盘之《逝世新闻资料》。

② 赵琴：《李抱忱作品出版表》，赵琴撰文：《李抱忱——余音嘹亮尚飘空》，台北，时报文化出版企业股份公司出版，2003 年 12 月 20 日初版，第 185 页。

名利场上如醉，从此只谱闲云歌。'

我也有所感触，曾写了一封信和一首《野草闲云》寄给他：——'抱忧吾兄：月前在本港华侨日报音乐版拜读大作《闲云歌》，感佩交加！本拟步韵打油，聊抒胸臆，只以先兄于八月中旬突然逝世，鸰原报痛，心绪不宁；继以贱体不适，血压上升，昏沉软弱者屡月，是以久废吟哦。最近似稍康复，工作之余，再展《闲云》一读，灵感油然，忽成自度腔一阕，名曰《野草闲云》，谨录于后，敬求哂正，并恳制曲。倘不堪入目，请搓成一团，向字纸篓一丢了事。'

《野草闲云》：你若是闲云，野草便是我，两人身世，莫问如何；读过了圣贤诗书，却不懂圣贤怎作，但教人"之、乎、者、也；ㄅ、ㄆ、ㄇ、ㄈ"；经过多少风波，受过多少折磨，几十年来，你还是你，我还是我；到如今，名韁利锁，全都打破；但得淡饭粗茶，不再挨饿；有空时，度个曲，唱支歌，心无挂碍，拍掌呵呵！

闻悉，尊驾最近返国，惟未知地址，故托赵琴小姐转达，有暇至希常赐教言为幸！匆匆即颂。俪祺　弟韦瀚章拜言　一九七二年十一月二十日夜

这封信和歌词去后，他因为工作太忙，以致几次病倒了。过了一年之久，他才在医院中养病的时候，谱成这首歌，赶在一场拙作小词音乐会中首次演唱。

去年一月，我七十四初度，曾写过一首《金缕曲》，也曾抄了一份给抱忧兄，并请他有空为我制曲。他曾有信给我，说要为我作曲的；但不到四个月，他竟逝世了。想不到那首《野草闲云》，原是我们合作的第一首歌曲，如今变成我们合作的最后一首。现在曲终人杳，我真是情何以堪呢？

我们于三十年代，早已神交，那时他在华北，我在上海。直到五十年代，他于赴美经港时，我们才第一次握手言欢，可说是一见如故的。此后，他在美国讲学，我们也常通信。一九七三年他回台北之后，我到台湾几次都与他见面。虽则我们聚少离多，然而友情是深厚的。论年纪，我比他长一岁，论性情，两人有很多相似之处，待人诚恳，有幽默感，对事情看得开，丢的下。这都是我们相似的地方，所以交情很好。我的好朋友固然很多，一旦少了他，我总觉得是深为痛惜的。他去世将近一年了，我常常忆念起他的声音笑貌，仿佛他仍活着似的。

他对音乐教育的推动，极具热忱；而且不辞劳苦的努力教育下一代。凡受过他教导的人，都对他无限敬仰。他的印象，甚至他的精神，永远留在人间，特别是年青的一代的心中。他极力倡议开办一所音乐最高学府，可惜没有反应。若说他有什么遗憾，这将是他的最大遗憾之一了。"①

---

①　朴月寄来的李抱忱资料光盘之《逝世新闻资料》。

198

参 考 文 献

1. 李抱忱著：《山木斋话当年》，台北，传记文学出版社出版，1979 年 6 月 1 日再版。

2. 李抱忱著：《炉边闲话》，台北，东大图书有限公司出版，1975 年 7 月初版。

3. 李抱忱编：《独唱曲选》，北京，中华乐社出版，1933 年 5 月初版。

4. 李抱忱编：《混声合唱曲集》第一集，北京，中华乐社出版，1932 年 8 月初版。

5. 李抱忱编：《混声合唱曲集》第二集，北京中华乐社出版，1933 年 3 月初版。

6. 李抱忱著、吴心柳编校：《李抱忱音乐论文集》，台北，乐友书房出版，1970 年 1 月 10 日再版

7. 赵琴撰文：《李抱忱——余音嘹亮尚飘空》，台北，时报文化出版企业股份公司出版，2003 年 12 月 20 日初版。

8. 戴鹏海：《"重写音乐史"：一个敏感而又不得不说的话题——从第一本国人编、海外版的抗战歌曲集及其编者说起》，上海音乐学院学报《音乐艺术》2001 年第 1 期。

9. 刘志毅主编：《育英史鉴》，北京市第二十五中学校史编委会编辑，北京，2004 年初版。

10. 徐瑞岳著：《刘半农评传》，上海，上海文艺出版社出版，1990 年 10 月。

11. 刘天华主持的国乐改进社编的《音乐杂志》第一卷第 9 期，1930 年 1 月。

12. 江西推行音乐教育委员会编《音乐教育》第二卷第 9 期，1934 年 9 月。

13. 江西推行音乐教育委员会编《音乐教育》第四卷第 4 期，1936 年 4 月。

14. 李抱忱编、中英文对照版《中国抗战歌曲集》（China's Patriots Sing），香港，中国信息出版公司香港分公司出版。1939 年。

15. 重庆乐风社编《乐风》第一卷第 1 期，大东书局发行，1940 年 1 月。

16. 李凌、赵沨主编，读书生活出版社出版的桂林版《新音乐》，1940 年 4 月。

17. 重庆乐风社编《乐风》新一卷第 1 期，大东书局发行，1941 年 1 月。

18. 李凌、赵沨主编，读书生活出版社及立体出版社出版的桂林版《新音乐》第二卷第 4 期、1941 年 1 月。

19. 李凌、赵沨主编，读书生活出版社及立体出版社出版的桂林版《新音乐》第三

卷第 1 期，1941 年 8 月。

20. 李凌、赵沨主编，读书生活出版社及立体出版社出版的桂林版《新音乐》第三卷第 2 期，1941 年 9 月。

21. 重庆乐风社编《乐风》新一卷第 2 期，大东书局发行，1941 年 2 月。

22. 重庆乐风社编《乐风》新一卷第 3 期，大东书局发行，1941 年 3 月。

23. 重庆乐风社编《乐风》新一卷第 4 期，大东书局发行，1941 年 4 月。

24. 重庆乐风社编《乐风》新一卷第 5、6 期合刊，大东书局发行，1941 年 6 月。

25. 重庆乐风社编《乐风》新一卷第 7、8 期合刊，大东书局发行，1941 年 8 月。

26. 重庆乐风社编《乐风》第一卷第 10 期，大东书局发行，1941 年 10 月。

27. 重庆乐风社编《乐风》第一卷第 11 期，大东书局发行，1941 年 11 月。

28. 重庆乐风社编《乐风》新一卷第 12 期，大东书局发行，1941 年 12 月。

29. 缪天瑞、刘雪庵、陈田鹤主编《音乐月刊》第一卷第 4、5 期合刊，重庆中国音乐研究会出版，1942 年 7 月。

30. 李抱忱、李凌、赵沨、甄伯蔚、薛良、联抗执笔，薛良编《新音乐手册》，桂林，立体出版社发行，1942 年 7 月。

31. 重庆乐风社编《乐风》第二卷第 4 期，大东书局发行，1942 年 7 月。

32. 缪天瑞、刘雪庵、陈田鹤主编《音乐月刊》第一卷第 6 期，重庆中国音乐研究会出版，1942 年 9 月。

33. 重庆乐风社编《乐风》第 16 号，大东书局发行，1944 年 2 月。

34. 重庆乐风社编《乐风》第 17 号，大东书局发行，1944 年 4 月。

35. 重庆乐风社编《乐风》第三卷第 2 期，大东书局发行，1944 年 4 月。

36. 重庆乐风社编《乐风》第 18 号，大东书局发行，1944 年 6 月。

37. 鲍明珊编《中国口琴界》第十三年第 4 期，南京中国口琴界发行社出版，1947 年 5 月。

38. 刘绍唐主编：《民国人物小传》第四册，台北，传记文学出版社出版，1984 年。

39. 韩国鐄：《合唱运动先驱，中西音乐桥梁——范天祥其人其事》，韩国鐄著：《韩国鐄音乐文集》（一），台湾乐韵出版社，1990 年 1 月第 1 版。

40. 章铭陶：《育英中学、贝满女中及两校合唱团歌咏活动的历史回顾》，《情谊如歌——育英·贝满老校友合唱团建团十周年纪念刊》，2005 年。

41. 李抱忱编：《普天同唱集》第一集，北平，乐友社，1932 年。

42. 李抱忱编《普天同唱集》第二集，北平，中华乐社出版，1933 年。

43. 李抱忱编《乐理教科书》，北平，中华乐社，1934 年 9 月第四版。

44. 记者：《刘半农先生追悼会概述》,《盘石》杂志第二卷第 12 期,辅仁大学公教青年会编,1934 年 12 月。

45. 1935 年 5 月 11 日《北平晨报》第六版。

46. 1935 年 5 月 12 日《北平晨报》第六、十三、十四版。

47. 战歌社编:《战歌》第二卷第一期,1938 年 9 月。

48. 李抱忱:《抗战期间音乐教育工作计划书》手稿电子版,1938 年。

49. 刘再生著:《中国近代音乐史简述》,北京,人民音乐出版社,2009 年 7 月,第 1 版。

50. 战歌社编:《战歌》第二卷第二期,1939 年 4 月 5 日。

51. 李抱忱著:《合唱指挥》原序,中华音乐教育丛书,台北,天同出版社印行,1976 年。

52. 中国人民政治协商会议教科文卫体委员会、中国音乐家协会、中国演出家协会主编:《中国抗日战争歌曲集》,北京群众出版社,2005 年 7 月。

53. 中国作曲者协会战歌社编《战歌》,咏葵乐谱刊印社代印。

54. 李文如编:《二十世纪中国音乐期刊篇目汇编》,2005 年 11 月,中国艺术研究院音乐研究所编,文化艺术出版社出版。

55. 冼星海:《现阶段中国新音乐运动的几个问题》(1),《冼星海全集》第 1 卷,广东高等教育出版社,1989 年。

56. 向延生:《李抱忱与英文版〈中国抗战歌曲集〉》,《中央音乐学院学报》,2007 年第 4 期。

57. 朴月寄来的李抱忱资料光盘。

58. 徐咏平著:《陈果夫传》,台北,正中书局,1980 年。

59. 陈志昂:《抗战音乐史》,济南,黄河出版社出版,2005 年 6 月第一版。

60. 向延生主编:《中国近现代音乐家传》,沈阳,春风文艺出版社,1994 年。

61. 中国艺术研究院音乐研究所数据室编《中国音乐期刊篇目汇录 1906～1949》,北京,文化艺术出版社出版,1990 年 10 月初版。

62. 赵新那、黄培云编:《赵元任年谱》,北京商务印书馆,2011 年 4 月第 2 次印刷,第 360 页。

网络来源:

1. 陈丰盛博客:"丰盛书房":《中国教会历史巨著——〈普天颂赞〉》,http://blog. sina. com. cn/s/blog_ 4e7519ed0100b6jh. html。

2. 陈雅君博客：赞美诗史话（477）《归家喜乐》，http：//www. fuyinblog. com/User0/114/Show. asp /_ articleid/8526. html。

3.《神学福音丛书》http：//www. holylight. org. tw. 81/Webpac2/store. dll/ ID = 10624&T = 0。

4. 朴月：《岁月织梭三十载——忆宝爸》，朴月的博客：月华清—Yahoo！奇摩部落格，http：//tw. myblog. yahoo. com/teresea - mingyi。

5. 维基百科网——中华民国全国运动会，http：//zh. wikipedia. org/wiki/% E4% B8% AD% E8% 8F% AF% E6% B0% 91% E5% 9C% 8B% E5% 85% A8% E5% 9C% 8B% E9% 81% 8B% E5% 8B% 95% E6% 9C% 83。

6. 新浪网—新浪读书：陈明远撰《文化人的经济生活》之《20 世纪 30 年代北平文化人（8）》，http：//vip. book. sina. cn/book/chapter_ 38384_ 21491. html。

7.【南方周末】张耀杰：《为胡适辩护的刘半农》，本文网址：http：//www. infzm. com/content/30175。

8. 李为扬：《记十级级委会片段》，节选自十级校友通讯第 23 期，转自《清华校友通讯》第 57 期，清华校友网：http：//www. tsinghua. org. cn/alumni/infoSingleArticle. do articleId = 10013060&columnId = 10007842。

9. 网球教学——天津网球，http：//www2. tust. edu. cn/tiyu/wq/tianjinwangqiuqiyuan. htm。

10.《越南受降日记》、〈旧书新识之一〉《闲闲书话》，http：//www. tianya. cn/publicforum/Content/books/1/12786. shtml。

11. 丹青：《铁骨丹心昭百世——纪念朱偰先生诞辰 100 周年》，http：//www. sxpku. com/zj. html。

12. [校史小档案]《校歌创作年代考据》，政大校讯，http：//info. nccu. edu. tw/news. php tbep_ id =470&tbinfo_ id =35。

13. 向延生：《不要遗忘老音乐家杨仲子》，龙源，北京经济管理职业学院电子期刊阅览室，http：//jjgl. vip. qikan. com/article. aspx titleid = rmyy20080513。

14. "白洋淀书斋"，hexiangtangzhu. shop. kongfz. com。

15. 雷道炎：《竺可桢教育思想的一个侧面——重视音乐教育》，http：//www. sylib. com/html/symr/zkz/bdsx49. htm。

16. 徐康：《雾都音画　南方局领导的重庆艺术界抗战活动》，红岩联线，http：//www. hongyan. info/gb/news/news_ detail. asp id =7713。

17.《国内老一辈配乐人之一：王云阶》，http：//www. douban. com/group/

topic/1012307/。

18. 谭林：《忆四十年代"老李"二三事：在"李凌音乐思想学术讨论会"上的发言》，网络来源：花都区政府，http：//www. huadu. gov. cn：8080/was40/detail record＝2503&channelid＝4374。

19. 舒乙：《老舍说相声》，http：//jspx3. fjtu. com. cn/course1/fjtu_ php/2030592_ course/menu3/file/05/xgzl/015. htm。

20. 靳学东：《莫桂新与黄钟歌咏团》，天津网—《天津日报》2009 年 12 月 6 日第 5 版"都市风情"，http：//news. sohu. com/20091206/n268711993. shtml。

21. 《大爱无藏：计大伟人生纪实》，http：//baike. soso. com/v7132011. htm。

22. 许建昆：《孙克宽先生行谊考述》，东海大学中文系，2006 年 7 月，《东海中文学报》第 18 期。http：//www2. thu. edu. tw/～chinese/files/18－005. pdf。

23. 2012 年 2 月 14 日，美国副总统拜登和国务卿希拉里设午宴招待到访的中华人民共和国国家副主席习近平，所请掌勺著名美籍华裔厨师即为蔡明昊。东方网：http：//news. eastday. com/c/20120216/u1a6366217. html。

24. 维基百科：世新合唱团。http：//zh. wikipedia. org/zh－hk/% E4% B8% 96% E6% 96% B0% E5% 90% 88% E5% 94% B1% E5% 9C% 98；http：//www. bbs. shu. edu. tw/gmore shuc&F0000J96&1 世新大学　翠谷风情 BBS。

谢谢你 王南

　　"认识"王南好几年了。当初，他在我的《雅虎奇摩·月华清》部落格上留言，告诉我：是因为上网找李抱忱先生的资料，而找到我的部落格来的。他表示，跟李先生有点"远亲"的关系，但过去并没有听家人谈到过这个名字。一直到改革开放多年后，音乐界重修"中国现代音乐史"，"李抱忱"的名字才似乎解除了当年的政治禁忌，出现在新闻报刊上。他的长辈看到了非常欣慰，对他说：

　　"这'李抱忱'可不是外人！论亲戚辈份，是你'爷爷'辈呢。"

　　并跟他说起了李抱忱先生与他母系家族的渊源，年轻时代的往事，和过去在抗战期间对音乐的贡献。

　　他本身是学历史的，也爱好音乐。知道这位音乐名家竟是与家族有渊源的长辈后，开始好奇地探寻搜索，希望对这位长辈的生平有多一点的了解；这才从网络找到我的部落格来。

　　从我部落格的文章中，他知道我是李先生的义女。谦称他应该算是我的"晚辈"了，问：是否可以称我"朴月姨"？就辈份来说，我也"当仁不让"的认可了。我们从那时开始以电邮通信，虽然至今也没见过面，但彼此既然认了"亲"，也感觉很亲切。

　　他告诉我：在大陆上，与李先生有渊源的几家人：母系的薛家、妻族崔家等，都一直保持着相当密切的联络。因着总总因素，亲戚们散居各地。也有还留在北京的，他就是其中之一。每当有人从远处到北京的时候，这些家族亲友，都会彼此联络聚餐。许多关于李先生的往事，他也是在家族聚会中，陆陆续续的听这些称李先生为七哥、七叔、七舅，从小被他爱护过、也跟他唱过歌的长辈们说的。

　　他提起的薛家、崔家，我都不陌生；我干妈姓崔。而我在先义父去世前才认识，一直喊"姑姑"的薛慕莲女士（鹿桥夫人），则是义父两位舅舅家十个孩子中的"大姑娘"，他的大表妹。我跟她和姑父非常亲睦，彼此视如家人。由这几个家族的共通性，我了解：在民国初年，这几家人在中国可以说都是很"新派"的家庭；他们都信仰基督教，甚至为了信仰被逐出宗祠。也由于信仰，从小就接受了来自西方的新观念、新思潮。特别重视儿女们的教育；几乎不论男女，都受了大学教育。先义父和瑰珍干妈、慕莲姑姑三人，就都是当年北平"燕京大学"毕业的！在女孩子很少受大学教育的时代，她们可以说是开风气之先的！而且，干妈还是以"依亲"的名义赴美，慕莲姑姑可是抗战之后，得到美国威思理大学的入学许可，赴美留学，并得到"生物硕士"学位的时代新女性！

人与人的缘份实在很难说，因为我是李抱忱先生的义女，台湾音乐界许多长辈都对我特别的亲切。但怎么也不曾料到：有朝一日，我会与他大陆的亲属有了这样的交集。

因为王南很诚恳的表示，希望能多了解些义父的一生行谊，我也乐于经由这种"家族聚会"的分享，让关切且怀念着先义父的亲友们，能知道他们睽隔的数十年间，他的经历与事功。所以我把手边先义父的相关数据，直接、间接的传给王南。

我没想到的是：他真是一位"有心人"，他并不仅是基于"好奇"的想了解这位他从未谋面，甚至过去根本不知其人的长辈，更想为他留下一份精确翔实的"年谱"，以供当代与后世的研究者"索骥"。

他认为台湾方面目前所见的资料还是相当片面的，也有所欠缺；因为早年的相关资料都留在大陆了。虽然经过了文革的毁损，但应该还是能找到一些足以增补的内容。因此，他在公余之暇"上穷碧落下黄泉"的从旧日档案、杂志、图书中找寻挖掘，也向专业的音乐史家请教。就这么点点滴滴聚沙成塔的，终于完成了《李抱忱年谱》的初稿。

当他告诉我他将在今年出版《中国合唱运动先驱——李抱忱年谱》时，我当然高兴的表达了祝贺之意。接着，他请我为他写一篇"序"，却使我为之踌躇；我并不是音乐界人士，何以承当？只答应为他写一篇"跋"，略志交谊。但倒是乐意邀请一位"当得起"的人来为他写序；我邀请的人，是在台湾"音乐界"被公认为"大家长"的申学庸女士。不论声望、地位、德操，或与先义父的渊源，她都是最适当的人选。而且，我与她之间交谊甚是深厚，知道她会"乐观其成"，并"玉成其事"的。果然！我一提，申阿姨就非常高兴的答应了！

其实，有了这一篇够份量的"序"，有没有我的"跋"，也都无所谓了。但我想，他之所以希望我为他写点什么，也许因为李抱忱先生的海外亲属，他只认识我一个吧？那，就让我以先义父"海外亲属"代表的身份，对他诚恳地说一声：

"辛苦了！谢谢你，王南！"

［台湾］朴　月

我所知道有关李抱忱先生的二三事

我所毕业的小学封建性影响很大，棍棒纪律，打、打、打，背书不会打，迟到打，违反纪律打……十分束缚学生个性的发展，又不重视音、体、美，幸得语文、数学、英语的基础相当牢固。1934 年我考入育英这所教会学校，管理较为宽松，师生关系比较平等，令我初尝民主自由的好风气。尤其入学半年后，我们班同学穿着整洁的竹布长衫，个个精神饱满，我们的童声合唱竟获得全校第一名，我开始喜欢音乐课，也更令我喜爱上了育英。

当年大环境是日本侵占我东北大好河山前后，李抱忱先生 1930 年毕业于燕京大学音乐系，即来我校任教并担任音乐主任直到 1935 年秋。当时音乐课和其它学校一样并无固定教材，是李先生不仅引进了世界名曲，而且首创编写了爱国抗日激发民族斗志的歌曲作为教材，他不但编制了育英校歌，而且在 1934 年首创组织了育英师生合唱团在平、津、济、沪、京、杭等市的巡回演出 29 场，之后在 1935 年初夏，又组织了北平 14 所大、中学校 540 人的大合唱在太和殿演出（包括贝满、育英、潞河等校），其中不乏激发民族斗志的歌曲，这一创举在社会上的影响很大。

李先生 1935 年底赴美欧柏林大学音乐系深造获硕士学位，1948 年获哥伦比亚大学博士学位。毕生从事音乐教育，是著名作曲家、大合唱指挥，主要作品有《李抱忱歌曲集》、《普天同唱集》，和大量合唱改编曲。他为人热情、幽默、乐观、敬业，非常平易近人，深受师生爱戴，是我们非常敬仰的一位老师。

注：蔡公期先生，1940 年毕业于北平育英中学（今北京市第二十五中学）。曾任北京市第二中学校长，崇文区教育局长兼党组书记。（已 90 多岁）

2012, 10.1.